U0143052

# 家 庭 教 育

黃 迺 毓 著

美 國 南 伊 利 諾 大 學 博 士
國立台灣師範大學人類發展與家庭學系教授

五南圖書出版公司 印行

# 夏　序

　　在去年訪問成功大學姐妹校美國南伊利諾大學時，遇見在該校修畢博士學位而現在師範大學擔任副教授的黃迺毓女士，聽她談起對家庭教育的關懷並計劃撰寫這方面的著作時，突然讓我有種感受，就是覺得我們社會各界對家庭教育似乎不够關心。在坊間、在圖書館，有關家庭教育方面論述的書刊資料並不多見。在政府的施政裏亦未見具體政策藉以鼓勵與推展；今年二月間，教育部召開的第六屆全國教育會議中，但見學校教育以及社會教育被熱烈地討論着，而家庭教育方面，　只有少數學者偶而涉及，　終究未曾提出任何具體議案。個人以為，也許是因為高張的升學主義風氣不能排除，造成社會期望過度集中在學校教育，或許也因為工商社會發展的趨勢使然，在強調經濟因素下，各界不經意地忽視了家庭教育深遠的影響力。我覺得，中國人一向最重視家庭，然在追求工業化過程中，社會急遽的變遷，存在着許多家庭調適問題，如代溝問題、撫育問題，乃至結構問題、功能問題以及觀念問題等等，在後工業社會當中，這些問題在在都需要有識者加以關心的，也是急需學者專家努力加以探析的領域。因此，當黃博士於完成這本書時，在其盛情邀請下，樂於寫成此文為序。

　　對於家庭教育的重要性，相信從事教育工作者都會贊同黃博士的說法，家庭教育是一切教育的根。個人並非家庭教育方面的專家，但在教育界服務的二十幾年歲月中，確實體驗到家庭教育若與學校教育緊密配合，當可促使學校教育充分發展。在不少有關社會問題的研究中也指出，家庭亦是影響若干社會問題的重要因素之一，例如青少年各種偏差行為與犯罪問題。再就個人的人生體驗來說，我常覺得一個

人的人格特質對其行為乃至一生幸福有着關鍵性的影響力，而社會科學家普遍認為「家庭」是個體人格發展最基本也是最重要的社會組織。在家庭裏，成員全人格（Whole Personality）互動中，個體生命在成長、也在開展，因此，黃博士把家庭教育視為「生命的分享」，個人甚為欣賞。

在這本書裏，黃博士分三篇論述，第一篇的基本概念與理論陳述，讓讀者有基礎性的了解；第二篇分述家庭教育在各發展階段的特質；第三篇談論特殊的家庭教育問題以及社會變遷中的家庭教育，內容甚為完備，且都能夠深入淺出加以介紹，確能提供讀者對家庭教育作有系統而完整的認識，值得鄭重推薦。同時，也希望本書能夠引起更多人士對此領域的關心與投入，以在社會轉型期中，喚起大眾對家庭教育普遍的認識，進而促成社會健全的發展。

夏　漢　民

序於民國七十七年四月

# 自　序

本書是根據以下的信念寫成的：

一、儘管社會急速變遷，家庭仍是人類所需要，而且必要的。

二、儘管學校教育和社會教育以各種方式在影響每個人，但是家庭教育仍是一切教育的根，對教育的成敗負有無可推卸的責任。

三、家庭教育的內容超越一般的培養、傳授、訓練、輔導，它是「生命的分享」。

四、從終身教育的角度來看，每個人一生都在學習，因此家庭教育並不等於「父母如何教子女」，而是「每個人如何在家庭中學習」，只要活著就不會畢業。

五、從全民教育的觀點來看，每個家庭都是教室，隨時隨地在進行著言教、身教、境教。

六、從全人教育的理想來看，人除了知識、情感、技能的需要之外，也渴望心靈的滿足。教育的極致不僅限於知道、肯做、會做，更要有願意做的精神去探求生命的意義。

七、對家庭有基本的認識可以使人對家人產生合宜的期望，不致因要求過多或失望而造成自己和家人的痛苦。然而知識並非真理，要觀察、要思考、要體驗、要領悟。

本書共分為三部分，包括十二章。第一部分探討家庭教育的理論基礎，首先認識家庭的本質及家庭教育的本質，其次討論家庭成員的角色，並介紹家庭生活的發展概念，再談到家庭教育的現代化。第二部分則就各階段的發展需要及特性，談及不同時期的家庭教育重點。第三部分針對一些有特別需要的家庭及兒童，提出其教育上可能存在

的困難及解決問題的建議，最後探討家庭未來的趨勢及目前的研究。

　　本書的順利完成，必須感謝許多師長和朋友，提供寶貴的意見和資料，給我充分的支持。特別要感謝的是：

　　美國 University of Notre Dame 社會系主任 Dr. David Klein 提供美國自一八八七年至一九八〇年之間，全部有關婚姻與家庭的大專教科書書單（附錄三），使我在廣泛閱讀之後，建立了自己的理念架構，並對教科書有更清楚的認識。

　　在美求學時照顧我無微不至的房東老太太 Mrs. Mary Wakeland，將近五年的相處，幫助我認識美國的文化、生活、婚姻及家庭的觀念，教我做個「思想開放，行動保守」的人。

　　鄭黛為小姐兩年中的助理工作，分擔了大部分雜務，她的細心與周到給了我許多的支持與鼓勵。

　　我的父親和母親「恆久忍耐又有恩慈」的愛和包容，使我深信單親家庭和重組家庭也可以是健康而蒙福的。

　　五南圖書出版公司給我這個機會完成這項有生以來最大的工程，又有國立成功大學夏漢民校長百忙中作序，使我對今後的研究與教學工作有更多信心和希望。

　　願以本書紀念我的家庭教育啓蒙老師——先母吳梅女士，一位終生奉行愛的教育的大夢想家。

黃　迺　毓　序於國立臺灣師範大學<br>
　　　　　　一 九 八 八 年　春

# 目　　錄

## 第二篇　各發展階段中之家庭教育

第三篇　不同家庭型態中的家庭教育

# 第1篇

## 家庭教育的理論基礎

家庭使人有別於其他動物。

除了人以外，還有什麼動物能在把孩子撫育到會自己行動，或自有出路之後，還能稱他們爲自己的兒女的？

大多數寵愛子女的動物——狐狸、熊、獅子等——敎導子女自創世界後，便忘掉他們；鷹敎會小鷹飛翔之後，便再也見不到小鷹了。小牛、小馬、蚱蜢、蜻蜓，都各走各的路。

只有人，自始自終，從生到死，兒女永遠是兒女。

—R. N., So Love Returns.

# 第 一 章

## ●家庭的本質●

　　家庭是每一個人來到這世界上最先接觸的環境，也是人類生活中最重要和最基本的一種組織。舉凡個人的生存、種族的綿延、社會的維繫、國家的建立，都是以家庭爲依據。

　　對孩子來說，家庭供給生存所必需的物質及精神支持，也爲日後人生觀的形成奠定基礎。對成人來說，家庭提供個人成長與發展所必需的生活經驗及機會，滿足人的生理及心理需要。因此，不論社會如何變遷，文化如何不同，家庭是人類所不可缺的。

　　然而大多數人都生活在家庭中，反倒習以爲常，將家庭的存在及功能視爲理所當然，就像我們分秒都需要空氣，却往往不特別覺得空氣之重要不可缺，直到空氣出了問題或缺乏了，我們才會注意到它。

　　近年來由於社會迅速而激烈的變遷，目前的家庭已在型態上及功能上改變了很多。必須對社會的變遷及家庭的意義多了解，才談得上過現代化的生活，也才能建立正確的家庭價值觀和規範。因此，許多社會學家、人類學家、心理學家、歷史學家、教育學家等，開始關心有關家庭的問題：到底什麼是家庭？家庭是如何形成的？爲什麼要

有家庭？家庭成員之間如何互相影響？如何使家庭生活更美滿幸福？

　　本章擬就家庭的起源、演變、意義、及特點，作一簡要之介紹。

## 1.1　家庭的起源與演變

### 1.1-1　家庭的形成

　　人是羣居的動物。

　　在遠古時代，人們還不懂得使用火，也還不會製造用具和武器，如果不能形成羣體，互相團結合作，就無法繼續生存。人類結伴成羣，其中有男有女，自然會生育小孩，但是那時尚無家庭的觀念和型態，只是一種羣居的狀態。人們也不工作，因此沒有產物，找到什麼就吃什麼，什麼地方有食物，大家就聚攏過來。

　　自從人類發現了火，隨之逐漸發明並使用器械，人類的生活起了很大的變化。由於有火和器械，一些工作就開始分化，在分工的過程中，很自然的就會將性別當做區分的標準，因為男人先天在體格上較強壯而有力，才拿得動那些笨重的工具和武器，而且男人不必受生育和撫養幼兒的牽絆，故成為戰士和獵者。而女人在體格上較柔弱，又受懷胎和哺育幼兒的限制，所以她們的主要工作是照管小孩，在附近採集菜蔬，並且留心護火，因為火若熄滅了，要再點燃是很麻煩的，而且把男人打獵帶回來的肉類煮熟，也是需花不少時間和精力的。這種經濟職能分工的結果，兩性在經濟上，即在民生問題上，使彼此依賴了，家庭的雛形就這樣產生了。

　　這種狩獵生活相當不安定，必須隨着野獸的動向而迅速遷移。當人們逐漸學會農耕和畜牧，就開始從土地獲取生活所需，人們學着自

已耕種菜蔬，自己畜養牲畜，也學着計畫。農業的發展有利於較大的羣居，而為了保存他們的產物，人們必須設法防衞外來的侵犯，勢必要增加羣體內部的團結和合作，不像狩獵時期以遷徙來逃避强敵和災難。

之後，人們逐漸有了財富，就開始想到要保障並屯積自己的財富，並傳給自己的孩子，家庭的形成就更明顯了。那時的家庭是自給自足的單位，雖然各種行業上已有一些分工的情形，也有交易的行為，但使用的是「自然貨幣」，即以物易物。那時的家庭領袖是男人，丈夫和父親有很大的權利，婦女的地位卑微，常是被買賣的商品，必須服從、聽命於丈夫。父親的權威極盛時，他甚至可以懲罰、販賣、決定子女的生死、婚姻、財富，因此家庭這個名詞（family）的原始意義不是親屬或共同祖先，而是建立在權力與財產上的主奴關係。famel 原義即奴隸，familia 即對人的所有權，包括生物上有關係的（子孫）或雇來服役的，或買來的及戰爭中擄來的奴隸。而父親（Pater）一詞的原義是統治者，主人 (註1)。

### 1.1-2 中國家族制度與倫理

而根據說文解字，「家」，居也，從宀從豠，宀為交覆深屋，豠為牡豕（公猪），以字義言，我國「家」之起源於農業定居，從遊牧到耕稼，築屋以養家畜，從事生產繁殖（吳自甦，1973）(註2)。因此不論是東方或西方，家庭形成之初，過程是相似的。

家庭一旦演化成為社會制度，就會隨各民族、各地區的不同文化，而有不同的類型。中國的社會以家族為本位，所謂「國之本在家」，數千年來，中國政治雖有變遷，而家族制度始終保持存在，而儒家倫理是由家族制度演成，西方國家則除了羅馬帝國社會以家庭為

中心，其他國家或以國家爲本位，或以個人爲本位，顯然與中國不同（楊亮功，1980）（註3）。

我國上古神農三皇時代爲母系社會，只知其母，不知其父。夏殷以降，始由母系演變爲父系。到了女子終于一夫，而父子之倫始定。集夫婦父子兄弟而成家庭，集家庭而成家族。爲了維繫家族組織之延續，到了周朝才建立完整的宗法制度，即距今四千年前。

周建國於岐山之下，大力發展農業，周王將可耕種土地劃爲許多區域，將每個區域交給一個部落去開墾耕種。部落首長再將土地分配給有了家庭雛形的小團體去耕種，若干年後，就發展成正式而穩固的農民家庭（楊懋春，1981）。如此建立的家庭大多是男系父權家庭。

周代的封建制度與我國家庭的形成與結構很有關係。封是委託的意思，天子將一片領域委託給某人去開發治理，就是建設。接受封疆（即土地）之人就是諸侯，到封疆後先要建立一個城堡，其功能有二：一爲諸侯與其家屬、輔佐及軍士等人之住處與保護所；二爲象徵一個封疆上的政治與權力中心。若干年後，它也會發展成爲工商及文化的城市。

諸侯在封疆上的主要任務有二：一是遵照天子的意旨，開發治理疆域，使成一個開化、人民可在其上安居樂業的地方政治單位。所謂開發，主要是招集農民、分配土地、發展農業、修築道路與溝渠。所謂治理，主要是佈施教化，如開設學校，教導年輕人禮樂射御書術等，農閒時則於鄉里間召集民眾，講論一些行爲規範、政府法令、倫理道德等。治理也包括維持社會秩序和地方治安。

另一個任務是發展諸侯及輔佐、軍士各自的家：

1.使家裏人口旺盛：爲此，他們實行一夫多妻制，第一個稱爲妻，其餘稱爲妾。妻所生的子女爲嫡出，妾所生的子女爲庶出，嫡出

子女地位高於庶出子女。

2.使家中人，特別是男人，都有文化修養：即有學問、知禮達義，通曉並履行各種人際禮儀規範，建立家風與家聲。

3.積聚資財：主要財源是封疆內農民所繳納的地賦或租穀，臣屬所呈獻的禮物或金錢，鹽鐵事業所抽的稅金，錢多了就能再分配，更顯其富有。

4.要由天子或上級諸侯處，為家庭獲得可以世襲的各種爵位、榮譽、特權、俸祿等，代代相傳。

諸侯如此發展他們的家，成為世家。即使在封建廢除後，做高官的人、讀書有成的人、有顯赫武功的人、有大財富的人、以及有高級文化修養的人，仍然以建立或發展自己的世家為家庭理想。

中國倫理思想，以家族制度為基礎，歷堯舜至孔子而集其大成。倫是人際關係中的一套地位與一套次序，理是道理或原則。孔子講五倫之教，首重孝弟，也是以家族制度為基礎，他把治家平天下的大道，統攝於家庭倫理孝弟之中。例如在「孝經」中有：

「子曰：夫孝，德之本也，教之所由生也。」

「夫孝者，始于事親，中于事君，終于立身。」

「子曰：君子之事親孝，故忠可移于君。事兄悌，故順可移于氏。居家理，故治可移于官。」

「以孝事君則忠，以敬事長則順。」

「孝悌之至，通于神明，光于四海，無所不通。」

孟子繼承孔子思想，他說：「孩提之童，無不愛其親也，及其長也，無不敬其兄也。親親仁也。敬長義也。無他，達之天下也。」又說：「堯舜之道無他，孝弟而已矣。」

由此可見，儒家的倫理思想對中國傳統的家庭觀念有很深的影

響，其間三千多年，雖歷經老莊及佛家思想的衝擊，仍無所動搖，使得我國文化得以家族為骨幹而發展，我國歷史亦以家族為原動力而延續。然而近代社會關係，不再以家族為中心，農業社會的狹隘的家族觀念也必須加以擴大、修正，方能適用於現代社會。

### 1.1-3 家庭的演變

產業革命對家族或家庭帶來了空前的震盪，工廠以機器大量生產物品，家庭逐漸失去它以往的重要性。農牧方面的勞力被機器取代，不再像昔日那般需要勞動人口，許多農民紛紛跑到城市去工作，大家族也很難再維持下去，家庭再也不能滿足人們所有的需要。更由於許多工作以機器代替人力，原本較吃力的工作如今婦女也都能勝任，再加上家庭裏的工作不像以前那麼耗費時間和精力，於是婦女外出就業的機會大增，比起農牧時代，家庭無論在型態上、功能上、生活方式上，都有天淵之別。

家庭是社會最基本的單位，它的演變也隨着社會型態的演變，文曲和布倫柏格（Winch and Blumberg, 1972）(註4) 根據過去的社會和家庭的發展，歸納出「社會複雜度」與「家庭複雜度」的關係（如圖 1-1）。

## 1.2 家庭的意義與特點

### 1.2-1 家庭的定義

世界各民族對家庭的定義並不完全相同，不過人類學的共同概念是: 家庭是一個親子所構成的生育社羣。親子是指家的結構，生育是

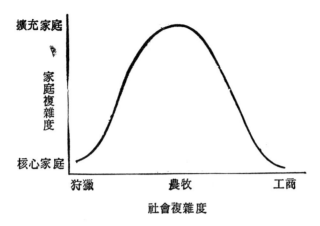

●圖 1-1　社會複雜度與家庭複雜度之間的關係

指家的功能。再者，親子是雙系的，兼指父母雙方；子女則指配偶所生的孩子。這個社羣的結合，主要是爲了子女的生和育。所以家庭的基本組成分子乃夫婦及其子女。此外，各個社會各有其不同的變異性，有些尙可包括其他的份子，諸如直系或旁系親屬，或沒有血統或婚姻關係的人，因此，家庭可說是基於血緣、婚姻、及收養關係結合而成的一個團體（莊英章，1986）（註5）。

　　另有人類學者奎恩和黑本司天（Queen and Habenstein, 1967）（註6）認爲家庭是「一羣親屬親密地住在一起，其成員交配、生育並養育子孫，成長，且互相保護。」（a group of kinsmen living intimately together, its members mating, bearing and rearing off-spring, growing up, and protecting one another.）

　　人類學者謝繼昌（1982）（註7）則指出中國的「家」字，其含義可小至僅指一個人的家戶，但又可大到指所有同姓但不一定有系譜關係的人，「家」之富伸縮性與中國固有的政治哲學有關。此外，中國

人擅長綜合性的思維方式，一個「家」字可以指稱許多類似但不同的團體。

美國社會學家史帝芬 (Stephen, 1963) (註8) 給家庭下的定義是：家庭是以婚姻與婚姻契約爲基礎的一種社會安排。它包括三種特性：

　　1.夫妻與子女住在一起，

　　2.承擔爲人父母的權利和義務，

　　3.夫妻在經濟上負有互相扶養的責任。

社會學者楊懋春（1981）(註9) 認爲家庭一詞包含着兩件東西，或是兩件東西的結合體，我們稱由父母子女所構成的親屬團體爲家，也稱其所住的房舍爲家。而稱「家庭」則是把那個親屬團體和他們的住處連結起來，都包括在內。在英文中，那個小親屬團體稱爲family (group of parents and children)，而他們所居住的房屋庭院爲home (place where one lives, especially with one's family)。

在民法上，稱家者，以永久共同生活爲目的而同居之親屬團體（民法第一千一百二十二條）。家既爲共同生活團體，則必須至少有二人以上共同生活始可爲家，在戶籍編造上，雖可有單獨戶長之戶，但民法上並不允許「單獨家長」之家存在。而民法第一千一百二十三條：

「家置家長。

同家之人，除家長外，均爲家屬。

雖非親屬而以永久共同生活爲目的同居一家者，視爲家屬。」

社會學家蘭恩 (Lang, 1946) (註10) 定義中國家族爲「一個由血緣、婚姻或收養關係的人們所組成的單位，他們有共同的生計和共同

的財產。」(a unit consisting of members related to each other by blood, marriage, or adoption and having a common budget and common property.)

總合上述，家庭最普遍的定義是：家庭是一些人經由血緣、婚姻、或其他關係，居住在一起，分享共同的利益和目標。

### 1.2-2　家庭與其他社會組織之不同

社會學者龍冠海（1976）（註11）比較家庭與其他的社會組織，歸納出以下十點：

1. 家庭是人類所有社會組織中最普遍的一種。
2. 家庭是可以滿足我們多種需要的組織。
3. 家庭是人類營生最早最久的社會環境。
4. 家庭是各種社會團體中最小的一個。
5. 家庭是最親密的團體。
6. 家庭是唯一為人類負起保種的任務的團體。
7. 家庭是社會組織的核心，其他社會結構的基礎。
8. 家庭對其分子的要求比任何團體都要迫切而重大。
9. 家庭嚴格地受着社會風俗和法律條規的限制，在各種行為上所受的限制比任何其他團體所受的多。
10. 家庭制度是永久的，但家庭的結合或個別的家庭團體却是暫時的，普通只有幾十年的生存，不像教會或國家那樣長久。

## 1.3　家庭的功能

家庭之所以在每一個社會和文化中都存在，並受到重視，是因它

具有許多功能，可以滿足人類不同的需要，而人類的需要會因時代變遷而有所改變，家庭的功能也必隨着人類的需要而改變。

柏吉斯和洛克（Burgess and Locke, 1953）(註12) 將家庭的功能分爲固有的功能（Intrinsic Function）和歷史的功能（Historical Function）。固有的功能是指情愛、生殖、和養育子女的功能，不會因時代和社會的不同而改變。歷史的功能是指經濟、保護、教育、娛樂、和宗教的功能，會隨着時代和社會的不同而改變。

玆將家庭的主要功能略述於下：

### 1.3-1 經濟的功能

許多年前，家庭就像一個綜合農場和工廠，家庭裏需要用的東西，大部分是自己製造生產的，全家大小都從事生產的工作，如種菜、養雞、織布、釀酒等等民生需要，都在家庭裏自給自足。但是近年來，工商業發達，日用物品的製造生產已經逐漸轉移到有專門知識、技術、和設備的工廠裏，如今已經有些家庭完全仰賴商品來滿足生活了，偶爾學習製作，也不是爲經濟的效益，而是爲了消遣的趣味。

家庭成員只需設法賺錢，就可以買到他們所需要的東西，尤其是雙生涯家庭，日常所需更是依賴外界提供。以往婦女在家從事的工作，如今大多以現成品代替；以前是「慈母手中線，遊子身上衣」，如今是「慈母手中錢，遊子身上衣」；以前的婦女每天花很多時間準備三餐，而今許多家庭常吃的是成品或半成品，顯而易見的是服裝店與飲食店滿街林立。

因此目前家庭的經濟功能改變了很多，從以前的自產自用的生產單位，到現在的消費單位，我們倒不必過份懷舊，刻意復古，而是應

把昔日花在製造生產上的心力，轉移到培養正確的消費意識，使廠商能製造出我們需要的東西，並以合理合法的方式銷售，而不是消極的做個消費者，健康及安全完全受到他人的控制。

在這種角色的調整的過程中，家庭仍是經濟的基本單位，其經濟功能雖改變，却仍存在。

### 1.3-2 保護的功能

在過去，家庭的主要功能是保護家庭成員免受外人的侵害，同時當家庭成員生病、受傷、失業、或老邁時，家庭更是他們避難的堡壘。

如今家庭的保護功能也不若以往那麼重要了。要避免受到侵害，須靠警察局等治安單位來保護我們；生病了需要去醫院接受檢查治療；意外事件需由保險制度來保障；現代人已不再能單純的生活在家庭裏，凡事只依賴家長或家人的保護，很多方面都需要政府的福利措施，而福利措施的經費來源主要是來自人民的稅收。也就是說，人民繳稅，由政府統籌運用，使我們的生活更安全，更有保障。

然而家庭仍保存一部分的保護功能，例如父母仍須照顧並保護兒女，尤其年紀越小的孩子，越需要父母花很多時間和精力去教他保護自己，教他不要玩火，不要玩電插頭，不要隨便跑到街上等等。又當孩子遇到困難，父母仍是他最大的支持，使他不致感到無助，而能解決問題。而犯罪多的地區，人們養狗、裝鐵門鐵窗，都是在保護家人免受傷害，這些也是家庭尚存的保護功能。

### 1.3-3 娛樂的功能

在農業社會，休閒生活以家庭爲中心，一般人多半藉着節慶廟

會，家人吃喝吟唱，就是主要的娛樂。而在現代生活裏，休閒愈來愈
受到重視，家庭外的娛樂場所隨之增多，公園、遊樂場、游泳池、各
種球場及球館、歌廳、舞廳、電影院等等，不勝枚舉。娛樂方式也由
單純到複雜，大多數的家庭沒有這些設施，娛樂功能也減退了。

倒是電視和錄放影機的普及，是家庭娛樂的新型態。交通發達及
交通工具的便捷，也使得舉家出遊成為時尚。

然而家庭現存的娛樂功能仍很重要，因家庭是孩子第一次學着玩
的場所，許多父母會帶孩子去動物園、美術館等等地方，或是跟孩子
玩遊戲，有些家庭是全家人一起計畫如何安排休閒生活，有些家庭更
是樂意邀請朋友或親人來家裏玩。

雖然孩子長大後會比較喜歡與年齡相近的朋友一起玩，但是他對
娛樂的價值觀最主要還是受家庭的影響，父母若重視休閒生活，孩子
自幼就學着如何充分利用閒暇，從事有益身心的活動。相反的，若父
母堅信「勤有功，嬉無益」，自己生活裏就少有娛樂，或者父母本身
就偏好不正當娛樂，孩子自然地接受那一套價值觀。

其實，休閒生活若安排得好，可以促進家人關係的親密與和諧，
因此西諺說：「玩在一起的家庭就不會分開。」(The family plays
together, stays together)

### 1.3-4  宗教的功能

對西方的家庭來說，家庭中的宗教氣氛維繫了家人的團結，家庭
裏的大家長是上帝，教堂是敬拜神的地方，也是社區活動的中心，有
適合各種年齡的主日學、唱詩班、和查經班，家庭與教會有密切的關
係。

宗教信仰曾是道德教育的根據，如今父母雖不一定按照聖經的教

訓來教導子女，　但仍要教他們判斷是非，　走正路。　例如自古至今，父母都教導子女要誠實，但過去的重點可能在於聖經中所記載神的指示，　惟恐不誠實會遭天譴，　而如今則強調誠實的人會受到信任和尊敬。

傳統的中國人相信已故的祖先變爲鬼神，存在另一個世界，他們雖爲鬼神，却仍有世人的生活需要，子孫有義務爲祖先提供那些需要物品（楊懋春，　1981）(註13)，　因此祭祀祖先是家庭一項重要的功能。

祖先崇拜原是表示對先人的懷念，但是由於個人主義及外來宗教的影響，　此觀念漸漸淡薄，　現代人認爲祭祀的行爲和方式也有待改善。

倘若父母過度迷信，　也會造成子女對人生缺乏自信，　凡事靠運氣，不靠努力。一般中國家庭的宗教功能不甚明顯，但對子女的人生觀有很大的影響。

### 1.3-5　教育的功能

以往，家庭是教育子女的主要場所，學問是代代相傳的，父母教子女識字、算術、以及其他的生活技能，使其能有一技之長。而今的社會，知識爆炸、技術進步，家長已無能力負擔全部的教育責任，曾幾何時，我們一提到「教育」，就先想到「學校」，家庭教育和社會教育反而常被忽略，家庭的教育功能的確因學校的普遍設立而減少了許多。

目前大部分的孩子滿六足歲就得上小學，接受義務教育，甚至有不少孩子未滿三歲就開始上幼兒園，更有些家長由於本身太忙碌，又找不到合適的保母，　往往把幼小的孩子送去托嬰中心，　嬰幼兒的語

言、社會行為、生活習慣等等，幾乎都由托嬰中心的工作人員負責教導，也產生了「生育、養育、教育」互不協調的現象。

現代人上學的時間也愈來愈長，以前中學畢業就算是相當高的學歷，如今繼續念大專、研究所，已不算特殊的，甚至就業前有職前訓練；就業後有在職進修；當了父母要接受親職教育；同時，空中大學設有多種課程； 一般大學開設推廣教育班； 更有老人大學、長青學苑等等，終生教育的理念已是必然的趨勢了。

教育的意義及範圍都擴大了，但是家庭仍有其重要的教育功能，大部分的孩子仍是從家庭中學會說話、學會走路、學習守規矩、人際關係等等， 更重要的是， 孩子從父母及家人那兒學到了價值觀、 信仰、和處世態度，因此即使社會上有那麼多提供教育的機構，家庭仍是教育的中心，對一個人的影響最長久而深遠。

### 1.3-6　生育的功能

每個社會皆以家庭為生兒育女的地方，傳統中國家庭的首要功能是生育子女，尤其是生育男孩子，其目的是傳宗接代，因為中國人相信今世的人是已故祖先的生命延續，因此十分重男輕女。此外，農業社會裏，許多工作須靠男丁，多一些人手就顯得家庭興旺，而且地廣人稀，醫藥保健不發達，夭折率高，因此深信「多子多孫多福壽」，多生育以保種族延續。

但是今天我們面臨的是全世界人口膨脹的壓力，在重質不重量的新觀念之下，許多家庭實施計畫生育，一般家庭的子女人數都減少，而且個人主義抬頭，「不孝有三，無後為大」的觀念也逐漸淡薄。在歐洲一些國家甚至政府擔心國民不願生育，還設立許多鼓勵辦法，希望年輕人多生育，但效果不彰，家庭的生育功能顯然下降。

除了以家庭計畫來控制人口成長的量之外，現代人更應重視「優生保健」，以提高人口成長的質，使得每一個孩子來到這世界時都是受歡迎的、發育健全的，使家庭不必承受過重的負擔，而能全心的養育子女，尤其職業婦女增多，照顧孩子成了很大的問題，與其養而不教，不如計畫生育，使生下來的孩子都能接受父母的照顧和管教。

### 1.3-7　情愛的功能

男女因愛而結合，組成家庭，為的是讓愛情落實到生活裏，並延續到未來。有了子女後，父母對子女之愛發自本性，也是子女發展過程中最重要且不可缺的。

家庭最主要的功能就是滿足每個家庭成員的情感和愛的需要。家人之間彼此的愛、接納、關心、和支持是最珍貴的，尤其夫妻間的情愛是家庭幸福的基石，對夫妻本身而言，經過一天辛勤的工作，回到家來有人互相照顧，分享工作心得，交換一切體己的話，的確是單身生活享受不到的。

心理學家認為「孩子的安全感的最主要來源是知道父母相愛」，夫妻感情和睦，孩子自然有安全感，珍惜自己的生命，重視自己的存在，能自愛愛人，等於為幸福人生開了明燈。

在其他的家庭功能隨着時代變遷而轉移或減少時，情愛的功能却比以往更迫切需要，「人生最大的快樂與最深的滿足，最強烈的進取心與內心最深處的寧靜感，莫不皆來自充滿愛的家庭。」但是家庭為何不和諧？大多是由於家人未將感受到的愛和所懷有的善意，恰當地溝通出來（鄭慧玲譯，1981）（註14）。

昔日國人在感情表達上較保守而含蓄，但今日的社會節奏快速，現代人似乎沒有太多的時間仔細體會，情愛的表達與溝通已是現代人

必須學習的。此外，在緊張忙碌的現代生活裏，人們渴望情緒的平衡及內心的安適，因此大多數人仍願意犧牲一些個人的自由和享受而成家。

在此引用家族治療大師薩提爾（Virginia Satir）的一段話來說明情愛功能的極致：充滿真誠、活力及愛，家庭分子的智慧、精神和心靈則是一體的。每個人說話時有人傾聽，別人說話時他也會專注。成員除了被關愛外，尚被認定為有價值的，因此他可以享受任何做人的權利：尤其是嚐試錯誤的權利——他可以不必害怕做錯，因為家人會認為他會從學習錯誤中長大而諒解他。同樣的，他也是以如此態度對待家人，彼此互信、互尊、及互愛（吳就君譯，1983）(註15)。

## 1.3-8 家庭功能的發揮

在愈傳統的社會裏，社會結構愈少分化，家庭所負擔的功能愈多。而現代社會裏，人們講求效率，傳統的家庭功能由社會上專業的機構所取代，家庭更應把握其最重要的固有功能——情愛及養育子女的功能，在急速變遷的社會中，幫助其成員去適應現代的社會，建立合情合理合法的行為規範，而不是使成員受太多不必要的阻礙及牽制，反而使家庭的功能變質，而無法提供成員在發展過程中所需的精神及實際的支持。

因此，一個現代的、健康的家庭除了要調整並發揮原有的功能之外，更要創造新的功能。由「家庭精神動力學」的觀點來看，現代家庭生活的功能必須是多面性、複合性、動態性的（廖榮利，1985）(註16)，包括：

1. 提供成員之物質生活需要和對外界事物之保護力量。
2. 提供親情，塑造親近和諧之人際關係之能力。

3.透過子女與家庭之認同作用，而培養統合性之人格和社會生活適應能力。

4.提供性知識和性教育，以培養子女的性身分和性角色的實現能力。

5.模塑成員之社會統合行爲、社會角色扮演，培養社會責任感。

6.培養成員之學習動機，求進步的慾望和創造力。

7.傳遞文化，培養下一代有創造文化之能力。

而欲測量家庭的功能，則有六個指標(吳就君，1985) (註17)：

1.家人間的溝通方式：坦誠直接。

2.家庭規則的運作：富有彈性。

3.家人間的關係：界限較清楚。

4.家庭氣氛：較有歡笑、幽默、而樂觀。

5.整個家和外界的關係：較易接受、相信新事物、新意見、新鄰居。

6.自我價值感：每個人覺得自己內心充滿溫情。


## 1.4　家庭的類型

人類的家庭起源於生物本性，而後逐漸成爲社會制度。社會學者楊懋春在所著「中國家庭與倫理」中指出：古今中外一切社會中或一切文化中都有家庭制度；但沒有一個社會或文化中的家庭制度與另一個社會或文化中的家庭制度完全相同。因爲人類的基本需要雖然相同，但滿足需要的方法或途徑可以因時因地因機會而有不同。

社會學家以五種標準作爲家庭的分類，即世系、居住方式、婚姻形式、家庭形式、及主要人倫關係。

### 1.4-1　以世系爲標準的分類

世系是指家名、香火傳遞、財產繼承的方式。以世系爲標準，家庭可分爲四大類：

1. 父系家庭 (*Patrilineal Family*)

家系、姓氏、財產等，均由父方的男性傳遞下去，中國的傳統家庭可作代表。

2. 母系家庭 (*Matrilineal Family*)

家系、姓氏、財產等，均由母方傳遞下去，花蓮的阿美族有此種家庭。

3. 父母雙方等重家庭 (*Bilateral Family*)

父母雙方同等重要，一個人可以繼承雙方的財產，亦對雙方盡相同的責任，現代歐美家庭屬於此類。

4. 雙系家庭 (*Double Descent Family*)

有父系與母系的區分，各有其重要性，並有禮俗規定一個人由母方繼承某種類或性質的東西，另由父方繼承不同種類或性質的東西，太平洋上 Ontong Java 島有此類家庭。

### 1.4-2　以居住方式爲標準的分類

居住方式是指一對男女結婚後，共同居住之處。以居住方式爲標準，家庭可分爲六類：

1. 隨父居 (Patrilocal)：婚後與夫之父母住在一起。

2. 隨母居 (Matrilocal)：婚後住在妻之父母家中。

3. 隨舅居 (Avunculocal)：母系社會中，婚後妻與所生子女均居住妻母家中，子女長大後歸舅父管。

4.兩可居（Bilocal）：婚後夫妻可自由選擇隨父居或隨母居。

5.新居制（Neolocal）：婚後二人另建新家居住。

6.分別居（Duolocal）：婚後夫仍住營舍內，以便繼續受戰鬥訓練，妻則仍住娘家。

### 1.4-3　以婚姻形式爲標準的分類

以婚姻形式爲標準，家庭可分爲三大類：

1.一夫一妻式（Monogamy）：文明人的理想婚姻。

2.多妻婚（Polygyny）：法律承認或社會默許一男娶多於一個女人爲妻子。

3.多夫婚（Polyandry）：一個女人可以有數個男人爲合法或社會所承認的丈夫。

### 1.4-4　以家庭形式爲標準的分類

以家庭形式爲標準，大致可分爲三類：

1.核心家庭（Nuclear Family）：即小家庭，由一對夫妻及其未婚子女組成。

2.單幹家庭（Stem Family）：即折衷家庭，由祖父母、父母及未婚子女組成。

3.擴展家庭（Extended Family）：即大家庭，由數代數房所構成的家庭。

### 1.4-5　以主要人倫關係爲標準的分類

人類學家許烺光認爲家庭中成員關係的特性是影響文化的關鍵所在。一個家庭中的成員可分爲許多種角色關係，如父子、夫婦、兄

弟等等，這些關係稱爲人倫角色關係（Dyad）。由於家庭型態的種種
變化，每一民族的家庭經常在各種人倫關係中，採取一種爲主要代
表，這種代表性的人倫關係稱爲「主軸」關係，亦卽家庭中其他人倫
關係都以之爲模型或典範，主軸關係的特性掩蓋了其他關係的特性而
成爲家庭生活的軸心。許先生研究世界各種民族，認爲家庭中成員關
係的主軸可分四種類型：

1.以父子倫爲主軸：中國家庭爲典型代表。

2.以夫妻倫爲主軸：歐美民族的家庭爲代表。

3.以母子倫爲主軸：印度家庭爲代表。

4.以兄弟倫爲主軸：以東非洲及中非洲若干部落社會的家庭爲代
表 (註18)。

### 1.4-6　人類學家的分類

有人類學家將家庭分爲：

1.核心家庭，又分爲：

(1)養育家庭（Family of Orientation），卽出生之家。

(2)生殖家庭（Family of Procreation），卽生育之家。

2.擴大家庭，又分爲：

(1)小型：主幹家庭（Stem Family），三代同堂。

(2)中型：直系家庭（Lineal Family），一對夫妻及其諸子女的
生育之家。

(3)大型：（Expanded Extended Family），大家族。

3.聯合家庭(Joint Family)：包括兩個或兩個以上的核心家庭，
透過男系或女系繼嗣關係而結合在一起（宋光宇，1977）(註19)。

# 1.5　中國家庭的特點

## 1.5-1　家庭主義的特質

韋政通（1974）（註20）曾探討家庭與個人的關係，指出中國傳統家庭與西方社會學家所說的「家庭主義」(Familism) 相符合， 家庭主義的特質則是：

### 1.強烈的一體感

每個人從出生到獨立謀生，都有一段相當長的時間依賴家庭，本來對自己的家就會有特殊的感情，而家庭主義經 由一 套文 化上 的設計， 把這份感情特別強調， 並與特殊的價值觀念結合， 使其經久常存。因此即使子女長大了，對原來生長的家庭的感情依舊濃密，而儒家更把孝悌視為最高道德價值的表現，為家庭的維繫和凝結奠下不拔之基。因此中國人不願離鄉背井，即使出外工作，仍願衣錦還鄉，落葉歸根。

### 2.嗣續繁衍

也是受儒家教孝的影響，孟子說： 「不孝有三，無後為大。」萬一沒有後代，祖先即無人祭祀，而祭祀是中國家庭的整合力量，也是家庭制度的根本，所以絕嗣是很嚴重的。

### 3.恪遵祖訓

即培養子女對祖先的認同感，如朱柏廬治家格言：「祖宗雖遠，祭祀不可不誠；子孫雖愚，經書不可不讀。」經書既是祖訓的主要來源，多讀經書就是恪遵祖訓。

### 4.家庭財物公有

子女一旦有了私有財物，對父母的依賴減少，順從心也會減退，因此傳統中國家庭裏，父母必掌經濟大權，不但控制財物，也負責援助子女。

5. 重視家庭榮譽

家庭主義最重要的要求是家庭高度的統一與和諧，而個人的興趣是不被重視的，必須爲全家人的理想而奮鬥，光宗耀祖是個人最大的成就與滿足。

雖然傳統家庭也能滿足某些需要，然而這種傳統家庭與現代家庭已不太相同，因爲現代人的需要和古人不同。

### 1.5-2 中國傳統家庭的特點

楊懋春 （1981） (註21) 指出， 中國人把家當成是延續生命的機構，認爲有了家才能合法的產生後嗣，生命才能傳遞下去，而有了後嗣才能香火不斷。他列舉了中國傳統家庭的特點：

1. 複式家庭 (*Compound Family*)

卽一個大家庭中包含數個小家庭，如三代同堂。

2. 建立在男系制度，或父傳子的制度上

家庭產業多由衆子均分，而長子承受勳爵封號。

3. 重男輕女

婦女在禮法上地位低，必須「在家從父，出嫁從夫，夫死從子」。

4. 對兒子的期望特別高

因此通常父親對兒子的管教特別嚴厲，而母親對兒子特別愛護，兒子的地位固然重要，壓力也很大。

5. 財產共有

使家庭成爲一個共同生產、共同生活、養育幼小、照顧老弱、恤

病送終的機構。但是家道中落時，一部分的家庭分子受到其他家人的連累，不得發展，因此常見家世興替的現象。

　　然而近年來，傳統家庭起了大變化，多數人反對大家庭制度，以權威與服從為特點的親子關係已起了顯着變化，婦女的地位提高許多，家庭主要功能也不再是傳宗續氏，重男輕女的心理已不如過去，個人經濟較以往獨立，形式的家教家規也少了。

　　又由於我國的家庭是以父子倫為主軸，這種家庭有四種特性（李亦園，1981）(註22)：

　　1. 延續性（*Continuity*）

　　某人身為人子，將來也會為人父，父子關係在家庭中一連串不斷勾連下去。

　　2. 包容性（*Inclusiveness*）

　　夫婦的關係是單一而排他的，父子關係則是包容的，一個父親的愛可以包容所有的子女。

　　3. 權威性（*Authority*）

　　父對子的關係經常是權威的，而夫妻之間則是自主的，母子之間是依賴的，兄弟之間是平等的。

　　4. 非性的（*Asexuality*）

　　父子關係不是以性為基礎的，不強調兩性區分。

　　這四種特性，只是描述事實，本身並不包含任何價值判斷。

## 1.5-3　我國家庭的變遷

　　我國的家庭結構，自周代以來，經歷多次變遷，根據芮逸夫的研究，在宗法制度盛行的兩周時代，是以擴展家庭佔優勢，宗法制度破壞後，自秦至隋，家庭結構是以主幹家庭佔優勢。唐代以後，由於講

究家世與族系，所以又爲直系家庭所代替，這種直系家庭一直到清代
末年都是中國人心目中的理想家庭。

　　但自清末民初以來，因爲受了西方個人主義及工業社會的影響，
傳統的家庭制度動搖了，一般均以建立核心家庭爲理想，尤其在都市
裏。但是這種小家庭實際上產生了一些問題，如年老父母的奉養和幼
兒的照顧，幾乎困擾着每一對年輕夫婦，朱岑樓（1970）（註23）在其
所著「婚姻研究」中也列舉了核心家庭的特質（見表 1-1），其利弊
顯然易見。

●表 1-1　核心家庭的特質

| |
|---|
| 1.以夫妻關係爲基礎。 |
| 2.其功能爲①性，②經濟，③生育，④教育。 |
| 3.其親屬關係網路之依賴性小，受控制亦較弱。 |
| 4.嗣系較不偏重配偶之任何一方。 |
| 5.擇偶較自由。 |
| 6.婚姻以愛情爲基礎。 |
| 7.與外人較疏離，離婚率較高。 |
| 8.子女較自由發展。 |
| 9.適合現代工業都市社會。 |
| 10.需要社會福利事業，以補親屬團體之缺。 |

資料來源：朱岑樓，婚姻研究，1970，P.5。

　　在變動或過度期間，有些中國社會學者主張「主幹家庭」，卽三
代同堂的折衷家庭，其優點有：⑴老有所養，⑵子女對父母有責任感
和同情心，⑶有人助理家務及管教小孩。而其缺點有：⑴感情不易融
洽，⑵權柄問題難解決，⑶輪流供養父母不易實行。其實施的效果決

定於家庭分子具備的條件，如個人修養、性格、教育程度、人生觀、經濟能力、和家庭的傳統等等（龍冠海，1976）（註24）。

朱岑樓曾在1977年以問卷調查國內十五所大專院校講授有關家庭課程之教師，及臺北市七家晚報家庭欄主編及專欄作家等一百五十二位，列舉我國近六十年來家庭所發生的重大變遷，以十項為原則。其結果如表 1-2（註25）。

●表 1-2　近六十餘年我國家庭的重大變遷

| 變　　　遷　　　項　　　目 | 提出人數 |
|---|---|
| 1.以夫妻及未婚子女組成之家庭增多，傳統式大家庭相對減少。 | 94 |
| 2.父權夫權家庭趨向於平權家庭，長輩權威趨於低落。 | 79 |
| 3.職業婦女增多，妻之經濟依賴減輕。家計趨向於共同負擔。 | 77 |
| 4.傳統家庭倫理式微，祖先崇拜不若過去之受重視。 | 71 |
| 5.家庭功能由普化趨向於殊化，以滿足家人情感需要為主要，其餘則轉由社會負擔，尤是以子女的教育為然。 | 70 |
| 6.傳統孝道日趨淡薄，家庭非若以往以父母為中心，而趨向於以子女為中心。 | 71 |
| 7.夫妻不再受傳統倫理的束縛，趨向於以感情為基礎，穩定性減低，家庭糾紛增多，離婚率升高。 | 60 |
| 8.傳宗接代觀念減輕，家庭人數減少。 | 54 |
| 9.親職受到重視，教養子女方式由以往之嚴格控制，轉向尊重子女人格獨特發展，且養兒目的不再全是為了防老，子女均受教育，輕重之別趨於淡薄。 | 51 |
| 10.家人相聚時間減少，關係趨向於疏離，衝突增多。 | 49 |
| 11.婚前自由戀愛逐漸取代父母之命，媒妁之言，傳統擇偶標準大部份消失。 | 44 |
| 12.貞操觀念趨淡，兩性關係愈見開放。 | 39 |
| 13.單身家庭及有子女而不在身邊之家庭增多，年老父母乏人奉養，孤單寂寞。 | 35 |
| 14.男女趨向於平等。 | 35 |
| 15.老人問題趨於嚴重。 | 35 |
| 16.青少年犯罪者增加。 | 35 |
| 17.婚後與岳母共居之家庭增多。 | 34 |

資料來源：朱岑樓，中國家庭組織的演變，1977，P.255-288。

# 註　釋

註 1　王禮錫等譯(1975). 家族論（上冊）。臺北：商務。

註 2　吳自甦 (1973). 中國家庭制度（二版）。臺北：商務。12.

註 3　楊亮功 (1980). 中國家族制度與儒家倫理思想，食貨月刊，復刊 11 卷 4期，149.

註 4　Winch, R. F., & Blumberg, R. (1972). Societal complexity and familial complexity: Evidence for the curvilinear hypothesis. *American Journal of Sociology, 77,* 898-920.

註 5　莊英章 (1986). 家庭文化，變遷中的幼兒教育，臺北：豐泰文教基金會。

註 6　Queen, S. A., Habenstein, R. W. (1967). *The family in various cultures, 3rd ed.,* New York: J. B. Lippincott. 7.

註 7　謝繼昌 (1982). 中國家族研究的檢討，中央研究院民族學研究所專刊，乙種之10. 255-280.

註 8　Stephen, W. N. (1963). *The family in cross-cultural perspectives.* New York: Holt, Rinehard, and Winston.

註 9　楊懋春 (1981). 中國家庭與倫理，臺北：中央文物供應社。

註10　Lang, O. (1946). *Chinese family and society.* New Haven: Yale University Press. 13.

註11　龍冠海 (1976). 社會學（七版），臺北：三民。

註12　Burgess, E. W., & Locke, H. J. (1953). *The family.* New York: American Book. 462-470.

註13　同註9.

註14　鄭慧玲譯 (1981). 家庭溝通，臺北：獅谷。

註15　吳就君譯 (1983). 家庭如何塑造人，臺北：時報。

註16　廖榮利（1985）. 健康的家庭生活，臺北：臺北市政府社教館。

註17　吳龍君（1985）. **人在家庭**，臺北：張老師出版社。

註18　李亦園（1981）. 信仰與文化，臺北：互流。235-244.

註19　宋光宇編譯（1977）. **人類學導論**，臺北：桂冠。

註20　韋政通（1974）. **中國文化與現代生活**，臺北：水牛，35-67.

註21　楊懋春（1981）. **中外文化與親屬關係**。臺北：中央文物供應社，30-34.

註22　同註18.

註23　朱岑樓（1970）. **婚姻研究**，臺中：霧峯，5.

註24　同註11. 273.

註25　朱岑樓（1977）. 中國家庭組織的演變，臺北：三民。

# 第 二 章

## ●家庭教育的本質●

家庭教育原是中華文化裏極重要的一部分，近年來我國由於經濟的發展，固然生活比以前富裕，但由於社會變遷迅速，導致各種失調的現象，影響社會的安寧。而要維持社會的秩序，最基本的仍是要從防止青少年走上歧途著手，也就是要父母們重視家庭教育，引導子女向正確的方向發展。

一般人將教育分為學校教育、家庭教育、社會教育。教育學者張春興指出（註1），不良少年的問題是：

1.病因種於家庭：由於父母養不教或教不當所致；

2.病象顯在學校：由於行為規範與學業標準的要求，而導致適應困難；

3.社會使病情惡化：既不能得到家庭的支持，又無法克服學校困難。

因此家庭教育雖不明顯，其良莠却關係着學校教育和社會教育的成敗，家庭教育可說是一切教育的基礎。

本章擬就家庭教育的特性，西方與中國傳統的家庭教育，及兒女的價值，加以敘述。

## 2.1　家庭教育的特性

### 2.1-1　家庭中的人際關係

　　家庭是人際關係最單純、也是最複雜的地方，它之所以單純是因為它通常只牽涉到自己家裏的人，由於相處密切，互相比較了解，也比較能包容和欣賞。而它之所以複雜是因為家人朝夕相處，磨擦的機會也多，彼此付出多，要求也多，反而不容易保持客觀、冷靜、或理性。

　　家人關係中的親子關係更是一門藝術和學問。父母既沒有權利選擇自己的子女，子女也無法選擇父母。親子的感情原是本性的流露，却受到環境的塑型，因此父母對子女的愛雖是人類所共同具有的，表達方式却因文化差異，而有顯着不同。

　　到目前為止，人們談家庭教育，大都是以社會化的單向模式（unidirectional model），強調父母是子女的老師，子女是學習者，父母應該把價值觀、態度、以及行為準則教給孩子，使他長大成為社會所接受的人。也有許多研究報告指出，父母的管教態度與方式對子女的確有很大的影響，這種單向的親子關係及教育模式，近年來引起一些爭議，理由如下：

　　1.家庭裏的倫理是一種社會系統

　　父母與子女的關係是動態的、互動的，每個人都影響其他的人，每個人都是行為的發動者（initiator），也是接受者（recipient），因此家人可以彼此激勵。從此觀點來說，父母與子女的關係應是雙向的模式（bidirectional model），不但父母可以影響子女的行為，子女也

會影響父母的行爲，這種互動關係可稱爲是一種社會系統，許多偶然的因素，如性別、發展階段、健康情況等等，都會影響家人的行爲和互動關係，因此親子關係始終是在改變的。

2.家庭教育的目標因人而異

社會和家庭也是互動的，社會變遷與家庭改變互爲因果。由農業社會進入工商業社會，到資訊社會，科技與每個人的生活息息相關，而目前社會所面臨的變遷是空前的，在變遷中學習調適是個大挑戰。

以往的父母比較淸楚子女長大後要面對的是什麼樣的社會，需具備那些能力，因此教育孩子需有明顯目標。現今一般的父母對於子女的教育却有一種不確定感 (feeling of uncertainty)，也懷疑如何才是稱職的父母。今日的父母幾乎無法教子女如何去適應未來的社會，因爲那是無法預測的，　但是家庭仍須幫助孩子社會化，　父母必須教導孩子培養適應種種變化所需的能力，也就是培養子女解決問題的能力，而不是教他解決問題的方法。

3.爲人父母的理由因人而異

目前的年輕人比過去的年輕人更可以自由作決定是否要有孩子，醫技的發達使人可以選擇是否要生育或是何時生育，來自上一代及社會的壓力也減輕了，年輕夫妻既不期望「養兒防老」，又擔心如果有了子女，是否能保證子女的幸福，沒有把握就不應讓一個小生命來到世間受苦，人口增加，資源却減少，許多人對未來抱着悲觀的想法。

以往，結婚後爲人父母是順理成章的，而今越是認眞考慮子女前途的夫妻，越是不敢冒然生養子女，一旦他們決定要有孩子，多半有他們的理由，心態上的差別很大。

4.父母的角色是很獨特的

若西 (Rossi, 1968)　(註2) 認爲父母的角色有四個特點：

(1)母親的壓力比父親的壓力大。從小，女孩子就被鼓勵玩辦家家酒，男孩子則玩些打仗或冒險的遊戲，因此長大後自然認為照顧孩子是女人的事，女人在事業與家庭之間的衝突也是男人不必面臨的。

(2)父母的角色比其他角色更由不得自己選擇。雖然避孕方法技術發達，意外懷孕仍經常發生，縱然可以墮胎，但多數婦女還是儘可能保留胎兒。在不得已的情況下當了父母的仍不在少數。

(3)父母的角色是不能取消的。若一個人對工作不滿意，他可以辭職，若他對婚姻不滿意，也可以離婚，但是親子關係一旦產生，就是「終身職」了，除非特殊理由，如送人領養，否則父母和子女的角色就永遠存在。

(4)親職的「職前準備」很缺乏。大多數人在當父母之前根本不了解生育、養育、教育子女是怎麼回事，很多年輕人在有了子女後才赫然發現孩子不是玩具，不是寵物。有的人連忙買書看或請教別人，從嚐試錯誤中學習，孩子成了試驗品。

在過去的大家庭裏，家中長輩會教導年輕人為人父母所需的知識和技能，如今多半是小家庭，學校和社會之沒有一套完善的教材可以提供給他們，使得許多年輕父母手忙腳亂。雖然家政課的內容包括婚姻、家庭、兒童發展、和家人關係等單元，但是並非每個學生都有機會上家政課，一方面由於傳統觀念裏認為家政課是給女孩子上的；二方面有些人以為家政課只是烹飪和縫紉，不必學；三方面則是升學主義掛帥的教育制度下，學生往往被剝奪上家政課的時間。因此我們的課程雖設有家庭方面的內容，效果卻不佳。

### 5.父母的角色是發展性的

隨着孩子的成長，父母必須隨時調整自己的角色，例如年幼的孩子較需依賴父母，父母對他的照顧也多些，但孩子逐漸獨立時，父母

也要慢慢放手，才不致形成對立和衝突。同時父母本身也是發展中的個體，隨着年齡增長，對自己及子女的看法也會改變。

### 2.1-2　家庭教育的範圍

到底「家庭教育」這種觀念是不是中國文化所特有的？它與近年來頗受重視的「親職教育」有何關係？讓我們先來看看家庭教育的幾個定義。

顧名思義，家庭教育是父母在家庭裏對其子女所施之教導。其實施是以家庭裏爲主，教育者是父母，接受者則是子女。此義類似於王連生(1980) (註3) 所述之狹義的定義，即「學前兒童在家庭中接受的教育，即父母對幼兒所施之情感生活之指導，與道德觀念之養成。」也就是父母把爲人處事的社會規範教給子女，使子女長大後能適應社會生活並服務人羣。

但是，我們也發現，並不是父母怎麼「教」子女，子女就成爲什麼樣的人，其中影響的因素很多、很複雜，例如，對一般父母來說，「言教」比較容易，因此關心孩子的父母就會變得絮絮不休，至於孩子聽進了多少，接受了多少，就很難講了。「身教」則較難，但效果似乎稍微好些，因爲孩子最主要學習來自實際的觀察、體會、和模仿，「有樣學樣」是很自然的，因此有人說「孩子是父母的翻版」，也因此現代人體認到父母也需要接受教育，紛紛提倡「親職教育」。

然而，現今的社會，人與人接觸頻繁，甚至往往相處時間最少的反倒是自己的家人，因此孩子所受的影響更是來自四面八方，光是父母以身作則已經不足以對抗其他的影響力了，因此家庭教育應該擴展至「境教」，除了諄諄教誨和以身作則，也要給孩子一個較好的學習及成長環境，才能眞正發揮家庭教育潛移默化的功效。

　　王連生所述之廣義定義爲「一個人自生至死，受家庭環境、成員、氣氛的直接薰陶或間接影響，在情感生活的學習上、倫理觀念的養成上、道德行爲的建立上，獲得身心健全發展的指導效益。」也就是一種終生教育、人格教育、生活教育。

　　而在英文裏，根據教育辭典（Good, 1973），家庭教育（family education）的解釋也有兩種（註4）：

　　1.是一種正式的準備

　　包括在學校、宗教組織、或其他福利團體的課程內，目的是要達到父母與子女、子女之間、及父母之間更好的關係。（formal preparation included in the curriculum of schools, religious organizations, or other welfare associations for the purpose of effecting better parent-child, child-child, and parent-parent relationships.）

　　2.非正式的學習

　　在家庭中進行，學習家庭生活的適當的知識和技能。（informally acquired learnings, within the home, of pertinent data and techniques of family living.）

　　前者強調家人關係，不只是親子關係，也涵括了婚姻關係。後者屬於家事的學習，偏重日常生活的經驗。

　　而若專指「父母對子女的教導」，則有另一個字——parenting。從生活的照顧、了解孩子的發展與需要、解決親子間的問題等等，到培養子女正確的人生觀、建立良好的溝通、達成家庭目標等等。爲了要能做個好父母，父母必須不斷的學習，而不能蕭規曹隨，完全照自己的父母的教育方式來教育子女，尤其在社會變遷如此快速的現代，親職教育（parent education）就更顯重要了。親職教育是一種

成人教育，主要內容是兒童的教養和家庭生活。（詳見第五章）

在本書裏，家庭教育強調在家庭裏，家人彼此的互動關係，也就是說，父母和子女是互相教育的，家庭裏發生的許多事都直接或間接的讓我們學到一些東西，我們也在日常家庭生活裏接受最基礎的教育。

## 2.2　家庭教育與西方文化

文化塑造了家庭教育，家庭教育也形成了文化。

人類學家李亦園曾說：家庭其實就是基礎文化養成之地，家庭中子女的養育，對整個民族文化實在有非常深遠的影響。世界上各民族的文化差異很大，產生文化差異的重要原因之一是家庭型態的不同。

中華文化雖有數千年的歷史，傳統的家族觀念已深植人心，但是在西方文化的衝擊下，現代人迷失在新舊交替的混亂裏，因此我們有必要對西方的家庭教育思想演變，稍加了解。

### 2.2-1　古希臘和羅馬

在古時候，人的一生只分兩個階段：兒童期和成人期。成人期是兒童期經驗的累積，人發展的目的就是長大成人，兒童期是指從出生到五歲或七歲，此後即被當作成人看待。兒童沒有地位，可以任憑成人擺佈，但是家庭教育還是相當受重視，其目的不是在於兒童本身的福利，而是為社會國家的福利。男孩子才有權利接受教育，女孩子只需學習家務即可。父親是一家之主，母親則是子女的第一個老師，兒童是沒有什麼地位的。

### 2.2-2　中古時代

中古時代約西元四○○年到一四○○年間。當時正式教育很少，且大部分是修道院所辦的。當時的家庭多爲農業社會的大家庭，兒童的需要很不受重視，兒童所受的教育大多來自觀察和模仿大人。事實上，在產業革命以前，人們成日爲了糊口謀生，已心力交瘁，兒童得到的注意很少，他們被視爲「小成人」（miniature adult），不但穿着像大人，也被賦予大人的責任，甚至年紀很小就開始當學徒。

由於衛生保健不佳，嬰幼兒死亡率高，但出生率也高。由於對生命持續不太有把握，成人不敢跟孩子太親密，免得失去時太悲傷，因此這個時期的親子關係相當冷漠。

### 2.2-3　文藝復興時期

文藝復興時期約從西元一四○○年到一六○○年間。此時期歐洲經歷了藝術及科學上的大復興，但是一般人仍不注意兒童，有錢人雇用保母照料嬰兒，父母不認爲照顧孩子是他們自己的事，

### 2.2-4　美洲殖民時期

約在西元一六○○年到一八○○年之間，一些英國人移徙到新大陸北美洲時，那些移民主要是清教徒（Puritanist），他們認爲兒童是性本惡的，父母應嚴加管教，才能使子女成爲無私而虔誠的人。父母的責任就是讓孩子盡早學會認罪而成爲基督徒。由於嬰幼兒的死亡率很高，孩子是相當受到重視的，此時期父母對子女已非漠視，而是關愛了。

## 2.2-5　十九世紀

西元一八○○年到一八六○年，在美國內戰（Civil War）之前，有三個主要的教養理論:

### 1.卡爾文主義（*Calvinism*）

是當時最受注目的方法，強調嚴格管教。父親開始出外就業，管教子女的責任即落到母親肩上。非不得已不處罰子女，鼓勵子女獨立，儘早訓練他斷乳、大小便、餵食、走路、保持乾淨和衞生。卡爾文主義強調父母的權威和子女的順服。

### 2.環境主義（*Environmentalism*）

受到洛克 (Locke, 1699) 的影響最大，他認為初生嬰兒像一張白紙，日後的經驗會構成其性格。和卡爾文理論最大的不同是，環境主義者認為孩子的本性無好壞之分，完全是環境造成，環境決定一切。

### 3.早期發展主義（*Early Developmentalism*）

與近代的思想較接近，主張父母不必太在乎以權威讓子女順服，而可以用說服、獎勵、和堅定的態度，使子女願意服從。這種觀點為現代的發展理論奠下基礎，因它強調孩子有發展的需要，而且父母協助子女塑造人格，它也指出嚴厲的管教和溫和的管教造成不同的效果和影響。

## 2.2-6　二十世紀

西元一八九○年到一九八○年，從文獻分析中，可看出本世紀的父母管教子女的態度。大約在三○年代中，父母對子女由嚴轉寬，主要原因是美國的經濟快速成長，父母（尤其是父親）忙着追求物質生活，對子女就較縱容，也常以物質來表達對子女的關愛。此時期由歐

洲各國大量移民去美國，那些移民一方面帶來各自的文化傳統，一方面又希望在新大陸建立夢想的美國。直到行為主義（Behaviorism）之父瓦森（J. B. Watson）（註5）提出他的看法，他警告父母不要給子女太多溫情，也不要跟子女太親暱，以免造成子女長大後「心理殘弱」（Psychological invalid），直到現在仍有人主張孩子哭時不要理他，免得他學會以哭鬧來引起父母注意。

到了一九三五年和一九四五年之間，弗洛依德（Freud）的心理學說強調嬰兒期經驗、母親和嬰兒的親密關係、以及壓抑孩子內在慾望對他的傷害，這些原則都被運用在教養子女上。此時期也有些學者強調心理衛生的觀點，認為孩子需要撫抱和疼愛，才會有安全感，情緒的適應也較好。尤其是史帕克（Spock, 1964）的書（The Common Sense Book of Baby and Child Care）（註6），把弗洛依德的心理學說概念，以一般人所能了解的文筆寫出來，影響很多的父母。

一九五〇年到一九七〇年間，注意力又由兒童轉向大人，史帕克給為人父母者很大的信心，他一再強調父母必須給予子女持續而堅定，但是充滿愛的輔導。此時期的另一個大改變是：父親的角色分量大增，人們認為若父親多參與子女的教養工作，對子女的人格發展比較好。由於學說理論，眾說紛紜，使得許多父母無所適從，因此也有很多文章提出「父母比專家更知道如何教養子女」的呼籲。

又如行為科學提出「行為改變」（Behavior Modification），反對以體罰來矯正孩子的行為，而是以鼓勵和獎賞，不但重視孩子的感受，也重視父母的感受，以求達到雙方的平衡。當孩子有困難時，父母應協助其情緒上的成長。例如吉諾特（Ginott, 1965）說的：

在教育孩子時，父母也會生氣，事實上，該生氣却不生氣反

而顯得對孩子很冷漠，因此父母可以在不傷害子女而讓子女知道的情況下生氣。我們必須承認幾件事實：(1)孩子的確惹我們生氣，(2)我們有生氣的權利，不必有罪惡感或羞恥感，(3)在不攻擊子女的人格的情況下，我們有權表達怒氣（註7）。

在一九六○年到一九七○年代，美國發生了一些大事，改變了文化和社會氣氛，人們對社會制度的實際運作以及行為產生懷疑，家庭既是兒童學習社會化的主要場所，當然也受到不少批評，教育、政府、和宗教機構責無旁貸的詳察那時的文化環境，也鼓勵人們嚐試不同的生活方式和家庭型態。那時也很注重社經水準較差的人，最有名的就是「提前開始」計畫(Head Start)，主要是幫助貧困家庭的幼兒在進入小學前能增加教育、體能、及家庭經驗。此外也有一些法案影響了當時的家庭生活，例如一九六五年的 The Civil Rights Act，就是要求少數民族和婦女在就業、居住、教育上應當受到平等待遇。

之後雖受越戰的影響，經費比較短缺，但是仍有不少人探討影響家庭生活和功能的問題，也有很多組織提倡注意「特殊兒童」的教養問題，家庭暴力及虐待兒童事件的報告也受到注意。越戰在一九七三年結束，整個美國社會經歷一段再適應期，結婚和生育的年齡延後、夫婦均就業、女權運動等等，對家庭及家庭教育都有很大的影響。在一九八一年舉行的第一屆白宮家庭會議（White House Conference on Families）認為家庭的型態和組成的多樣性，應該為未來尋求新的目標和方向。

## 2.2-7　基督教與西方文化

西方社會的文化精神是以基督教為依據，今日西方文化亦可謂之

基督教文化，聖經中所傳的道理對基督徒和非基督徒都有很大的影響，因此要了解西方文化中家庭教育的觀念，聖經是一個很重要的來源。但是讀聖經切忌斷章取義，以中國人的尺度去解釋。例如，有一次耶穌在對眾人講道時，有人對他說他的母親和弟兄站在外面，要跟他說話，他回答說：「誰是我的母親？誰是我的弟兄？凡聽信天父道理的人都是我的母親，都是我的弟兄。」

耶穌的意思並不是不承認自己的母親或弟兄，他是教人不可將愛心偏限於自己的家庭中，而是要打破家庭界限，「老吾老以及人之老，幼吾幼以及人之幼」的世界大同的思想。但是若以中國人的想法，會認為耶穌很不孝順，但是在耶穌臨被釘十字架時，看見他母親和所愛的門徒站在旁邊，就對他母親說：「看你的兒子。」又對那門徒說：「看你的母親。」從此那門徒就接她到自己家裏去了，可見耶穌即使到了臨終都不忘為母親作妥善的安排。

聖經不論舊約或新約都有提到「孝」，例如，舊約的申命記裏，摩西告誡以色列人：「當照耶和華你神所吩咐的，孝敬父母，使你得福。」而新約的以弗所書：「你們做兒女的，要在主裏聽從父母，這是理所當然的。要孝敬父母，使你得福，在世長壽，這是第一條帶應許的誡命。」

但是我們也注意到基督教談到「孝敬」而非「孝順」，以尊敬代替順從，因為父母也是血肉之軀，難免有私慾及弱點，若子女盲目順從，可能反而受害。因此要了解西方文化，不妨多了解基督教精神，才會了解西方人對家庭及親子關係的看法，才不會以中國人的眼光去解釋西方人的行為。

## 2.3　家庭教育與中華文化

### 2.3-1　中國傳統的家庭教育

中國人對家庭的重視已如前述。在普遍設立學校之前，家庭是最主要的教育場所，因此我們習慣說一個人的品德好是「家教好」，行為惡劣就是「家教不好」或「沒家教」。

中國傳統家庭深受儒家思想的影響，宗法觀念濃厚，教育子女時最重視倫常的建立，如論語學而篇中所述，「弟子入則孝，出則悌，謹而信，汎愛衆，而親仁，行有餘力，則以學文。」數千年來，縱然改朝換代，這套以倫常觀念為主的家庭教育內容，一直是中國人信守不移的。

楊懋春認為傳統中國家庭中，子女教養與子女行為的理想與目標，可分為下列數點 (註8)：

1. 要將子女教養訓練成祖先所喜歡、或合乎祖先願望的後代，故須以祖先的遺教與願望為教養的準則。

2. 順從父母：家庭的權力中心大多在父母，因此子女必須尊敬服從父母，不得反抗。

3. 兄弟友愛：弟妹對兄姊要恭敬，兄姊要愛護弟妹，即長幼有序。

4. 關心族人：中國的家庭觀念擴大到親族，因此濟助困乏的族人也是份內的事。

5. 和睦鄰居：守望相助是古老的社會道德，村里中鄰居彼此都認識，故說「遠親不如近鄰」。

6.生活技能的訓練：　農家子女自幼跟從父母學習種田、　飼養家畜、女紅、及料理家務。

7.耕讀並重的家庭理想：耕是為體驗稼穡的意義與辛勞，讀則以求取功名富貴為目標。

8.避免惡習：吃喝嫖賭不但敗壞個人身體，也使家產蕩盡，終至家毀人亡，故應嚴禁。

9.個人德性之養成：不注重個性的發展，但對於堅毅、忍耐、忠孝等四維八德的養成十分強調。

由上看來，家庭教育最主要的是在於養成孩子良好的生活習慣，教導孩子待人處事的道理。也就是以生活教育和人格教育為主，學習「灑掃應對」，灑掃即是做事方法的訓練，應對則是待人接物、言談舉止的訓練。如朱熹在「小學」中開宗明義就說：「小學之方，灑掃應對，入孝出恭，動罔或悖，行有餘力，誦詩讀書，……」讀書在常規的學習之後。

此外，孟母三遷、歐母畫荻的故事也都耳熟能詳，宏揚母教的偉大，岳母的教子盡忠，更是名垂千古。還有許多的家訓、箴言，也存留下不少先人的智慧和經驗，如課子隨筆、顏氏家訓、曾文正公家訓等等。至於朱子的治家格言：「黎明即起，灑掃庭除，要內外整潔；既昏便息，關鎖門戶，必親自檢點。一粥一飯，當思來處之不易；半絲半縷，恆念物力之維艱，……」至今仍影響許許多多中國人的家庭教育。

### 2.3-2　當前我國的家庭教育

不管社會再怎麼變，國情民風如何不同，家庭教育對孩子的性格與發展仍有相當的決定性，但是家庭教育的內容的改變可以反映社會

變遷。也就是說，無論古今中外，大多數的父母對子女的教養都是爲了子女好，但是內容及方式則會因時因地而有不同。

因此要了解當今我國的父母對子女的期望及管教方式，不妨先了解社會變遷所產生的家庭問題。

張老師月刊社曾作過一個調查（註9），發現現代的青少年父母對於子女的照顧是屬於「勞碌命的愛」，在5595份問卷中，90%的兒女都認爲父母很盡責的照顧家庭，父親賺錢養家，賣力工作，母親理家、洗衣、做飯。但是在高層次的表現上，父母就比較無能爲力了，他們不太了解孩子的心情，孩子有心事也較少向父母傾吐。難怪常可看見一些家庭父母都付出很多辛勞，使子女衣食無缺，生活安定，却仍產生問題青少年。

而此調查也顯示，我國的父母很容易表現出高品質的愛意、喜歡與關心，40%的孩子能感受父母的情，但是却只有15%的孩子能感受到高品質的信任與尊重。在傳統的觀念裏，孩子是父母所生所養的，愛怎麼對待是他自己的事，因此父母很有權威，也較霸道，導致親子之間不夠親密，比較容易有離家傾向。

研究者同時把父母對子女的要求大致歸納爲五類：

### 1.望子成龍的要求

父母爲了子女的上進成長，對功課的要求包括督導作業、擔心成績、考試期間限制看電視、生活作息要正常等。

### 2.家規的要求

現實生活的約束，包括維持家中整潔、愛惜家中物品、注意門窗安全、對長輩說話有禮貌、兄弟不要吵架、電視音響不要開得太大、晚間外出要告訴父母、花錢有分寸等。

### 3.社交的約束

出外打扮要端莊、 不要跟某些朋友在一起、 不要隨便交異性朋友、跟朋友出去要說明去處、零用錢的花費要正當等。

### 4.家務的分擔

要幫忙打掃家裏、幫忙做家事、整理自己的房間等。

### 5.家庭的禁忌

不要到某些場合、有些事情不准做。研究發現，在高度束縛的家庭， 70％的孩子並不覺得這樣的束縛有什麼不好， 反而父母若不要求，18％的孩子覺得很滿意，67％心中並不樂意。可見我們還是相信「愛你才會管你」。

家庭是個小社會，而社會是個大家庭，每一個人在家庭裏所接受的教育大都成爲他將來在社會上待人接物的原則，如果一般家庭裏只注重講情， 而忽略合理和合法的要求， 這個社會就難保不成爲「濫情」的社會了，如果一般家庭也只教子女「自掃門前雪」——當然是把雪掃到別人家門口，那也難怪會以這種狹窄自私的心胸來糟蹋這個共有的生存環境。在社會變遷中，我們的目前的家庭教育不只應該配合腳步，更應該有遠見，以培養出開創未來美好社會的下一代。

就如劉清榕（1975）（註10）所說，「在變動或過度期間，傳統的理想及實現理想的方法都減少了效力，或已完全不能適用，新的理想與方法又在開端或形成中，一般家庭在教養子女上會失去方向，不知所措，甚至家庭已不再具有塑造行爲規範的功能。」這種「失調」的現象不是單單發生在家庭教育方面，但是既然「家爲國之本」，家庭教育的現代化應是一切現代化最根本之道。

### 2.3-3　民法上的親權

父母與子女之間，關係很密切，故彼此間有繼承財產、扶養之權

利義務，但因未成年子女尚未長成，需有人予以保護教養，以保障其利益。

依照民法第一千零八十四條「父母對於未成年之子女，有保護及教養之權利義務。」也即所謂的「親權」。親權爲父母對未成年子女權利之集合，也是義務，以教養保護爲目的，由父母對未成年子女行使。子女成年後，父母之親權雖終止，但親子關係仍是最密切的。

但是並非所有父母均可爲親權人，例如，本生父母對出養之子女不能行使親權，而由養父母行使；繼父母對於繼子女、夫對妻之子女或妻對夫之子女，因只是姻親關係，故也不享親權。父母離婚後，如父母無約定，而法院又無酌定由何人行使，則由父親行使親權。其他如因心神喪失、精神耗弱，以致不能處理自己之事務而受禁治產宣告之父母，及濫用親權而被法院停止親權之父母，均不得行使親權（民法第一千零九十條）。而其子女若未成年，應置監護人，但若未成年但已婚，則不在此限（民法第一千零九十一條）。

至於親權的內容，由於父母對未成年子女有保護及教養之權利義務，保護即排除危害，使子女身體及財產處於安全，而教養即教導養育，使身心健全發展。故親權之內容包括對於子女之身上監護及財產監護二大類。

身上監護包括：

1.事實上之照顧（如衣食住行、看護疾病等）。

2.子女交付請求權（卽他人違法略奪或扣留未成年子女時，父母得請求交返）。

3.居住所指定權。

4.對於未成年子女身分行爲（訂婚、結婚、兩願離婚等）之同意權，包括對未成年子女被收養、協議終止收養之同意權，及對未成年

子女身上事項之決定或同意　（如子女因病休學之決定、　動手術之同意）。

　　5.懲戒權。

　　財產監護包括:

　　1.對子女財產之事實上管理。

　　2.對子女財產上行爲之代理權。

　　3.對未成年子女夫妻財產契約之訂立、變更或廢止之同意權，對未成年子女之營業（受僱）之允許及允許之撤銷或限制。


## 2.4　養兒育女對於父母的意義


### 2.4-1　權利或義務

　　不論中外的社會，　生兒育女以傳宗接代幾乎是婚姻最主要的目的，因此在許多社會裏，妻子倘若不能生育，丈夫可以休妻，或是娶三妻四妾，妻子也得認命。因此，一般已婚夫妻理所當然應該有他們自己的子女，而後照社會的期許和自己的願望教養子女。在過去　大概很少人考慮到：我爲什麼要有子女？我可以選擇不做父母嗎？

　　即使想到這些問題，多數人還是不願與衆不同，尤其在我們的社會裏，結了婚的夫妻沒有子女，總是教人另眼相看，一般人認爲生兒育女是自然的、合乎道德的，可以使人有責任感、維持心理健康、婚姻有保障，同時也可以證明其生理正常。艾立克森 (Erickson,1950)（註11）認爲發展到了成年時期，人類天生就有照顧、喜歡、教導他人的本能和需慾，而爲人父母是一般人選擇的、滿足這種本能和需慾的方式。雖然從生育、養育、到教育，是很辛苦的歷程，但是那種「被

子女需要」的感覺，滿足了許多成人的心理、生理、和社會需要，而成人的價值觀、個性、態度、知識、技能等等，也可以深深影響著子女，因而感覺到自己是整個文化、時代、和社會的一部分。

在過去，子女是財富，多一口人，就多一分勞動力，但是在目前，生養子女是經濟上的負擔，除了食衣住行育樂的供給，還得盡可能提供更高品質的生活，但是子女長大後，却不能指望他反哺。根據行政院主計處在民國七十一年所做的一項「臺灣地區國民對家庭生活與社會環境意向調查報告」（註12），其中「對已婚子女與父母分住之意向」的分析顯示，「已婚子女與父母分住」贊成者佔40.65％，反對者24.78％，無意見者33.55％，足見「養兒防老」的觀念已漸淡薄。有趣的是，贊成分住者之中，60歲以上者佔43.11％最高，40歲至未滿60歲者佔41.32％次之，40歲以下者佔39.60％最少，可見年紀愈輕者，夫婦同時就業較多，子女仍願由祖父母照顧（見表2-1）。

● 表 2-1　對已婚子女與父母分住意見按年齡組別分　　單位：％

| | 合　　計 | 贊　　成 | 不贊成 | 沒意見 | 其　　他 |
|---|---|---|---|---|---|
| 全　　　　體 | 100.00 | 40.65 | 24.78 | 33.55 | 1.02 |
| 40 歲 以 下 | 100.00 | 39.60 | 23.70 | 35.59 | 1.11 |
| 40 ～ 60 歲 | 100.00 | 41.32 | 26.00 | 31.84 | 0.83 |
| 60 歲 及 以 上 | 100.00 | 43.11 | 24.01 | 31.24 | 1.64 |

也許是這種趨勢，使得許多年輕夫妻不願多生育，加上家庭計畫政策的推動，「兩個恰恰好，一個不算少」的觀念已為很多人接受，生養子女似乎是為了「使家像個家」，而不是一種投資或儲蓄了。

另外，受教育程度提高，許多年輕人在追求自我實現的過程中，不願意太被家庭牽絆，而很滿意他們的生活型態，尤其對已婚職業婦女來說，照顧子女是很大的壓力，如果她又很在意子女的教育，她會覺得對子女很愧疚，更加重心理負擔。

也有一些研究報告指出，子女可以使穩固的婚姻更充實，但却使有問題的婚姻更複雜。因此在離婚率繼續上升的今天，許多年輕夫妻寧可等到婚姻適應期安然度過後，才決定是否要生育，以免破碎的婚姻和家庭，危害到無辜的下一代。

總之，「要不要有子女」在未來更是個人的決定，而不是對社會的義務，與子女分享他的成長也是父母的權利，他是上天所賜的禮物，只是在享受權利的同時，必然也有責任。

### 2.4-2 子女對於父母的價值

雖然傳統中濃厚的家族觀念，已被個人主義沖淡了許多，但是子女對於父母有其恒久的價值 (註13)，例如：

1.成人的地位和社會的認同(Adult Status and Social Identity)：為人父母是一種身分，顯示一個人在生理、心理、及社會上都有了特殊的權利和責任。

2.自我的擴展 (Expansion of Self)：個人的血統和基因可以延續下去。

3.道義 (Morality)：在某些宗教信仰中，生兒育女是無私的美德，因為需犧牲父母本身的時間和心力。

4.婚姻的鞏固 (Primary Group Ties)：使夫婦二人有共同的感情投注和生活重心。

5.新奇、刺激、有趣 (Novelty, Stimulation, Fun)：子女的出

其不意的言行舉止，常使家庭充滿歡笑愉悅。

6.創造力、成就感、能力（Creativity, Accomplishment, Competence）：從生育、養育、到教育，步步都須靠父母發揮其創造本能，逐步克服困難，並培養各種能力。

7.權力、影響、接受（Power, Influence, Acceptance）：父母有力量控制子女物質及情緒的需要，而且可以教導他、影響他。

8.社會比較、競爭（Social Comparison, Competition）：即傳統「多子多孫多福氣」的想法，仍存在人們的潛意識中。

9.經濟效用（Economic Utility）：如服務機關的補助，而且將來子女有收入，多少可以互通有無。

## 註　釋

註 1 張春興（1984）. **跟孩子一起成長**，臺北市立社教館（幸福叢書第六輯）. 8.

註 2 Rossi, A. (1968). Transition to parenthood. *Journal of Marriage and the Family, 40*, 105-114.

註 3 王連生（1980）. 親職教育的基本觀念之分析，**師友月刊，162,** 9-12.

註 4 Good, C. V. (1973). Dictionary of education, 3rd ed. New York: McGraw-Hill.

註 5 Watson, J. (1928). *Psychological care of infant and child.* New York: Norton.

註 6 Spock, B. (1946). *The common sense book of baby and child care.* New York: Duell, Sloan, and Pearce.

註 7 Ginott, H. (1965). *Between parent and child.* New York: Macmillan.

註 8　楊懋春（1981）. **中國家庭與倫理**，臺北: 中央文物供應社。92-97.

註 9　余德慧（1987）. 追求卓越的親情，**中國人的父母經**，臺北: 張老師出版社，1-21.

註10　劉清榕（1975）. **現代化與家庭結構之關係**，臺大農推系，7002 號報告。

註11　Erickson, E. (1950). *Childhood and society*. New York: Norton.

註12　行政院主計處 （1982）. **臺灣地區國民對家庭生活與社會環境意向調查報告**，臺北: 行政院主計處。

註13　Hoffman, L. W., & Hoffman, M. L. (1973). The value of children to parents., in J. T. Fawcett (ed.), *Psychological Perspectives on population*. New York: Basic Books. 19-76.

# 第 三 章

# ●家人的角色●

「角色」（Role）一詞本是指戲劇中某個人所扮演的部分，用在眞實生活裏，指的是一個人所擔任的職位、身分、地位。人與人相處，彼此有權利和義務，這些權利和義務來自各人的角色關係，因此了解角色關係，可以在相處時，更清楚彼此的期望。

角色大致可分爲三類 (註1)：

1.指定的角色（Given Roles）：如父母、子女、兄弟、姐妹等等，是與生俱來的。

2.學習的角色（Learned Roles）：在成長過程中，藉着學習而得的，如老師、學生、消費者、丈夫、妻子、及其他因環境或遭遇而面臨的新角色。

3.選擇的角色（Chosen Roles）：可以隨自己的意思選擇的，例如，選擇自己的職業、選擇單身或結婚。

做爲父母，如果能更清楚自己的角色，必能更清楚應該如何教導子女，而這些觀念可以決定並引導父母的行爲。因此本章擬談及影響父母行爲的因素、親子關係的特性，及家人個別的角色。

## 3.1　影響父母行為的因素

大部分爲人父母的學習，都是來自經驗及不斷的修正，在這過程中，影響父母的角色的因素很多，主要的有社經地位、性格、管教態度、角色示範，以及人生哲學。

### 3.1-1　社經地位的影響

一個家庭的社經地位影響其文化環境，而文化環境的差異，使得人們產生不同的價值觀，因而對自己和子女會有不同的期望，教養子女的態度和行爲也就不同了。

有關父母的社經地位對教養子女的影響的研究很多，在此以邱曼 (Chilman, 1966)（註2）所歸納的教養型態爲例（見表 3-1）。

近年來由於大衆傳播媒介及工具的普及，尤其是電視深入每個家庭，每個人的價值觀或多或少都受到電視的影響，這種因社經地位而造成的差異已經不那麼明顯，但是一般說來，差異仍存在。例如藍柏 (Lambert, et al., 1979) 等人做過一個泛文化的研究（註3），比較美國、加拿大、比利時、義大利、希臘、和葡萄牙等國家的中社經和低社經地位的學童的父母，得到以下的結論：低社經的父母對子女要求較多、行爲標準較死板、較不願撫慰子女、較不願忍受子女的無禮和發脾氣，對性別角色較多刻板印象。

社會變遷快，父母較不會一味照自己的想法教養子女，多少會求助於專家。加上行爲科學的發達，使我們對人的行爲更了解。人們因着知識的不斷增加，修改對子女的教養態度及方法，也因此減少了文化所帶來的差距。

●表 3-1 家庭教養型態的比較

| 學業成就較好的兒童 | 低收入家庭兒童 |
|---|---|
| ①嬰幼兒期較自由，同時也有某些範圍內的探索和嚐試。 | ①由於環境擁擠且危險，通常不能自由探索。 |
| ②父母提供許多刺激視覺、聽覺、運動、技巧上的活動機會。 | ②生活較壓抑，害怕且不信任陌生人。 |
| ③對自己的未來有把握，而且願意去達成目標。 | ③較認命，對前途漠不關心。 |
| ④鼓勵並培養獨立性。 | ④父母早就管不了子女，毫無準備地讓子女獨立。 |
| ⑤父母學歷較高，事業較成功，較好學上進。 | ⑤父母較潦倒。 |
| ⑥相信客觀的證據。 | ⑥迷信、僵硬的思考。 |
| ⑦口頭溝通較多，觀念存彈性，互動。 | ⑦口頭溝通少。 |
| ⑧重視學業成就。 | ⑧不太重視學業成就。 |
| ⑨民主的教養態度。 | ⑨專制的教養態度。 |
| ⑩與學校合作。 | ⑩害怕且不信任學校。 |
| ⑪價值觀較屬抽象，如愛、友誼。 | ⑪價值觀較現實功利，如金錢。 |

資料來源: Chilman, C., Growing Up Poor. Washington, D. C.: Welfare Administration Publication. No. 13, 1966.

### 3.1-2　父母的性格的影響

　　由於親子的關係非常密切，又有血緣關係，父母的性格對子女有莫大的影響，社會也認定把子女教養好是父母責無旁貸的天職。而且按一般人的想法，一個好父母理所當然就有好子女，而好子女將來必是好公民，所以子女是父母的孩子，是父母童年的再現、目前的需要、以及未來的寄託。

　　父母的性格所造成的家庭氣氛，對子女最有潛移默化的作用，席爾思 (Sears, Maccoby, and Levin, 1957) 等人的研究 (註4) 早就指出：父母本身是什麼樣的人，以及他對父母的角色和對自己的看法，比他如何教導子女更重要。如果父母本身的社會適應不良，老是**抱怨**、責備，這種怨天尤人的氣氛無形中就影響了子女的人生觀。

### 3.1-3　父母的管教態度的影響

保林 (Baumrind, 1966) (註5) 列舉三種基本的教養態度：

**1.獨裁的態度 (*Authoritarian Attitudes*)**

　　過於獨裁的父母要求子女絕對順從，要控制子女的行為，較常使用體罰或強迫的方式，不太向子女解釋規則，反正父母的話就是金科玉律，認為子女應該相信父母的作法都是為了子女的利益。

**2.縱容的態度 (*Permissive Attitudes*)**

　　這一類的父母認為應該讓子女有自主權，不願成為子女心目中的權威或榜樣，對子女的行為標準的要求很寬，連規則的訂定都要子女參與，表示意見，也認為父母應盡量少控制子女，盡可能讓子女自制自治。

**3.權威的態度 (*Authoritative Attitudes*)**

取上二者之利，強調讓子女在合理的限制內發展自主能力，父母可以用講理的方式，或心理的增強，來引導子女的行為，而且態度堅決，使子女有所依循。

卡特和威去（Carter and Welch, 1981）（註6）的研究發現，不管子女的行為如何，父母的反應大致已定型，也就是說，父母對於子女的行為的解釋——而非行為本身——決定父母的反應。例如：孩子吵架，獨裁的父母會認為那是很嚴重的惡行，縱容的父母則認為無所謂，而權威的父母相信事必有因，並設法讓孩子自行解決問題。同樣的一種情況，三種不同的管教態度，就決定了父母的不同反應，子女也就受到不同的管教。

這些管教態度與性別、子女人數、婚姻狀況、以及年齡有關，例如，通常父母年齡較大或子女人數較少，比較縱容子女。

### 3.1-4　角色示範的影響

為人父母者很少是受過正規的親職教育的，通常父母如何教育我們，我們就如何教育子女。哈里斯（Harris, 1959）（註7）認為一個人若滿意他的父母的教養態度，而且對自己的現況較滿意，就較會按照上一代的方式教養下一代。反之，若對上一代的教養方式不滿意，很可能會以相反的方式教養下一代。也有的父母認為上一代給他的不夠，反而過度補償（overcompensate）下一代。例如：有些幼時貧困的父母巴不得給子女所有他自己幼時想要却得不到的，以「過度滿足孩子」來滿足自己，倘若孩子拒絕，往往惹父母生氣，認為他太不識好歹，造成親子間的衝突。

又如，有些憑「父母之命，媒妁之言」結婚而對婚姻滿意的父母，往往認為子女的婚事應由自己代為安排，因為「父母不會存心害

子女」，倘若孩子要自己選擇、決定，父母就很就心他不成熟，會犯下魯莽的錯誤。

再如，有些父母覺得上一代的專制管教方式，嚴重的傷害了他的尊嚴，壓抑了他的個性，因此對下一代特別縱容，而且對其他的獨裁性格的人，也都有一股莫名的強烈抗拒。

### 3.1-5　人生哲學的影響

每個人都有自己對人生的看法，父母認為孩子需要什麼，才會有一個成功而幸福的人生，他自然就會朝着那個方向去教導子女，也就是說，父母對「成功」或「幸福」的詮釋，決定了他教育子女的目標。

邱曼（Chilman, 1980）（註8）針對261個母親和193個父親作過訪問調查，探討父母教養子女的價值觀和目標，歸納如表 3-2。

#### ●表 3-2　父母的價值觀和教養子女的目標

| A.你認為有了孩子最大的滿足是什麼？ | |
|---|---|
| 回　答 | 百分率* |
| 1.看着孩子長大和發展 | 70 |
| 2.對孩子的愛 | 40 |
| 3.作伴 | 30 |
| 4.孩子的成就；自我滿足；重度童年；對價值觀和姓氏的傳續；取悅祖父母；與其他成人一致。 | 15 |
| B.孩子主要的需要是什麼？ | |
| 回　答 | 百分率* |
| 1.愛和注意 | 50以上 |
| 2.管教和輔導 | 50 |
| 3.智能發展 | 20 |
| 4.經濟保障；道德發展；適當的角色示範 | 50以下 |

資料來源：Chilman, C. S. "Parent Satisfactions, Concerns, and Goals for Their Children", Family Relations, 29, 1980, 339-345.
*由於是復選題，所以百分率總和超過100。

而根據行政院主計處的調查（註9），國人對「美滿生活因素」的重要性選擇排列（見表3-3），依次為：

(1)良好的健康狀況　61.97%

(2)和諧的家庭生活　24.71%

(3)充裕的財富　　　7.29%

(4)適合的工作　　　4.23%

(5)很高的教育程度　1.19%

(6)具有宗教信仰　　0.58%

(7)其他　　　　　　0.05%

● 表 3-3　美滿生活各要素之重要性　　　　單位：%

| 重　要　性 | 合　計 | 良好的健康狀況 | 和諧的家庭生活 | 充裕的財富 | 適合的工作 | 很高的教育程度 | 具有宗教信仰 | 其他 |
|---|---|---|---|---|---|---|---|---|
| 第　一　重　要① | 100.00 | 61.97 | 24.71 | 7.29 | 4.23 | 1.19 | 0.58 | 0.05 |
| 第　二　重　要② | 100.00 | 26.37 | 50.76 | 10.93 | 10.05 | 1.59 | 0.28 | 0.02 |
| 第　三　重　要③ | 100.00 | 8.35 | 15.51 | 29.47 | 39.50 | 5.88 | 1.25 | 0.03 |
| 第　四　重　要④ | 100.00 | 2.71 | 7.40 | 27.16 | 39.58 | 17.94 | 5.06 | 0.15 |
| 第　五　重　要⑤ | 100.00 | 0.51 | 1.35 | 19.60 | 6.04 | 50.99 | 20.76 | 0.74 |
| 總　重　要　性 ①×5+②×4+③×3+④×2+⑤×1 | 1 500.00 | 446.31 | 389.27 | 242.50 | 265.05 | 116.82 | 38.65 | 1.46 |

以此結果來分析、推論，可以稍微了解一般父母對教養子女的價值觀和目標，也可以看出大致的教養方式：

1.盡量給孩子吃好的食物，甚至補品。

2.要孩子學習容忍、妥協。

3.要賺錢就要追求功名，以職業來斷定一個人是否有出息。

4.對子女所學以功利現實爲導向，較忽視興趣。

5.要多讀書，但讀書多並不保證會發財，所以適可而止。

6.宗教是寄託，可有可無，與其不小心成爲迷信，不如相信凡事靠自己。

曾經有一段時間，全世界對以色列均十分注目，對於猶太民族在歷經憂患後仍能重建國家，　而　且　小小的以色列居然能對抗周圍的強國，許多人感到好奇，也相信猶太人的家庭教育必然是最基本、最深刻的國本，一時出版了許多有關猶太人的父母之類的書，將猶太父母教養子女的原則及信念整理了一下，也可看出其民族的人生哲學。例如：

1.不是「要比別人優」，而是「要與衆不同」。

2.問路十次勝於迷路一次。

3.用右手處罰孩子，用左手抱起來。

4.拒絕別人妨碍你教養孩子。

5.大富豪沒有孩子，只有繼承人。

6.有父母的管教，孩子就不受外界的壞影響。

7.雙親的緘默是對孩子最重的處罰。

8.家人共餐是最好的教育機會。

## 3.2　母親的角色

自古以來，養育子女一直是婦女最主要的職責，隨着家庭功能的改變，母親的角色也在改變中。

### 3.2-1　好母親的標準

杜弗 (Duvall, 1977) (註10) 曾對433個母親作過一個研究，請她們列舉五項「好母親應該作什麼?」， 然後把所得結果分爲兩類，一是傳統的概念，一是發展的概念（見表3-4）。

●表 3-4　好母親的標準

| 傳　統　的　概　念 | 發　展　的　概　念 |
| --- | --- |
| ①會做家事（煮飯、洗衣、清掃等。） | ①訓練子女獨立自主。 |
| ②滿足子女的生理需要（吃、喝、穿等）。 | ②滿足子女的情緒需要。 |
| ③訓練子女日常生活習慣。 | ③鼓勵子女的社會發展。 |
| ④德行的教導。 | ④促進子女的智力發展。 |
| ⑤管教子女。 | ⑤提供豐富的環境。 |
|  | ⑥照顧個別的發展需要。 |
|  | ⑦以了解的態度來管教子女。 |

資料來源: Duvall, M., Marriage and Family Development, J. B. Lippincott Company. 1977.

所謂「傳統的概念」，依杜弗的解釋，是指母親爲其家庭和孩子所做的， 做了沒有或做了多少， 是顯而易見的， 比較嚴格；而「發展的概念」，則是强調角色的彈性，鼓勵個人在角色中得到充分的發展，而不是如何去實現那個角色的功能。

至於孩子看母親的角度則與大人有些不同，曾有研究針對86名中等家庭的學前兒童做過調查，這些孩子認爲好母親是不打孩子，而且不讓他們做不該做的事，會做飯、而且保持愉快，照顧幼兒、親吻孩子；而壞母親則是打孩子、不親吻孩子、不料理家務。

李馬斯特 (Le Master, 1974) (註11) 認爲現代婦女身兼數職，不

但有時要母代父職，決定家中大小事情，更是家庭與外界接觸的主要
人物，連繫親戚朋友，參與學校或社區的活動⋯⋯等等，職業婦女的
角色更是複雜，婦女在家庭裏的角色大異於往昔。

### 3.2-2　母親的撫育對子女發展的影響

　　弗洛依德的人格發展理論特別強調母親的撫育對子女的發展的影
響，尤其在最初幾年，孩子的經驗對其成長後的人格發展非常重要。
有關這方面的研究，最常被提起的有三個：

　　1.瑞寶（*Ribble, 1943*）(註12)

　　觀察初生嬰兒出生後，長時間被隔離在醫院的育嬰室，放在小床
上，沒人去撫摸他或搖他，在六百個嬰兒中，有百分之三十個嬰兒肌
肉很緊張，但是當他吸吮或母親搖他、抱他、撫摸他，緊張就消除，
瑞寶認為嬰兒若缺乏母親的適當撫育，就會有虛弱（marasmus）現
象，甚至會夭折。

　　2.史畢茲（*Spitz, 1945*）(註13)

　　觀察在監獄受刑的母親的嬰兒，並和育嬰堂的嬰兒比較，在獄中
的嬰兒由母親照料，且有專人指導；而育嬰堂的大人與嬰兒的比例是
一比八，顯然嬰兒得不到充分的照顧。史畢茲發現，育嬰堂的嬰兒通
常食慾不振、對週遭事物缺乏興趣、發展遲滯、體重不足、睡眠不
穩等。

　　3.苟得法（*Goldfarb, 1945*）(註14)

　　研究以三到十二歲的孩子為主，他觀察這些自出生即待在育幼院
的孩子，情緒較冷漠，且較被動，他的結論是：剝奪了母親的撫育，
對孩子的人格發展有永久的影響。

　　此外，也有人以動物作實驗，最有名的當屬哈羅(Harlow, 1958)

(註15) 以恆河猴作的一連串實驗，發現猴子出生後若與母猴隔離，情緒上會受到嚴重的創傷。

這些研究都支持同樣的看法，即早期來自母親的撫育會影響日後人格的發展。目前有的爭論是：

1.如果稍後又重獲母親的撫育，這些人格發展能否恢復正常？

2.如果沒有母親，却有人如母親一樣撫育他，這跟由母親親自撫育有沒有不同？

3.到底嬰兒跟母親之間與跟父親之間的關係不同是先天的，還是後天造成的？

由於人道的考慮，我們無法用人來作實驗，大部分的實驗都是以動物，尤其是與人類最接近的猿猴或猩猩，來實驗、觀察、對照，得到的結論是否也適用於解釋人類的行為，有待我們細心的體會。

### 3.2-3 職業婦女的工作與家庭

談到社會及家庭變遷，就不能不提到職業婦女的問題，有關這方面的研究非常多，但所得到的結論千頭萬緒，因為相關因素太多而複雜，所能看到的也是「部分事實」，茲將一些美國的研究的主要發現作一簡要的綜合（見表3-5），作為有興趣探討此方面問題的人的參考。

●表 3-5　職業婦女的主要研究發現

| 研　　究　　發　　現 | 年代 | 調　　　查　　　者 |
|---|---|---|
| A.就業的決定因素: | | |
| 1.影響已婚婦女就業計畫的因素很多：教育程度和先前 的 工 作 經 驗，需要和滿足。 | 1963 | Sobol |
| 2.母親是否就業最大的影響因素是經濟上的需要。 | 1980 | Gordon and Kammeyer |
| 3.婦女就業是爲了提高家庭生活水準；已婚婦女最重視的是工作潛能；某些職業可提高婦女的個人及家庭地位。 | 1980 | Hiller and Philliber |
| 4.由於已婚婦女就業人數增加，一般人對婦女就業比較有好感。 | 1982 | Ferber |
| 5.大多數的研究報告指出婦女就業的主要原因包括: 個人的成就感、經濟需要、改善家庭生活水準。 | 1981 | General Mills Corp., |
| B.社會適應 | | |
| 1.教育程度較高的已婚職業婦女工作滿意度較高。 | 1973 | Sweet |
| 2.已婚職業婦女就業中所得的滿足高於她們自己或家庭主婦從家務中所得的滿足。 | 1979 | Newberry et al. |

| | | |
|---|---|---|
| 3.家庭主婦與職業婦女的生活滿意型態並無顯著差異。 | 1978 | Wright |
| 4.就業母親與嬰兒分開時較少焦慮，較信任其他的照料者。 | 1978 | Hock |

C.心理健康

| | | |
|---|---|---|
| 1.已婚婦女有職業的比沒職業的心理健康。 | 1960 | Gurin, Verhoff, and Feld |
| | 1963 | Sharp and Nye |
| | 1971 | Lopata |
| | 1977 | Gove and Greeken |
| 2.許多未就業的受過高等教育的婦女有輕微到中度的精神沮喪。 | 1973 | Weissman et al. |

D.婚姻關係

| | | |
|---|---|---|
| 1.已婚職業婦女生育的子女比家庭主婦生育的少。 | 1977 | Kupinsky |
| 2.職業婦女的丈夫的婚姻不協調或壓力的症狀不比家庭主婦的丈夫頻繁。 | 1979 | Booth |
| 3.沒有顯著的證據說明婦女就業或對工作的興趣對其婚姻適應有影響。 | 1980 | Locksley |

E.家事

| | | |
|---|---|---|
| 1.婦女就業，丈夫分擔較多家務。 | 1980 | Kamerman |

**F.對子女教育的影響**

| | | |
|---|---|---|
| 1.就業的母親比較依賴托兒機構或家庭育嬰來教養子女。 | 1973 | Heinicke, Friedman, and Prescott |
| 2.妻子就業，先生比較參與子女的照料，而且會調整自己的生活型態。 | 1975 | Eisenberg |
| 3.母親就業可能是阻碍嬰兒與母親之間依附關係的發展的因素。 | 1975 | Murray |
| 4.婦女就業會面臨更大的育兒問題和學齡兒的照料的焦慮。 | 1980 | Kamerman |
| 5.約有50%的受訪父母說他們的工作影響了教養子女的態度，21%對何時要有子女有影響，7%的不要有子女受到影響。 | 1981 | General Mills Corp. |
| 6.幼兒的母親的就業價值被爲許多角色所付出的個人代價所抵銷，尤其是母親的角色。她們的角色壓力也較大。 | 1980 | Thomson |
| 7.學齡前男孩子的母親就業顯着改變其性別角色態度，對女孩子則無影響。 | 1982 | Powell and Steelman |
| 8.第一次生產前就業率降低及產後就業率提高的情況，因教育程 | 1982 | McLaughlin |

| | 1982 | Trimberger and Mac-Lean |
|---|---|---|
| 度、經濟情況、及產前的工作經驗而有不同。 | | |
| 9.年紀較大的孩子(九至十二歲)、女孩子、放學後一個人在家的孩子，對母親就業較反感，孩子對母親就業感覺的了解也影響其態度。 | | |

## 3.3　父親的角色

　　父親在家中的角色是近二十年才有人探討的 題目。 在 一般 家庭裏，母親的角色比較明顯而具體，而父親的角色比較抽象。

### 3.3-1　好父親的標準

　　杜弗 (Duvall, 1977) (註16) 的研究裏也問到「好父親應該做什麼?」，同樣的分爲傳統的概念和發展的概念兩類 (見表 3-6)。

●表 3-6　好父親的標準

| 傳　統　的　概　念 | 發　展　的　概　念 |
|---|---|
| ①爲子女訂定目標。<br>②替子女做事，給子女東西。<br>③知道什麼對子女是好的。<br>④期望子女服從。<br>⑤堅強，永遠是對的。<br>⑥有責任感。 | ①重視子女的自主行爲。<br>②試着了解子女和自己。<br>③承認自己和子女的個別性。<br>④提高子女成熟的行爲。<br>⑤樂意爲父。 |

資料來源: Duvall, M., Marriage and Family Development, J. B. Lippincott Company, 1977.

　　從「發展的概念」看一個好父親，不但看重子女的「自我控制和自立」，也把自己看做是發展中的個體，而「傳統的概念」裏的好父親，比較重視父親的權力和訓練，顯然的，父親是一家之主。

　　以孩子的角度看父親，調查研究中也指出，孩子心目中的好父親是肯替子女做事，而且會擁抱親吻子女，肯和子女一起玩、說故事、唱歌，而且最主要的，好父親要工作；至於孩子眼中的壞父親，則是離棄妻子兒女、抽煙、只顧看報、處罰子女、叫子女去睡覺，出乎意料的，壞父親還包括那些放任子女亂來而不管教的。

　　李馬斯特 (LeMaster, 1974) (註17) 分析現代父親的角色，舉出幾個重點:

　　1.在我們所處的社會裏，父親的角色對男人來說並不非常重要，男人的成就與表現全看事業，男人是一家之主，也是主要的養家的人，而女人不管就業與否，照顧子女仍是主要的職責，但是男人是在

工作中，表現出做父親的責任感、價值觀、和榜樣。

2.父親與子女之間不像母親與子女有血肉相連的親近過程，母親由受孕、懷胎、到分娩，與子女氣息相通，因此親密的感情是自然的，而父親與子女的感情則須靠培養，尤其親情的建立需要時間、經驗、與妻子的鼓勵。如果一個男人在成長過程中沒機會接觸幼兒，長大後又碍於「男性的形象」而不敢親近小孩子，即使他面對自己的孩子，仍會手足無措。

3.父親的角色與婚姻的美滿與否有很大的關係。也就是說，如果一個男人不是好丈夫，就比較難成為好父親，而婚姻的幸福也會使他對父親這個角色更有信心。

### 3.3-2 父親角色的學習

很多男人在太太第一次懷孕時，才猛然發覺自己對孩子的認識太少，因此有些產前預備課程把「準父親」也包括進去，例如拉梅茲生產法，鼓勵先生積極參與迎接寶寶的過程，在太太分娩過程中在旁協助，一方面是太太精神上的支持，另方面為的是當了父親後較容易調適。拉梅茲生產法的訓練主要是針對生產前後，不是為教人如何做個好父親，但是父親的主動參與的確可以增加他對孩子的興趣及自信。

我們的社會由親情瀰漫的農業社會，轉變到科技掛帥的社會，不管是大人或孩子，都更需要親情，尤其在小家庭裏，父親的穩定力量是家人的安全感，子女很需要父親表達愛和關懷，若是父親要維持傳統那種「可望不可及」的威嚴角色，則雙方心理都不能得到滿足，隔閡會加深，距離會拉遠。

父親是子女社會化過程中很重要的人物，母親跟子女玩的遊戲通常比較溫和，大都是玩玩具，而父親通常力氣較大，可以玩些較劇烈

的遊戲，帶子女一起運動。同時父母親一起照顧子女，可以使社會發展的環境不致太單調，父親更是兒子的認同和模仿的對象。通常母親在家的時間較長，女兒與母親相處的機會和時間都較多，認同過程較容易，而男孩子則因父親花在工作上的時間和心力較多，相處機會較少，比較不容易認同父親的角色。

## 3.4　親職與平權

　　一九七〇年代以前，研究比較偏向探討父親與母親兩種角色在教養子女時，態度及行為上的差異。社會學家形容妻子／母親的角色是屬於表現的特質（expressive），也就是說，女人通常是家人的精神支柱，比較溫和、重情、會調停或安慰家人；而丈夫／父親的角色則是工具性的特質（instrumental），傳統上是經營或管理家人，是處罰、訓練、控制家人的角色。

　　文曲（Winch, 1971）(註18) 談及父母行為的兩個主要功能：撫育（Nurturance）和控制（Control）。傳統上撫育是母親的職責，狹義的撫育是指日常生活中的餵食、穿衣、洗澡等等的照顧，廣義的撫育則包括心理及情緒的需要，從父母的言談舉止中得到滿足，也就是父母對孩子的關愛。而傳統上，控制是父親的權力，為了子女的利益，父母擔負權威的責任，使子女在社會化過程中，受到父母的價值觀和態度的影響，學習社會所要求的行為規範。

　　不管傳統的「嚴父慈母」的刻板印象如何影響了我們的觀念，近年來父親和母親的角色劃分已越來越不明顯了，父親和母親的功能也越來越相似。就像在職業上，昔日較屬於男性的職業，如醫生、律師、工程師等等，已有不少女性在從事，而昔日認為較屬於女性的職

業，如裁縫、美容師、護士等等，也有許多男性做得很好。

但是在這「中性化」的過程中，男人所遭遇的困難似乎比女人難克服，尤其在心理上，女人被稱爲「女中豪傑」或「女強人」，多少還有一點點敬意和佩服，但是男人如果被看成娘娘腔，就是很刻薄的批評了。然而，現代及未來的父母都必須兼具備「情感」和「工具」的功能，母親所面臨的問題比較偏向實際上的日常生活的調整，而父親最需克服的是心理問題。

廸弗閏（De Frain, 1979）（註19）發現成人在尋求男女平等的家庭關係時，常會遭遇下列問題：

1.工作時間的問題（太太上班時間與先生上班時間配合困難）。

2.工作缺乏彈性（每週固定的工作時數）。

3.夫婦對於家務的標準不同。

4.子女的日間照顧問題。

5.在限制的時間內必須趕工完成某工作的壓力。

6.缺乏社會的支持（如福利措施不夠）。

7.缺乏同伴的支持。

8.缺乏親戚的支持。

9.夫婦對照顧子女的標準不同。

10.太太認爲先生理家技巧太差。

11.太太認爲先生照顧子女技巧不好。

12.子女上學的問題。

幸好這些實際的困難並未阻止了大部分夫婦的嘗試，他們仍是面對問題並共同解決，以達到平權。廸弗閏的研究對象是一百個成人，這些有平權觀念的人大致是：(1)年齡從二十出頭到四十出頭，(2)結婚約九年，(3)子女平均年齡爲五歲，(4)教育程度爲大專和研究所，(5)大

部分從事專業工作，時間較有彈性，不受上下班打卡的束縛，⑹同意女權運動，但不積極參與，有些政治意識。

當然，所謂的平權並非「平均分配」，廸弗閨的研究裏發現，母親在照顧子女方面花的時間爲54％，父親佔46％，而在職業上花的時間，母親與父親正好相反。一般說來，父親所做的家務以室外的、粗重的工作爲多，母親則以戶內的、繁瑣的工作爲主。

『每天媽媽告訴我不要做甚麼事，爸爸告訴我一定要做甚麼事，後來都攪到一起，分不清該做的跟不該做的了』

## 3.5 祖父母的角色

大部分的父母都有可能成爲祖父母，尤其現代醫藥保健的進步，使得人類壽命延長，一般人爲祖父母的機會是相當大的。

農業社會裏，祖父母在家中是很有權威的，子孫承歡膝下是每個人畢生追求的幸福，「老有所終，壯有所用，幼有所養」，也是我國自古以來所追求的生活方式，但是如今卽使當了祖父母，却不一定能與子女和孫子女同住，祖父母的角色的意義也有了許多改變。

### 3.5-1　珍貴的經驗

威爾斯有句諺語：「完美的愛有時到了含飴弄孫之時才顯出來。」 (Perfect love sometimes does not come till the first grandchild.)

儘管祖父母對子孫已不能完全控制和依賴，但是當祖父母仍是人生珍貴的經驗：

1.再度嘗到「後繼有人」的興奮滋味，却不必像年輕當父母時那樣付出、焦慮、和煩惱。

2.看著自己的子女為人父母，勾起他成長過程中的美好回憶，使祖父母感到欣慰和驕傲。

3.年輕時忙於工作，沒有閒暇好好地欣賞子女的成長，如今却可在孫子女身上得到補償，彷彿時光倒流。

4.累積的人生經驗可做為子女及孫子女的指引，穩固子孫的安全感。

5.在孫子女身上看到遺傳的特質，特別感覺到生命的承傳延續。

6.思想較年輕時成熟，對孫子女比對子女多包容，關係更親密，甚至可爲子女及孫子女的溝通橋樑。

7.若子女太忙碌，無法照顧下一代，祖父母可兼父母職，自己可以感覺被需要，生活重新有了重心。

8.讓孫子女知道過去的生活及想法，了解父母的成長背景，也是文化的傳遞。

9.爲了縮短自己與孫子女之間的距離，祖父母也必須不斷求知，減慢老化速度，保持年輕心境。

10.幼兒的童言稚語、無邪的舉止與天眞的笑聲，是老年人最大的樂趣來源。

### 3.5-2 三代同堂的理想與實際問題

根據行政院主計處民國七十一年出版的「臺灣地區國民對家庭生活與環境意向調查報告」(註20)，在受訪的一萬五千二百八十七戶中，發現「對已婚子女與父母分住意見」中，有 40.65 ％贊成與父母分住，其中以受大專以上教育者爲最多，佔49.98％（見表3-7）。而在「退休後希望的生活方式意見」中，有 55.77 ％的人表示希望與已婚兒子同住（見表 3-8）。從這兩種數據比較起來，可以發現一些問題，就是說年輕人結婚賺錢時，不贊成與父母同住，而年老退休的人，卻願意與已婚兒子同住。

●表 3-7 對已婚子女與父母分住意見按教育程度分

單位: %

| | 合 計 | 贊 成 | 不贊成 | 沒意見 | 其 他 |
|---|---|---|---|---|---|
| 全 體 | 100.00 | 40.65 | 24.78 | 33.55 | 1.02 |
| 專 科 以 上 | 100.00 | 49.98 | 14.64 | 33.31 | 2.07 |
| 高 中、高 職 | 100.00 | 42.57 | 19.79 | 36.43 | 1.20 |
| 初（國）中以下 | 100.00 | 37.88 | 28.64 | 32.76 | 0.72 |

●表 3-8 退休後希望之生活方式按性別分

單位: %

| | 合 計 | 與已婚兒子同住 | 與已婚女兒同住 | 希望獨立自住 | 希望福利機構照顧 | 其 他 |
|---|---|---|---|---|---|---|
| 全 體 | 100.00 | 55.77 | 2.74 | 36.14 | 3.73 | 1.62 |
| 男 | 100.00 | 55.86 | 2.39 | 36.48 | 3.66 | 1.58 |
| 女 | 100.00 | 54.61 | 7.14 | 31.64 | 4.52 | 2.07 |

　　當然，喜歡獨居的老年人也不少（36.14％），但是希望福利機構照顧的只佔 3.73％，絕大部分的老年人口都不太願意住入養老院，未來養老院大概主要是以無子女或無人可依靠的老年人為主。

　　折衷家庭仍是中國人的理想，一方面使老年人不致太寂寞孤單，晚景淒涼，另方面年輕夫婦若二人都上班，也不致家裏常空無一人，同時孩子得到的關愛和照顧也較多。但是實際上有些問題有待克服：

　　1.公婆與媳婦合不來。

　　2.兩代觀念差距太大，無法妥協。

　　3.老年人的生活習慣不易改變，適應現代化生活困難。

　　4.祖父母對孫子女過於縱容，造成父母管教困難。

　　5.祖父母的管教原則與父母背道而馳，孫子女無所適從。

6.老年人長期臥病，造成子女經濟、生活及心理上沉重的負荷。

7.都市生活空間狹小，新式公寓又多為小家庭設計。

## 3.6　父母對子女的期望

### 3.6-1　父母對子女行為的期望

父母與子女的角色既然關係如此密切，期望也是必然的，當然父母對子女的期望因人而異，但是從一些研究的結果發現一個社會或文化的價值觀，深深的影響著父母對子女的期望。

畢格納（Bigner）（註21）等人曾在一九八二年，在美國針對六百零二位父母做過一個調查，探討父母親對子女行為的期望，他們發現子女的年齡使父母的期望和要求有所不同。例如，學齡前兒童的父母通常希望子女：①跟別人好好相處，②快樂，常常笑，③守規矩，④自我控制，不隨便發脾氣。而對學齡兒童，父母的期望則是：①合作，②自己照顧自己，③有禮貌，聽話，④認定自我的價值，⑤容忍、接納與自己不同的人。此研究也發現都市化的程度也造成父母對子女的期望差異（見表 3-9）。

**●表 3-9　居住地區不同的父母對子女的期望**

| 郊　　　　　　　　　區 | 都　　　　　　　　　市 |
|---|---|
| ①好奇（有興趣學習）。<br>②創造力（以不同方法嘗試做一件事，想像力）。<br>③堅忍（不容易分散注意力）。<br>④可靠（遵守規則和政策）<br>⑤自己照顧自己。 | ①守規矩（聽父母的話）。<br>②與別人和得來（喜歡社交活動）。<br>③體貼（為別人著想）。<br>④容忍（接納與自己不同的人）。 |

資料來源：Bigner, R. B. associates. "Development of Social Competencies in Children" (Paper presented at the National Symposium on Building Family Strengths, Lincoln, Neb., 1982).

種族不同也影響父母對子女的期望，研究者將「美國白人」和「墨西哥裔和黑人」兩種做比較（見表3-10）。

●表3-10　種族不同的父母對子女的期望

| 墨　裔　及　黑　人 | 美　國　白　人 |
|---|---|
| ①自我控制（控制情緒）。<br>②守矩規（有禮貌，聽父母的話）。<br>③可靠（可依賴、守規則）。 | ①自我肯定（表達意見，保護權益）。<br>②好奇（有興趣學習）。<br>③堅忍（不斷嚐試，不易分心）。<br>④與人和得來（容易交朋友，團體中的好分子）。 |

資料來源：同表 3-9。

密西根大學的愛文教授(Alwin) (註22) 曾在底特律地區(Detroit) 1958-1971-1983做過三次大規模的調查，資料分析以了解父母教養態度的變遷。他發現，父母認為子女在準備成人生活之前，最重要的特質是重視自我的思考能力，從一九五八年到一九八三年之間明顯的就是這種趨勢，「服從的重要性」由第二位降到第四位。其他被父母重視的重點是「受人重視，討人喜歡」和「認真工作」。

愛文並比較一份一九二四年林德夫婦（Lynd）的研究，看看社會化的價值是否有本質上和輕重秩序上的差別 (註23)。

他發現五十年前美國家教的精神是要將孩子社會化，成為一個聽話而能追隨集體規範的社會成員。而在一九七八年，當地母親對子女社會化的價值取向有了明顯的變化，屬於「自主性」的社會化價值最被重視，如「獨立」和「容忍」分別有76％和47％的母親視為教養內容

的重點。「獨立」指的是訓練子女有能力爲自己去思考和行動；「容忍」則指訓練子女能容忍別人的不同意見。相反的，屬於「從衆性」的社會化價值，如「嚴格服從」和「對教會效忠」則分別爲17%和22%的母親列爲重點，反而成爲不顯著的價值取向。

### 3.6-2　中國人的教養之道

「張老師月刊」曾訪問了六十六位母親，分爲三個地區：(1)臺北市大安、古亭二區的二十二位大專程度母親，(2)士林後港、福港二里高中程度的二十七位，(3)淡水鎮初小程度的十七位。這些母親至少有一個正在上幼稚園或幼稚園剛畢業的孩子。平均年齡，大專組爲三十二歲，高中組爲三十歲，初小組爲三十三歲半。這些家庭型態有65%是小家庭，34%是與公婆同住的折衷家庭，只有一個是大家庭 (註24)。

結果發現，不管是傳統或現代，父母希望孩子「乖」是不變的，西方較自由的養育方式並未對臺灣的母親造成很大的影響，反而是因爲臺灣社會本身經濟的改善，而有些改變，最明顯的是不要求「照顧弟妹」或「幫忙做家事」。

至於對男孩女孩的期待，也幾乎沒什麼改變，仍要求男孩子像男孩子，要活潑、勇敢、獨立，但也不能太野，不要把衣服弄得髒兮兮，不可以像女生一樣愛哭，要像大丈夫，膽子要大，頑皮一點沒關係。

對女孩子的期待也如傳統，要溫柔、賢慧、文靜、端莊。

朱瑞玲（1985）(註25) 以問卷調查方式，探討社會變遷中的子女教養問題，發現臺灣的父母仍傾向於期望子女具有傳統的美德——如負責、勤勞、孝順、忍耐、節儉、規矩、謙虛、用功、合羣，而認爲好奇與獨立特質不重要。現代父母在管教態度上雖較開明，對子女未

來應具有的特質期望仍傾向傳統與保守。因此研究者建議現代父母需要的親職教育，應是如何將傳統價值賦予時代的新詮釋，以及強調自主性特質對於子女適應社會的必要性。

## 註　釋

註 1　Sasse, C. R. (1978). *Person to person*. Peoria, IL: Chas. A. Bennett, 168-170.

註 2　Chilman, C. (1966). *Growing up poor*. Washington, D. C.: Welfare Administration Publication, No. 13.

註 3　Lambert, W., Hamers, J., and Frasure-Smith, N. (1979). *Child rearing values*. New York: Praeger.

註 4　Sears, R., Maccoby, E., and Levin, H. (1957). *Patterns of child rearing*. New York: Harper and Row.

註 5　Baumrind, D. (1966). Effects of authoritative parental control and child behavior. *Child Development*, *37*, 887-907.

註 6　Carter, D., and Welch, D.(1981). Parenting styles and children's behavior. *Family Relations*. *30*, 191-195.

註 7　Harris, I. (1959). *Normal children and mothers*. New York: Free Press.

註 8　Chilman, C. S. (1980). Parent Satisfactions, concerns and goals for their children. *Family Relations*, *29*, 339-345.

註 9　行政院主計處（1982）。**臺灣地區國民對家庭生活與社會環境意向調查報告**。臺北：行政院主計處。33.

註10　Duvall, E. M. (1977). *Marriage and Family development*. Philadelphia: J. B. Lippincott.

註11　Le Master, E.E. (1974). *Parents in modern America.* Homewood, IL: Dorsey.

註12　Ribble, M. (1943). *The rights of infants.* New York: Columbia University Press.

註13　Spitz, R. (1945). Hospitalism. In O. Fenichel et al., eds., *Psychoanalytical study of the child.* Vol. 1. New York: International Universities Press.

註14　Goldfarb, W. (1945). Effects of psychological deprivation in infancy and subsequent adjustment. *American Journal of Psychiatry, 102,* 18-33.

註15　Harlow, H. (1958) The nature of love. *American Psychologist, 13,* 673-685.

註16　同註10.

註17　同註11.

註18　Winch R. (1971). *The modern family.* 3rd ed. New York: Holt.

註19　De Frain, J. (1979) Androgynous parents tell who they are and what they need. *Family Coordinator, 28,* 237-243.

註20　同註9.

註21　Bigner, J., Jacobson, B., Turner, J., Bush-Rossnagel, N. (1982). *The development of social competence in children.* Paper presented at the 5th National Symposium on Building Family Strengths, Lincoln, Nebraska.

註22　Alwin, D. F. (1984). Trends in parental socialization values: Detroit, 1958-1983. *American Journal of Sociology,* 90, 359-382.

註23　蕭新煌 (1988, 1, 12). 家教的變與不變，**聯合報副刊**。

註24　張老師月刊編輯部（1987）. **中國人的父母經**。臺北：張老師出版社。

註25　朱瑞玲　（1985）. 社會變遷中的子女教養問題之探討。　加強家庭**教育促進社會和諧學術研討會論文。**行政院研考會。

# 第 四 章

# ●家庭生活的發展●

　　父母與子女的關係並不是單純的給和受。誠然，父母爲子女付出很多時間和精力，但是子女也給父母許多人生經驗；父母爲子女流淚流汗，子女也帶給父母很多歡笑和滿足；父母教導子女，也在子女一點一滴的成長中看到自己灌漑的心血，而且從子女的反應中，修正自己的觀念，使自己也同時成長成熟。

　　在傳統觀念中，我們總以爲父母是成人，已經定型了，該不能有什麼改變了，所以在親子相處時，大都是「以不變應萬變」，造成許多「盲點」和脫節的現象，親子關係好像是穿了會打脚的鞋子，脚在長大，鞋子却無彈性，不但脚痛，鞋子也被撐得變形，雙方都感到不適。事實上，人是自始自終都在發展的，而親子之間的互相影響，會使雙方在心理及社會各方面的發展上都更健康。

　　因此本章將介紹艾立克森（Erickson）（註1）的社會心理發展理論，以及杜弗（Duvall）（註2）的家庭生活週期理論，以探討在生命循環裏，親子互動的關係。

## 4.1　發展的架構

### 4.1-1　發展的意義

在心理學上，發展（development）是指個體從生命開始到終了的一生之中，其行為產生連續性與擴展性改變的歷程。在此改變的歷程中，個體的行為繼續不斷的發生多方面的變化，由簡單而複雜、由粗略而精細、由分立而調和、由分化而統整。變化的範圍也包括心理和生理兩方面的功能。

影響人類行為發展的因素很多，最主要的有四個因素：遺傳（heredity）、環境（environment）、成熟（maturation）、學習（learning）。其中遺傳與環境是決定或影響個體行為發展的客觀因素，而成熟與學習則是主觀因素。此四大因素互相關連，無法分離。而在人類行為發展歷程中，在遺傳、環境、成熟、學習四因素交互影響下，形成許多特徵，最基本而顯著的特徵有下列五點：

1.幼稚期長，可塑性大。

2.早期發展是後期發展的基礎。

3.發展通常遵循可預知的模式。

4.在共同模式之下有個別差異。

5.連續歷程中呈階段現象。

發展歷程中，常有兩種現象，其一，就某一發展特徵而言，其速率並非一成不變，而是時緩時快。其二，就各種特徵發展之間的關係而言，其發展的先後並非齊頭並進的，而是有先有後。

由於發展歷程中出現階段現象，於是在教育上與心理學上就有一

種「關鍵期」(critical period) 的觀念。關鍵期就是指在發展過程中的某一段時期內,其成熟的程度最適合於學習某種行為。若在此時期內提供孩子適當的學習環境與機會,這種行為就能得到良好的發展;反之,則無法充分發展,而且錯過時機,以後很難彌補。這種觀念相當符合聖經舊約傳道書上所說的:「凡事都有定期,萬事均有定時,勞碌無益,但神叫世人勞苦,使他們在其中受歷練。」

因此在教育上強調「教育適切性」(educational relevancy),即主張教育應配合發展的程序,適時、適地、以適當的內容和方法,(4R-right time, right place, right material, right method) 以達到最佳的效果。

大部分的過去的發展理論都只注意兒童時期的發展,第一次世界大戰後,才開始注意青年期的發展,到第二次世界大戰後,成年人的發展才包括在研究範圍內,近十幾年來,老年人的行為發展才受到注意。而艾立克森的發展理論則包括人一生持續不斷的過程。

### 4.1-2　艾立克森的心理社會發展理論

艾立克森認為人的一生是由一連串的「童年」(childhoods) 所構成,由生到死,一連串的生理的、心理的、社會的經驗,造成了進化的過程,因此每個人終其一生都在修正他自己的人格。

艾氏將人的一生發展分為八個時期,每一時期對某種行為特徵的發展具有特殊的重要性,艾氏稱之為「心理性關鍵(或危機)」(psychological crisis)。個體發展到某一階段,他自己具備的條件與社會環境的要求,二者之間若能和諧的協調,在這個階段的危機就會消除;相反的,若危機不能消除,等於留下未解決的問題,不但個體本身在那個時期的發展困難,這困難會影響以後各階段的發展。

　　但是人的發展不是在眞空狀態下進行的，個人並不是單獨的面對
或應付這些心理危機的挑戰,最多的時候是在家庭裏,而後才是友伴、
學校、鄰居等等，每個階段都有一些對他有影響的人（significant
others），幫助他或是阻碍他的發展，尤其是父母，在孩子發展過程
中是舉足輕重的。

　　每一階段所指的危機是指相對的兩種行爲特徵，前者代表符合社
會文化的要求，後者則不符合社會文化的要求，也就是說，這個階段
的危機未解除。在這種危機解除／未解除的過程中決定人格特質的發
展，由於危機的產生與社會環境有關，故稱爲心理社會發展。

### 4.1-3　人格發展的心理社會階段

　　艾立克森的八個心理社會階段，以及各階段中社會文化對個人要
求所構成的危機，列於表 4-1。

**●表 4-1　艾立克森的心理社會發展階段**

| 心理危機階段 | 重要關係人 | 順利發展後的構念 | 年　齡 |
|---|---|---|---|
| 1.信任／不信任 | 母親或母親代理人 | 展望未來的動機與希望 | 0 —1½ |
| 2.活潑主動／羞愧懷疑 | 父母 | 自我控制力與意志力 | 1½— 3 |
| 3.進取／愧疚罪惡 | 家庭成員 | 方向與目標 | 3 — 6 |
| 4.勤勉／自卑 | 鄰居與同學 | 勝任、能幹 | 6 —12 |
| 5.自我認同／角色混亂 | 同儕與崇拜對象 | 忠誠 | 12—18 |
| 6.親密／孤立 | 同性與異性朋友 | 友誼、關懷、愛 | 18—24 |
| 7.活力／頹廢 | 家人與同事 | 關懷社會 | 24—54 |
| 8.完整／絕望 | 同胞與人類 | 智慧 | 54—? |

資料來源：Erickson, E.H. Chidhood and Society. (2nd ed.) New
York: Norton. 1963.

## 1.信任／不信任 (*trust vs. mistrust*)

在人格發展的第一階段，　主要　問題是能否對人產生最基本的信任，也就是說，嬰幼兒的需求與外界對此需求的供應配合一致。母親或母親替代人若適時適量的滿足他的需求，他會對母親產生信任，並以此爲基礎，　擴展爲對一般人的信任（如餵奶、　抱他、　對他說話和笑、疼愛他）。

艾氏認爲某種程度的不信任也很重要，當一個人在新的情境，或遇陌生人時，適度的不信任可防範可能的危險。在人際關係中，信任的程度應高於不信任，才能產生對未來的動機與希望。

## 2.活潑主動／羞愧懷疑 (*autonomy vs. doubt & shame*)

第二階段主要的是活潑主動／羞愧懷疑，而能產生意志力或自我控制力。　此階段的孩子開始能控制肛門肌肉，　也開始學說話、　學走路，脫離那個完全依賴大人的階段，他還很需要大人的幫助，但又很想獨立，常使父母很緊張，不得不想盡辦法禁止他冒險。其實，在孩子嚐試成功時予以誇獎，失敗時不要隨意懲罰，孩子漸漸會建立主動意識，若失敗太多，挫折太深，會產生羞愧懷疑的意識。

艾氏也認爲主動要有少許羞愧懷疑來牽制，過度的主動會使一個人變得蠻橫霸道，但主動的程度要高於羞愧懷疑，才能漸漸獲得自我控制的自主意識。

## 3.進取／愧疚罪惡 (*initiative vs. guilt*)

學齡前兒童，正是運動及語言能力快速進展的時期，因此對周遭環境，包括自己的身體，充滿了好奇和探索慾望，也喜歡嚐試自己會做什麼，喜歡模仿大人，表示「我也會」。如果家人不阻止他，只是從旁防範他從事危險的探索，可激勵他發展自動自發、積極進取的意識；反之，則會發展出動輒得咎的罪惡感，變得畏縮被動。

### 4.勤勉／自卑 (*industry vs. inferiority*)

此時期的孩子大約是學齡時期，生活圈子擴大許多，接觸的人也增多了，尤其是年紀相近的友伴和同學，在遊戲及學習中，學習競爭與合作，　領悟遵守規則的重要。　競爭成功固然可使他發覺自己的特長，孕育了勤勉奮發的精神，適度失敗的經驗也可以培養容忍挫折的能力。然而過度的失敗和挫折，會導致自卑感的產生。

### 5.自我認同／角色混亂 (*identity vs. role confusion*)

青春期的少年正處中學階段，固然性生理的變化，但自我觀念的確定與角色的認同是主要的心理危機。此階段說大不大，說小不小，他常會自問：「我是誰？人活着有什麼意義？我將來能做什麼？」從別人對他的反應和他自己的多種角色中，他覺得自己被接納或是有價值的人，否則他會感到迷惘。

青春期的少年逐漸不再依賴父母，而與同伴建立親密的友誼，容易形成小團體，主要是為了從自己所歸屬的團體中去發現自己。雖然看起來他已不完全屬於家庭，　但是父母特別要幫助他認識人生的意義，並能設身處地，了解他人的立場和感受。

### 6.親密／孤立 (*intimacy vs. isolation*)

此階段是青年期，最主要的挑戰是與找到情感歸屬的對象，建立親密關係，包括同性朋友的知己友誼，以及異性朋友的關懷愛戀，互相覺得對方很特殊，　值得去愛和付出。　如果不能建立這種親密的感情，很容易把自己孤立起來，漸漸覺得與他人保持親密關係很辛苦，還不如自己過自己的生活。

### 7.活力／頹廢 (*generativity vs. stagnation*)

此時期是成年期，情感的歸屬落實在婚姻與家庭之後，就開始拓展事業生涯。事業的發展可說是親情、友情、與愛情的延伸，將關懷

家人親友之心情，推廣到社會與人類的福祉上，是在各方面都最有生產力的階段，貢獻最大，付出最多，有強烈的社會意識；相反的，這種潛能若不得發展，他會對自己過度關心，變得自私自利。

8.完整／絕望 (integrity vs. despair)

此階段即進入中老年期，如果前七個階段之正面的發展高於負面的發展，則彙集融合而成為成熟的統整人格，體認生命的意義及有限；反之，則產生精神萎縮，悔恨懊惱，覺得一生有許多遺憾，會有「假如時光容許我重新開始」的感歎。面對死亡，艾氏認為「如果看見老年人能死而無憾，年輕人就能生而無懼。」(Healthy children will not fear life if their elders have integrity enough not to fear death.)

## 4.2　家庭生活周期

在家庭裏，家人互相照顧、幫助，以滿足彼此心理及生理的需求，因此家人關係是屬於互動的動態系統 (dynamic system)，隨時都在改變和調整。

家庭與個人一樣，是發展性的，而不是固定性的，其發展歷程有如春耕、夏作、秋收、冬藏那般，是有周期性的，而且變化相當規律。若將家庭生活區分為幾個階段，探討各階段的發展重點，以及對家人的影響，則有助於美滿家庭的發展。

「家庭生活周期」(Family Life Cycle) 即指從家庭建立到終止的發展過程。許多經濟學家、社會學家、統計學家、家政學者等，都曾提出他們的學說，有的區分太細瑣，有的則太籠統。本書引用的是杜弗 (Duvall, 1977) 的家庭生活周期學說。

### 4.2-1 杜弗的家庭生活周期理論

杜弗將家庭生活分爲二個主要的時期,此二時期爲:

1.擴張期 (Expanding Stage):從建立家庭到子女長大。

2.收縮期 (Contracting Stage):子女建立自己的家庭,以及父母進入晚年。

此二時期又可分爲八個階段,以第一個孩子的發展來畫分這些階段。(見圖 4-1)

第一階段:已婚夫婦,尚無子女。

第二階段:從第一個孩子出生到兩歲半,生育家庭。

第三階段:從第一個孩子兩歲半到六歲,學齡前兒童的家庭。

第四階段:從第一個孩子六歲到十三歲,學齡兒童的家庭。

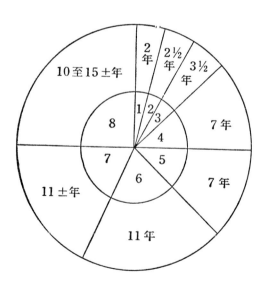

◎ 圖 4-1 家庭生活周期的八個階段

第五階段：從第一個孩子十三歲到二十歲，青少年的家庭。

第六階段：從第一個孩子離家到最小的孩子離家，家庭像發射中心 (lauching center)。

第七階段：從空巢到退休，中年夫妻。

第八階段：從退休到二老過世，老年夫妻。

家庭生活周期中的每個階段均有其發展任務 (developmental tasks)，影響家庭中每個人的發展，這種發展任務類似艾立克森的個人發展危機，也就是說，每個階段有每個階段的需要、期望、問題、挑戰、歡樂，個人的發展配合着家庭的發展，就像月球繞地球，地球繞太陽轉一樣，有「自轉」，也有「公轉」。個人發展與家庭發展如果調適得成功，二者都較美滿，調適失敗則家庭生活陷入困境，個人的發展也受阻。

## 4.3 親子間發展互動的觀念

艾立克森的心理社會發展理論，提供了個人一生的心理發展的基本架構。然而，家庭通常是由數個成員組成，成員的年齡不同，發展階段也不同，例如，父母通常是在第七個階段，如果他們有三個孩子，分別為一歲、四歲、七歲，分別處於第一、第三、第四階段，發展危機就不同，也都同時需要滿足，父母無法以同一套方法和規則來滿足每個孩子的心理需求，因此容易顧此失彼。

此外，隨着子女漸漸長大，發展到下個階段，父母的教養方式也應調整。在發展過程中，子女的發展需要會逐漸明顯，而讓父母不得不調整，除非父母實在太遲鈍或太忽視子女。例如，孩子過了一歲半，開始要求獨立自主，跟以前只要父母照顧他，注意他的需要，有

很大不同。父母有時覺得子女「越變越壞」，其實只是發展的自然現象，他若是不變，父母才該擔心呢！

又例如，孩子到了不同的年齡，父母的管教方法也要改變，年紀愈小，語言溝通能力較差，必須以打手心或屁股、或引開其注意力等實際行動來管教，而年紀漸大後，比較聽得懂，也能講理，責罵或剝奪其權利的管教就比較有效。

### 4-3.1　親子互動系統

家庭的主要功能是家人能彼此提供成長過程中所需要的支持，家人彼此的交互作用構成了其行為型態、角色、和價值觀（Buckley, 1967, 1968）(註3，註4)。

所謂的行為（behavior）通常是指我們所能看到的某種行動，也是親子互動系統運作的起點和終點的結果。例如孩子有了某種行為，而父母看到或聽到了，就是「接收者」(receptor component; R.)。父母立即會決定或選擇對孩子的行為的反應，也就是「控制者」(control component; C.)，然後「生效者」(effector component; E.) 執行其決定或反應，我們所見的就是父母的行為了。這種交互作用用的行為是連續的，因為父母的行為又會引起孩子的反應、決定、和行動，有來有往，直到問題解決。

舉例來說，孩子打破了玻璃杯，父母看到了（R.），很緊張，又生氣（C.），就開始責備（E.），我們就看到父母在罵孩子打破玻璃杯了。又例如，孩子向父母撒嬌，父母聽到了（R.），心中產生憐惜（C.)，就過去擁抱他（E.）。將此交互作用以圖表示，即如圖 4-2。

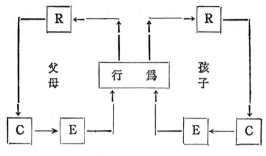

●圖 4-2　親子之間交互作用圖

### 4.3-2　系統的特性

親子之間的交互作用是基於：(1)刺激的輸入（input）和反應的輸出（output），(2)試着維持雙方關係的平衡和穩定狀態，(3)達成秩序，(4)成員的互動和互換。

茲將此四特性說明如下：

1.每個人每天都在接收別人的行為訊息，而後有所反應，就像電腦程式的輸入和結果的輸出，只是這些步驟往往是在不知不覺之下進行的。

2.不管動機是如何，關係的維持就是希望能達成平衡，例如，父母看到孩子不好的行為，就會想糾正他，自己心裏才覺得舒坦。而子女若感到受父母冷落，他可能會想盡辦法去引父母注意，即使犯規受罰也在所不惜，因為他已得到他所要的。

3.為了要有更好的了解和更有效的溝通，行為必須有秩序和組織，如果父母對子女的某種行為有一定的反應，子女就能從中尋到一些行為規則，知道要達到某種目的必須以某種方式。例如，有些孩子每次上街，都會趁機以吵鬧的方式，要求父母買東西，如果父母每次

因被吵得心煩，就買給他，他就學到「這一招很管用」，繼續以此要
脅父母。但是若父母堅持不買，幾次下來，他就不會明知故犯了。最
怕的是有時買，有時不買，又不解釋買是因爲那物品是有用的，不買
是因爲那物品不好，而讓孩子以爲買了是因爲吵他得兇，不買是因爲
吵得不夠兇，就會變本加厲，不斷嘗試。有時孩子不講理也是父母無
意中訓練出來的。

　　4.每個人的行爲都受環境影響，但是環境是很難測量或預測的。
例如，外在的因素、過去的經驗、社會文化因素、以及內在因素，如
血糖、內分泌平衡、情緒等等，還要配合事情發生的時間、地點、對
象等等，因此「天時、地利、人和」自古以來就被視爲「功德圓滿」
的必要條件。有關親子互動的因素列於表 4-2 (註5)。

### ●表 4-2　影響親子互動的因素

```
事　前　因　素

   1.社會階層背景／價值／信念系統

   2.目前流行的養育哲學及技巧

   3.同儕壓力

   4.過去與兒童接觸的經驗

   5.養育兒女的目的

   6.對行爲的期望及行動的標準

   7.養兒育女的態度

   8.自己的父母的行爲示範

   9.個人的人格型態

  10.父母及子女的年齡與性別

  11.父母及子女目前的發展階段
```

12.子女的出生別

情　況　因　素

1.當天事情發生前的情況

2.事情發生的時間

3.當時的時間壓力和心理壓力

4.當時的生理或健康情況

5.內分泌的情況

6.血糖的情況

7.限制：如私下或公共場合、有無旁人在場、家庭大小、居住空間大小、家庭收入。

8.子女是否與父母頗接近，或是疏遠。

資料來源：Bigner, J.J. *Parent-child relations.* New York: Macmillan, 1986, 131.

　　舉例來說，假設有個小女孩跟母親到了一家瓷器店，看到一個名貴的古董花瓶，而被吸引過去，以下的情節有點像一個劇本裏的一段。（見圖 4-3）

　　由圖示可知，互動的過程是相當複雜的，環境裏有很多因素會影響我們的決定，同樣的事情發生，往往因情境不同，而導致完全不同的結果。此例可以算是個「喜劇」，雖然出現危機，但和平解決，皆大歡喜。但是很多父母就沒那麼幸運，往往變爲敵對的關係，以打罵及嚎哭的「悲劇」收場。你可以試着改寫圖 4-3，會發現「牽一髮動全身」的交互關係。

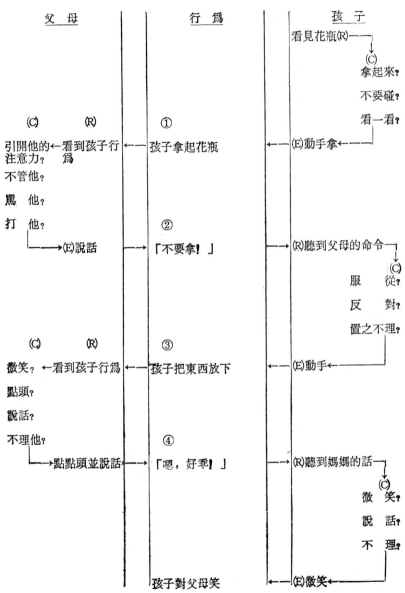

●圖 4-3　親子互動的實例一

### 4.3-3　貝爾的氣質說

貝爾 (Bell, 1968)認為孩子天生就有個別特殊的氣質，有的孩子較頑固，非達目的誓不甘休，有的孩子則較柔順，可有可無，這兩種孩子很自然的會使父母對他們的管教態度與方式不同，例如圖 4-4。

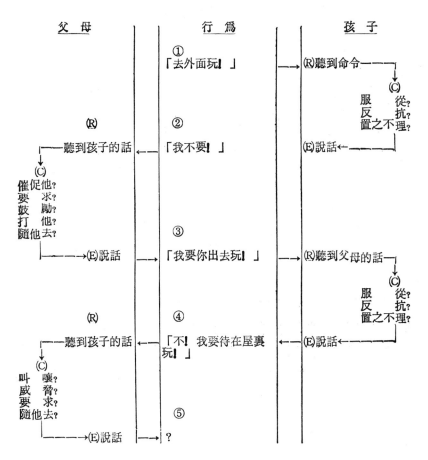

◉圖 4-4　親子互動的實例二

　　貝爾也提到，　較會察顏觀色的孩子容易使父母心軟，　他較會撒嬌、合作、體貼、迎合父母的期望、對父母笑、使父母不由得對他多幾分憐惜。　相反的，　不會察顏觀色的孩子，　往往對父母的好意不領情，　使父母感到被拒絕，　在失望之餘，　就比較容易處罰孩子。　因此「偏心」在父母之中是常見的，　通常不是有心的，　而是身不由己。

　　貝爾又認為父母的管教是有彈性的，（如圖 4-5）。

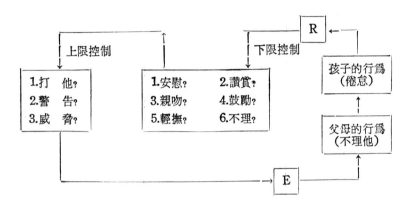

●圖 4-5　上限控制與下限控制

　　下限控制 (lower-limit control)是指如果孩子的行為達不到父母期望時，可以使他多做一些。而上限控制（upper-limit control）可以減少或轉變孩子的行為，這些行為是已經超出父母所能忍受的行為標準。假設一個孩子感到倦怠而懶散，但果照父母本來的反應，會採取上限控制，但是如果這孩子是剛生過病，父母就會採取下限控制，把標準降低。

## 4.4 發展互動中的社會化

每一個人的社會行為都是經由社會化的歷程而建立的。所謂「社會化」(socialization)，是指個人的行為在社會因素影響下改變的歷程，在此歷程中，由於受到別人的行為的影響，包括無形的交往與有形的教育，使個人逐漸學到符合社會要求的行為。

社會化並不是兒童專有的學習行為，任何年紀的人，只要他過的是社會生活，必須與他人接觸、相處，由於社會生活時時在改變，他就必須學習改變自己，以符合環境對他的要求，也就是說，人的一生都是在調整自己與社會的關係。而家庭是介於個人和社會之間的一種團體，在社會化的過程中舉足輕重。

社會化既然是一種學習歷程，每個人都是學習者，有二個最主要的影響力支配這種學習行為，一是獎勵與懲罰，即社會增強作用 (social reinforcement)。增強包括物質與精神兩方面，正面的物質增強（即獎勵）包括金錢、獎品，而正面的精神增強包括獎狀、讚美；負面的物質增強（懲罰）包括罰款、賠償，而負面的精神增強則有責罵、冷落等等。一個人有了某種行為，若得到正面增強，他就很可能一做再做，因為這樣可以滿足他的行為動機；如果某種行為帶來的是「苦頭」而非「甜頭」，這種反應就受到抑制。

當然人的行為動機並不都是單純而顯明的，例如孩子偷竊行為就有很多不同的動機，若只是處罰他，可能並未對症下藥，倘若大人能了解原因，為了物質短缺而偷，則設法滿足他，為了引起人家注意而偷，則平時就多關心他，而不是以同一套增強的方法，應付所有的情況。

　　另一個支配行爲學習的力量是模仿與認同。模仿是觀察別人的行爲而仿效，最後成爲自己的行爲。認同則是更深一層的模仿。父母通常是子女是主要的模仿與認同的對象，所以我們常說「有其父必有其子」，又說「近朱者赤，近墨者黑」。

　　而在所有子女中，長子或長女（包括獨子和獨女）的社會化歷程受父母影響最深，而父母的社會化歷程也受第一個孩子的影響最大。長子或長女通常是第一個教父母「爲人父母是怎麼回事」，以及「孩子是什麼」的人，他提供各種經驗給父母，讓父母體會到孩子成長過程中的改變及發展，讓父母學着扮演父母的角色。而他也是父母的第一個「實驗對象」，父母的要求、想法、期望、態度、價值觀等等，會很强烈的放在他身上，企圖「塑造」他，因此長子或長女往往比較受到壓抑，個性比較拘謹、保守，但也最有責任感。

　　而次子或次女就比長子或長女多了一個模仿認同的對象，且父母在「第一次育兒經驗」過後，比較不會花全付精神在調教老二，又有老大首當其衝，所以老二的來自父母的壓力較小，但有老大爲爭寵對象，模仿老大又永遠無法超越老大，這是老二的苦惱。也因爲這種社會化的歷程，老二通常有與老大不同的性格，往往引得父母更愛比較了：「奇怪，以前老大……，怎麼老二却……」，到底老二是先天的性格就與老大不同？或是後天因「出生別」的社會化所造成的差異？恐怕是很難下定論的。

## 註　釋

註 1　Erickson, E. H. (1963). *Childhood and society.* (*2nd ed.*) New York: Norton.

註 2 Duvall, E. M. (1977). *Marriage and family development. (5th ed.)* Philadelphia: J. B. Lippincott.

註 3 Buckley, W., ed. (1968). *Modern systems research for the behavioral scientist.* Chicago: Aldine.

註 4 Buckley, W. (1967). *Sociology and modern systems theory.* New York: Prentice-Hall.

註 5 Bigner, J. J. (1985). *Parent-child relations.* New York: Macmillan.

註 6 Bell, R. Q. (1968). A reinterpretation of the direction of effects in studies of socialization. *Psychological Review, 75,* 81-95.

# 第 五 章

# ●家庭教育的現代化●

當今很多為人父母的人，都察覺到周遭的環境像個轉盤，轉得現代人頭暈目眩，不知所從。若堅守原則，照原來的方式生活和教養子女，不但不合時宜，也非常吃力。若順應潮流，嘗試新的生活方式及教養，又不知是不是太冒險，也不確定方向對不對。

教養子女的目的之一，無非是希望子女能成為現代人，能生活在現代社會。但是，什麼才是「現代人」和「現代社會」呢？人人都想做「好父母」，教出「好子女」，有個「好家庭」，但是在現代社會裏，這些「好」的標準是改變了，改變的方向又是如何？有那些策略可以幫助現代的父母邁向現代化的家庭教育？

本章將介紹現代化的意義、 現代化的家庭， 及管教的意義與策略。

## 5.1 現代化的意義

### 5.1-1　現代化的意義

心理學家楊國樞（1978）（註1）在所著「現代社會的心理適應」裏，對「現代化」有很清楚的解析：

……「所謂現代化，是指十五世紀以後才漸趨明顯的一種生活方式的轉變歷程，其變遷的幅度幾乎是全面性的，涉及了人類在政治、經濟、法律、教育、宗教、藝術、及娛樂等各方面的活動。在現代化較快的西歐國家中，因之而起的社會與個人的變遷是比較自動自發的，其現代的特性是從傳統中逐漸蛻變而來，一如蝌蚪變成青蛙，或毛蟲化為蝴蝶，較少滯礙與痛苦；這種蛻變的累積效果，雖然造成了新的型態，但其轉變歷程的本身，卻是漸進而連續的，因而傳統與現代並無對立的情形存在。但對我國的社會與人民而言，現代化所代表的則是一種外來的壓力，所呈現的是一種相當不同於中國傳統的生活型態；由於這種明顯的對比，對於大多數中國人而言，現代化所意味的往往是『捨棄自己，遷就他人』。因此，在很多中國人的心目中，現代化的變遷實在是一種自我否定的歷程，其中充滿了屈辱、痛苦、及抗拒的經驗。」（p.17）

但是，現代化的潮流既是無可抗拒的，其目的也是為了謀更多人類的幸福，而我國在現代化的過程當中，經過多年的努力，路途已經逐漸順利。身為現代人，我們應對現代化有基本的認識。

### 5.1-2　現代化的層次

以層次的差異而言，現代化至少包括了基本取向、價值目標、及實際現象等三級變項。所謂基本取向，就是指最底層的原則；價值目標則是指方向。楊氏所主張的基本取向包括：

　1.人本取向

　強調人及其生命的本然價值，最重視人的潛能、意願、及幸福。

　2.個人取向

　強調個人比社會更爲眞實而重要，社會的功能在增進衆多個人的幸福；重視個人的尊嚴，忠於自己的感受，擔負自己的責任，追求自我的實現。

　3.理性取向

　強調理解或理智在處理知識、道德、宗教、及日常問題上的有效功用；認爲人是理性的動物，要能善用思想、遵循理智，人的生活便會合理而少錯誤；瞭解與知識是極爲重要的，而盲目與無知則一無是處。

　4.樂觀取向

　相信個人與人類前途是光明的，個人的缺點與社會的弊病都可經由主動的改革而克服，因此一切操之在我；無論個人或社會，進步是正常的軌跡，退步則是反常現象，退步表示某方面遭遇了有待克服的困難。

　基本取向是現代化的基調，也是現代化動力的泉源。由基本取向衍生出許多價值目標，是現代化的努力方向，楊氏認爲最重要的價值目標有四：

　1.自　由

　在思想、行爲、及生活上，免於不合理的限制與壓抑；掙脫迷信愚昧與不當習俗的束縛，不受權威的無理待遇。

### 2.平　等

在不妨害他人的原則下，人人有追求福利與自我實現的同等機會。

### 3.幸　福

人人自行決定其幸福的內涵與人生的意義，其他的個人或團體不能越俎代庖；透過個人與社會的努力，盡量增高大家的幸福感。

### 4.進　步

個人與社會經常求發展，求變遷，而不故步自封、呆滯僵固；進步滋生希望，希望又推動進步，人們的種種潛能乃得以高度展現，人的生活層面乃從而充分開拓。

在這些價值目標之後，個人與社會會產生一些實際的現象，如表5-1。

**●表 5-1　現代化的三層次**

| A.　基本取向 | B.　價值目標 |
|---|---|
| 1.人本取向 | 1.自由 |
| 2.個人取向 | 2.平等 |
| 3.理性取向 | 3.幸福 |
| 4.樂觀取向 | 4.進步 |
| C.　實際現象 | |
| 社會現象 | 個人現象 |
| 1.政治民主化 | 1.喜歡新的經驗與方法 |
| 2.政治法治化 | 2.忠於自己的意見感受 |

| | |
|---|---|
| 3.經濟工業化 | 3.願意尊重異己的意見 |
| 4.經濟都市化 | 4.慎重考慮別人的尊嚴 |
| 5.經濟均富化 | 5.能改進自己與環境 |
| 6.社會福利化 | 6.信賴自己所處的環境 |
| 7.社會變動化 | 7.比較強調努力與成就 |
| 8.宗教世俗化 | 8.報酬應依貢獻分配 |
| 9.教育普遍化 | 9.重視同輩的人際關係 |
| 10.知識科學化 | 10.比較強調現在與未來 |
| 11.信息傳播化 | 11.對重要論題持有己見 |
| 12.人口控制化 | 12.注意世界遠方的事務 |
| | 13.坦率活潑與積極健談 |

## 5.1-3　現代化生活的特性與心理適應

現代生活可以說是「現代人在現代社會中的活動」。在上述社會現象中加入個人現象，可以看出現代生活的幾個特性：

### 1.變遷快速

包括社會習俗的改變或轉換，機構組織的分化或淘汰，個人的思想、觀念、行為及生活方式的蛻變與更新。

### 2.接觸頻繁

人口的激增及都市化，造成人與人接觸多，人際關係却表面化，社會責任感低落。

### 3.分殊歧異

大家的思想觀念與作為表現，有很大的差異，雖然朝向「世界性」的發展是一致的，但更能包容一個社會中的次級文化的差異，也

容許個人的獨特性，亦卽「大同小異」。

### 4.知識激增

知識老化速度快，逼得大家所「專」的範圍越來越小，嚴格說起來，大部分人都是「知識殘障」的，必須互補才不致於如盲人摸象。

### 5.參與高漲

民主的精神就是要每個人都有表示意見的機會，在做決定的歷程中，有關的人都能參與，一方面能集思廣義，再方面能使個人對團體有認同感。

### 6.約定限制

現代社會是高度有組織的社會，必須有一套辦法來限制少數人的權利，才能保障多數人的權益。

### 7.階層突變

社會階層不再是祖傳的，必須靠自己的努力，才能登上高階層，而卽使有權有勢的父母，也不能保證子女能維持在他所達到的階層。

### 8.互惠關係

人際關係比較現實，在付出與獲得之間，力求平等，要怎麼收穫，先怎麼栽。

在這樣的現代生活裏，在心理方面該如何調整，才能適應良好？楊國樞教授亦提出幾項重點：

### 1.樂於變遷的心態

不但是被動的接受變遷，也要主動的變遷。雖然人天生是抗拒被改變的，但是要知道，除了「不變」，沒有什麼是不可能的。所以要培養自己的伸縮性和創造性。

### 2.設身處地的能力

要有同理心，站在別人的立場看事情，亦卽將心比心，才能了解

人家的意思，建立良好的人際關係。

3.民主平權的性格

對別人的權利能夠欣賞，而且尊重，視別人與自己一樣平等而可貴，即愛人如己。能欣賞並尊重別人的意見及獨特性，就是一種理性的態度。

4.守法守諾的精神

樂於接受法律規章，並確實遵守，要一視同仁，不要求特權。同時互相信任，不但信任自己人，也信任陌生人，否則人與人的接觸非常沒有效率。

5.人際感情的歸屬

人際接觸頻繁，然而心靈却疏遠，寂寞空虛是一般人的苦惱，要珍惜家庭的關愛，結交知己朋友，培養有興趣的休閒活動，使情感有所歸屬。

6.個人技能的改進

不斷的自我改進，使自己在工作上更有「價值」，以得到好的待遇。相信命運操在自己，充分的發揮自己的潛能，以達到自我實現。

7.善於自處的本事

忙碌並不等於充實，身不由己的忙碌往往是一種逃避和麻醉，現代人要會獨處，要有清楚的自我概念，才能敢於面對自己，和自己相處，作自我的探索。

並不是現代社會和現代人的問題特別多，而是「敢於面對」是現代化的必然現象，面對問題才能解決問題，諱疾忌醫才會使病情惡化，延誤治療時機。

## 5.2　現代化的父母與家庭

　　由前述可知，現代化並不等於西化，也不是「革命」，而是一種
「革新」，是一種發展趨勢，就如兒童必須成長，經由青少年階段，
而至成人，蛻變難免有其挑戰性，但由於它是必然的、必須的，如果
人們能了解這種轉變的現象，就比較能調整配合，而減少失調的痛
苦。

　　父母也是人，所以現代父母本身即應具備現代人的條件；而家庭
是個小社會，現代家庭也應具備現代社會的雛形。現代父母配合現代
家庭，才能產生現代化的家庭教育。說來好像很簡單，事實上在我們
的社會裏，現代父母仍有許多困難──包括本身的和環境的，簡單的
說，他們必須是「傳統的子女」和「現代的父母」。因此常有人自我
調侃：「年輕時，人家要我聽父母的；如今當了父母，人家又教我要
聽孩子的。」也有人自我解嘲：「年輕時抽煙要躲着父母，如今抽煙
要瞞着子女，一輩子偷偷摸摸的。」

　　現代化必須是全面性的，否則總有一些人在夾縫間，成了犧牲
品，造成了一些社會問題與家庭問題。而凡是增進家庭中每個人的幸
福的，才是現代化的；凡是妨害家庭成員的幸福的，就是不現代化的。

### 5.2-1　新孝道的基本原則和實踐

　　楊國樞針對我國家庭的觀念，提出「新孝道與新慈道」的看法，
給為人子女和父母的人一個方向。

　　新孝道的基本原則有三：

　　1.合情的原則

子女行孝應以愛心爲本，以感情爲重，並應設身處地，盡力爲父母着想；在對父母表達關懷之情時，應採取其習於接受之方式。

2.合理的原則

子女行孝當適當運用理性，考慮事實，顧全事理，而不衝動短視，爲近誤遠，以私害公；行孝有很多方法，應各自量力而爲，不宜過度過分，走入極端，尤不可因行孝而自殘、自虐、或自貶，即不可愚孝。

3.合法的原則

行孝應不違反現行法律爲原則，不可因圖利父母，而有犯法之行。父母如要子女做不法的事，子女應好言相勸，不可接受亂命；也就是在合情、合理、合法的範圍內，子女盡力善待父母。

其實踐原則有十四項：

1.子女善待雙親，父母一樣看待，不可厚此薄彼。

2.多與父母交談，以了解其看法、想法及感受。

3.盡力敬愛父母，不以言辭或行爲侮漫父母。

4.盡力使父母心情愉快，少惹父母生氣。

5.幫助父母從事並完成善舉，不陷父母於不義。

6.對父母應真心誠意，不因父母之社會地位與經濟能力而表面做作與應付。

7.言行盡量使父母引以爲榮，不使父母因子女言行而抬不起頭來。

8.盡力使父母信任與放心，而不使父母爲子女行爲就心。

9.保持自己身心健康，以免父母憂慮掛念。

10.以同情的態度來了解父母的時代與生活背景，不可冒然視爲落伍。

11.父母如有過錯，子女應以委婉的態度耐心相勸。

12.父母在物質生活上如需照料，子女應盡力予以安排，勿使有所匱乏。

13.父母生病時，子女應妥為照顧，盡力設法醫治。

14.父母喪亡，子女應予以妥善安葬。

### 5.2-2　新慈道的基本原則和實踐

而新慈道的基本原則與新孝道相似，只是父母和子女的角色互換。而其實踐原則有二十項：

1.對子女應公正公平，不厚此薄彼。

2.愛護、支持子女，不在情緒或行為上拒絕子女。

3.對子女表達情感，不以冷漠待之。

4.鼓勵子女從事多方面活動，以了解與發現子女的各項潛能。

5.在子女能力範圍內給予充分的受教育機會。

6.尊重子女的性向與意願，不勉強子女去完成自己未達成的志向或構想。

7.接受子女的能力限制，不勉強子女去做力所不及的事情。

8.管教時多用獎勵與理喻，少用懲罰、諷刺或其他可能傷害子女自尊心的方法。

9.規定不宜太多或太少，並解說規定的意義與目的。

10.容許並教導子女在意見與行動上參與家事，以培養其團體生活能力。

11.訓練子女處理自身事務的獨立能力，不放縱、溺愛、護短、或過度保護。

12.避免嚴苛、武斷或任意行使父母的權威，不輕易將子女合理的異議視為傲慢或反抗，必要時承認自己的錯誤，反使子女更尊敬。

13.多與子女溝通意見，鼓勵子女表達自己的看法，以增進對子女的了解。

14.親自教養子女，不假手他人。

15.以身作則，在德操與行為上善自檢點，以為子女表率。在相同的事情上，不宜以雙重標準來要求自己與子女。

16.管教子女時，意見應一致，以免抵消或減少管教的效果。

17.盡力改進自己的婚姻生活，避免夫妻不和對子女產生不良影響。

18.體認今日兒童與青少年與往昔不同，不拿子女與當年的自己相比。

19.子女成年後，父母應尊重其交友與擇偶的決定。

20.成年子女有他們自己的事業與家庭生活，父母應予適度尊重。

## 5.3　管教的意義

### 5.3.1　管教的基本概念

管教二字經常引起誤解，它的字面意思是「管束教導」，但有時人們說：「看我好好管教你！」使人覺得管教是為了訓練或控制孩子的行為所施的「處罰」。在此先說明管教的幾個觀念：

1.管教是教導子女，使其行為合乎父母或老師所認定的社會要求。

2.管教是幫助子女學習控制衝動，使其學到生活及工作上所需的與人相處的技巧。

3.有效的管教必須是正面的、合理的、適度的。

4.所用的管教方式與策略必須符合子女的年齡和發展階段。

5.有效的管教必須是父母對子女的需要和問題有充分的了解。

管教之所以常被當成處罰或懲戒的同義字，主要是因為父母管教子女，通常是因為子女行為不佳，需要糾正，使他變好。但是子女行為有問題，原因很多，例如：

(1)身體不舒服，較難控制情緒。

(2)不知怎麼做才是對的行為。

(3)覺得父母不注意他、不愛他，想得到父母的注意。

(4)覺得自己無論如何都達不到父母要求的行為標準，索性自暴自棄。

而也有一些情況是父母本身的問題，例如：

(1)是否父母的期望太高，超出子女的年齡和能力？

(2)是否父母的指示常是反面的，強調子女「不該如何」，卻忘了教他「該如何」？

(3)父母在執行規範時，是否持之有恆，而非朝令夕改？

因此在管教子女時，不妨先提醒自己：

(1)子女行為不佳一定有其原因。

(2)不要期望子女行為像大人一樣。

(3)如果子女因缺乏自信心而行為不佳，要鼓勵他。

(4)以積極的態度和正增強管教子女。

(5)就事論事，改其行為，而不攻擊人格。

至於管教的方法，大致可分為積極的和消極的兩種。前者較有建設性，後者則多破壞性（見表 5-1）。

●表 5-1 管教的方法

| 積 極 的 方 法 | 消 極 的 方 法 |
|---|---|
| 1.教導基本道理<br>2.把問題講清楚<br>3.要子女去房裏冷靜一下<br>4.稱讚子女的好行為<br>5.暫時剝奪一項權利<br>6.說明其他可替代的行為<br>7.罰坐牆角<br>8.告訴子女錯在何處並讓他好好想想<br>9.指定他做額外的差事 | 1.打耳光<br>2.打屁股<br>3.引發他的罪惡感<br>4.說他做錯事時很醜<br>5.關在黑暗處<br>6.踢他<br>7.大喊大叫 |

『你不會說人話真走運，不像我這樣，說錯一句話，馬上被罰坐牆角兒!』

### 5.3-2　管教的基要原則

每個家庭都應有自己的管教原則，沒有任何人可以設計出一套放諸四海皆準的管教經典，對於甲家庭很適合的原則，用在乙家庭可能會製造出更多問題。因為人格特質、家庭背景、價值觀、社經地位、家庭目標、子女的人數及出生序，以及其他許多因素，在在都影響家庭教育的哲學和方法，也產生不同的管教態度。每個家庭多少都是在嘗試中學習，以下是幾個可供參考的建議：

1. 試着去了解孩子的感受和動機

父母通常以為子女不乖是故意跟父母過不去，很容易被激怒，然而憤怒通常並不能解決問題，反而使原來的問題更複雜。惟有試着了解，才能看清問題的原因，從而解決問題。

要了解孩子的感受和動機，父母首先要能傾聽子女的口語及非口語表達，父母願意聽，子女才會願意讓父母了解他的感覺和想法。其次，父母不妨把子女的不良行為當作汽車引擎出了毛病，修理汽車的人總不能對着有問題的引擎大吼大叫，或踢它、打它，他必須冷靜的檢查，發現毛病所在，才能動手修理。人對汽車都能有此耐心，何況對孩子呢!

2. 父母一起討論並設立管教的規則

父母有必要坐下來好好談談，而不是各自用自己的想法去管教子女。父母共同決定如何及何時行使權威、規定、允許、和處罰。對子女的行為有所限制和規定是必要的，對子女有益的，但是這些限制和規定要清楚，並要讓孩孩子明白，他才能有所遵循。規定要合理而實際，而且一旦有了規定，就要嚴格執行。起初孩子會故意犯規，試探父母是否只是說說而已，父母應有心理準備，態度要和氣而堅決，讓

孩子很清楚父母愛他，這些規定和限制是爲了幫助他，而且父母說到做到，不管他如何抗議，規定都不會更改。如此讓孩子學到合宜的行爲準則，日後受用無窮。因此聖經上也說：「敎導孩童，使他走當行的道，就是到老他也不偏離。」

茅玆比（Maultsby, 1979）（註2）認爲父母寧可少設規定而嚴格執行，所以設限制和規定時一定要很愼重，否則出爾反爾，子女無所適從，形成「反管敎」，不但失去對父母的尊敬，而且也學不到正當的行爲。茅氏建議父母在設立規定時，可先考慮這幾點：

(1)這個規定是否有事實根據，而非設不可？

(2)這個規定是否可保護孩子，使他免受某種傷害？

(3)這個規定是否有助於孩子達到某些重要的目標？

(4)這個規定是否使孩子避免與他人起衝突？

(5)這個規定是否使他習慣性的避免負面的情緒？

例如，父母規定孩子吃飯時不可講話，本是預防他不小心嗆到，但實行非常困難，應該改爲規定他把口中食物吞嚥下去再講，就實際多了。

又如，父母規定孩子要等車子走過了才能過馬路，不如改爲「看到沒車時才過馬路」，否則如果沒有車子經過，孩子就不能過馬路了。

### 3.有效而清晰的雙方溝通有助於家庭互動

溝通包括了表情、聲調、姿態、手勢等等，父母若能敏銳的感受，從孩子的種種表現裏可以察覺他的內心情緒。建設性的溝通是表達，而破壞性的溝通就是批評了。溝通要主動，讓孩子感受到父母的誠意。對於孩子的意見，父母應給予回饋，一方面可以使問題澄淸，另方面孩子會覺得受重視。

溝通是有層次性的，從表面的到內心的溝通，大致可分爲：(1)寒

喧、應酬、客套，(2)報告、轉述、閒話，(3)陳述意見、看法、判斷、決定，(4)分享感受與情緒，(5)開放坦誠的高潮溝通。

　　除了言語和行動，我們對家人通常忘了一項很重要而有效的溝通方法，那就是寫紙條或寫信函。在許多家庭裏，各有各的活動，往往不容易坐下來好好談；即使面對面，有時時間不夠長，氣氛不對，場合不對，都不一定能有談的機會；　有的話不容易開口，　幾番吞吞吐吐，就打消了溝通的原意。凡此種種，都限制了溝通，對於稍大的子女，父母不妨試著偶爾以紙筆溝通，既不受時間的限制，也可以清楚的將意念整理一下再寫，　受信者可以反覆閱讀，　仔細體會寫者的用心，印象更深刻。

　　**4 子女需要有機會學習作決定和負責任**

　　如果孩子有機會自己作決定，並承擔後果，他就能學著為自己的行為負責任。當然，父母必須視孩子的年齡而決定那些事可以讓他自己作主，父母可以從旁提供經驗、知識、和意見，但是一旦說好了讓他作主，父母就不可以干涉他的決定，要尊重他。我國的父母很喜歡告訴子女：「聽我的，準沒錯。」　養成很多孩子缺乏主見，　盲目服從，長大後就業或成家，都很怕擔責任，事前推托責任，事後推卸責任，更由於缺乏作決定的經驗，不太會判斷、推理，作決定時常常犯錯，又不知如何反敗為勝，十分可憐。

　　因此管教子女，最終目的不是在教子女「聽話」，尤其父母不能保證自己絕對不會犯錯，即使是自己的子女，他也是個獨立的個體，就如愛默生曾說：「不要要求別人像你，你知道，上帝也知道，一個你就夠了。」

　　少幫助子女，往往是對他最大的幫助。每個人都須為自己的生命負責，旁人不能替他活，縱使父母願意，也盡全力讓孩子無災無難。

對孩子來說算不算「活過」？內心是否眞正滿足？還是父母從替子女擔當中滿足了自己？

　因此管教子女的目的，應是讓孩子逐漸的自我約束，敬天愛人，而能不依賴父母。

## 5.4　管教的策略

　最近幾年內，有幾種管教策略對爲人父母者有很大的影響：
1.行爲改變技巧（Behavior Modification Techniques）。
2.民主的策略（Democratic Child Training Strategies）。
3.人道方法（Humanistic Approach）。
4.溝通分析（Transactional Analysis）。
5.父母效能訓練（Parent Effectiveness Training）。

### 5.4-1　管教策略的共同目標

　上述策略可說是應用行爲科學的代表，沒有任何一種策略可以保證其結果一定是對的，是好的。但它們有一些共同的目標，使互相之間可見異曲同工之妙。

　1.減少父母的權力

　這些管教策略大多是兒童本位，以子女的需要爲主要的考慮，其實父母的權力不見得會阻礙親子的交流，但是不當的權力的使用方法，例如責打或羞辱孩子，會造成孩子的焦慮，因此這些策略在教育父母如何用新的方法去行使其權力，而達管教的目的。

　2.改善孩子的自我控制

　在父母放鬆一些權力的同時，孩子也爲自己的行爲多負些責任，

父母少花時間去監視或控制子女的行為，而把心力著重在建立良好和諧的家庭氣氛，使每個家庭成員的情緒需要能得到滿足，也讓孩子在心平氣和中培養出自我控制的能力。

3. 強調關愛與照顧

鼓勵父母以朋友或諮商者的角色，並以了解和幫助子女的態度，傾聽子女的問題，而非教訓子女，或索性自己去替子女解決問題。父母是愛的泉源，出發點是愛，管教是手段，不是目的。

4. 了解子女的行為

這些策略都教父母學著去發覺造成子女行為的原因，而且了解成長和發展的原則，因為在不同的發展階段，有不同的問題，孩子的需要也隨之改變。

每一種策略均有其偏重，有些是治療性的，也就是已經發現有問題，把問題當成病症來治療或矯正；有些策略是屬於預防性的，重點在預防或解決親子間的衝突。父母學習這些策略，重要的是把握其精神，運用自己的思考。技巧或策略的學習只是「輔助」父母將自己的理念，有效的傳達給子女，它們不是萬靈丹。

## 5.4-2　行為改變技術

行為改變技術是滙集不同的學習理論所得到的原理原則，其中最受古典制約論與操作性制約論導向兩大主流的影響，前者最有名的是巴夫洛夫（Pavlov）的實驗，他發現一個本來不能引起反應的中性刺激（制約刺激），與能引起反應的刺激（非制約刺激），多次配對出現之後，中性刺激也能單獨引起反應（搖鈴餵狗，狗流口水；而後搖鈴不餵狗，狗仍流口水）。後經多人的實驗研究，成為行為改變之重要原理。

　　而操作性制約論導向的行為改變技術則是根據史金納(Skinner)的理論而來，他將行為分為反應行為（respondent behavior）和操作行為（operant behavior）。前者是由刺激引發的，如看到食物就流口水；後者則是個體為了滿足其生理或心理需求，而採取一連串的行為，這些行為是受了後果的增強而建立的。如能控制環境因素，即可預測某一行為出現的可能性。因此可以操作增強物來影響並改變行為。

　　行為改變技術的書國內有譯本（註3、註4、註5）也有論文以之為題（註6），可供參考，在此只作最簡要的說明。

　　行為改變技術有幾個基本原理：

　　1.每個人的行為都受到其行為所帶來的後果（Consequence）的影響，所有的行為都是學來的。

　　2.後果對行為有增強作用。愉快的後果使行為得到增強作用，不愉快的後果則對行為有消弱作用。

　　所謂的增強作用（reinforcement），是說孩子表現某一行為之後，若得到報酬或其他愉快的經驗，他就會繼續表現這個行為，而且有增加的趨勢。而消弱作用（extinction），是指孩子做了某一行為之後，得不到報酬，反而受到忽視或其他不愉快之經驗，此一行為就會減少或不再做了。

　　3.行為通常有前因與後果，前因就是外來的刺激，例如孩子跟父母上街，看到店裏的玩具，這個刺激就產生行為，他就會吵著要父母買給他，如果他一試得逞，就是吵的行為被增強了，下次他很可能會重施故技；如果吵的行為未能如願，父母根本不理他，甚至懲罰他，這種後果就會使行為消弱。

　　4.當我們想培養孩子去做某種行為時，可以在他的行為之後安排

一種增強物，使那種行為或習慣容易建立起來。

5.行為的後果若不當，教養子女時會收到反效果。父母往往不經意的增強子女的不好的行為，或者疏忽子女的良好表現，而使好行為受到消弱。例如，父母常認為好行為是本分，就像身體好時就不注意保養，生了病才呵護備至，因此覺得不受父母重視的孩子就以行為問題來引父母的關心。

6.增強最好是立即的，也就是說，期望的行為發生之後，立即予以增強，必須延遲時，在增強時要提醒他當時的行為。增強物是要孩子珍惜且喜歡的。

7.複雜的行為可分為幾個步驟來養成:

(1)行為塑造法(shaping)：將一項行為細分為許多細小的動作，逐步增強，以達成行為的終點。

(2)刺激的逐步褪除（fading）：為協助孩子某項行為的發生，父母可用一些引發的刺激，然後漸漸減少，最後由孩子自己完成整個行為反應。

事實上，大部分父母每天都在運用增強原理，教養子女，以培養其好的行為，並糾正不好的行為，只是增強的方式往往不見得正確，得到反效果。要改變行為，若只看行為本身，而不明其前因後果，通常很難根本解決那個行為問題。這種增強方法也常被孩子用在父母身上，父母好言相勸，子女不聽，就消弱了父母的苦口婆心，相反的父母若以打罵方式，子女服從了，往往增強了父母的「棒下出孝子」的觀念。

### 5.4-3　民主的兒童訓練策略

椎可思（Rudolph Driekurs）在一九五〇年出版了一本「為人

● 表 5-2 不適應行為的目的

| 孩子錯誤的信念 | 孩子的目的 | 父母的感受與反應 | 孩子對父母之糾正意圖的反應 | 父母可選擇的反應 |
|---|---|---|---|---|
| 只有我受到注意或受人服侍時,我才有歸屬感。 | 引起注意。 | 感受:厭煩反應:傾向於提醒、哄騙。 | 暫時中止不適應行為。隨後故態復萌,或表現其他干擾行為。 | 儘可能漠視它。注意那些孩子不在意的正向行為。避免過度代勞。瞭解提醒、處罰、獎賞、哄騙與代勞都是過度的注意。 |
| 只有我在處於控制、主管的地位或我證明沒有人可以管我的情況下,我才有歸屬感。 | 爭取權力。 | 感受:生氣;激怒;覺得好像自己的權威遭到威脅。反應:傾向於與孩子爭執或投降。 | 主動或被動攻擊。不適應行為加強,或者表現「反叛式的順從」。 | 從衝突情況中退出,向孩子說明他的協助與合作,以幫助孩子知道如何有效地運用權力。瞭解爭執或屈服只會提高孩子對權力的渴求。 |
| 當我覺得受到傷害時,只有反擊,我才有歸屬感。我不可能被人愛。 | 報復洩憤。 | 感受:深深地受到傷害。反應:傾向於報復。 | 加強不適應行為或選擇其他「武器」,以尋求更進一步的報復。 | 避免有受到傷害的感受。避免處罰或報復。建立信任的關係;讓孩子明白她或他是父母深愛的寶貝。 |
| 只有在說服別人相信我一無所能,我才有歸屬感。我是無能的,我也是無助的。 | 表現無能為力,自暴自棄。 | 感受:絕望、無助、放棄。反應:傾向於認同孩子是一無所能的。 | 被動的反應,或無反應。沒有任何進步。 | 停止所有的評語。鼓勵任何一個正向的努力,即使只是小小的努力;注重他的優點,千萬不要可憐他,也不要放棄。 |

### ●表 5-3　正向行爲的目的

| 孩子的信念 | 目　　　　的 | 行　　　　爲 | 如何鼓勵正向行爲 |
|---|---|---|---|
| 靠貢獻一己之力，我將有所歸屬。 | 關注<br>參與<br>貢獻 | 協助行爲，志願效勞。 | 讓孩子知道他有那些貢獻以及你如何感激。 |
| 我能够決定自己的行爲，並爲之負責。 | 權力、自主權，爲自己的行爲負責。 | 自我訓練。自己事，自己做。富於創造性。 | 鼓勵孩子所做的決定。讓孩子自己體驗正向與負向的行爲結果。表達對孩子的信心。 |
| 我願意合作。 | 公平<br>公正 | 以德報怨，漠視自己的評語。 | 讓孩子明白你對他的合作興趣之欣賞。 |
| 我能够退出衝突情境。 | 退出衝突情境。<br>拒絕爭執。<br>接納他人的意見。 | 漠視別人的挑釁。<br>從權力競爭中退出。<br>決定自己的行爲。 | 指出他更成熟的努力與進步。 |

父母的挑戰」（The challenge of parenthood）（註7），並於一九六三年與同事共同出版「鼓勵孩子學習」（Encouraging children to learn）（註8），提出做父母的一套策略。主要原則有以下六項：

　　1.行爲都是有原因或目的的，不是無由來的（見表5-2和5-3）。

**●表 5-4　讚美與鼓勵的差異**

### 讚　美

| 隱含的特性 | 傳給孩子的訊息 | 可能的結果 |
|---|---|---|
| 1.注重外在控制。 | 「只有當你達到我期望的表現，你才是有價值的。」「你不能也不應該被信任。」 | 孩子從順從的能力中學習評量自己的價值；或孩子反叛。（視各種型式的合作為讓步。） |
| 2.注重外在評量。 | 「為了成為有價值的人，你必須取悅我。」「討好，否則只有走投無路。」 | 孩子以他能取悅別人的程度評量自我價值。孩子變得害怕別人不贊成他。 |
| 3.只有在做得好或有成果之下，才受到獎賞。 | 「為了成為有價值的人，你必須達到我的標準。」 | 孩子發展出一些不合實際的標準，並以自己距離完美境界的遠近來評估自我價值。孩子變成懼怕失敗。 |
| 4.注意自我評量與個人所得。 | 「你是最好的，因此你必須保持領先才有價值。」 | 孩子變成競爭性太強，以犧牲別人來獲得優勢；只有站在頂端才覺得有價值。 |

## 鼓　　　勵

| 隱 含 的 特 性 | 傳給孩子的訊息 | 可　能　的　結　果 |
|---|---|---|
| 注重孩子有效地處理生活事務的能力。 | 「我相信你能够負起責任並且獨立自主。」 | 孩子得到接納不完美的勇氣以及嘗試錯誤的意願。同時也充滿自信，願意為自己的行為負責。 |
| 注重內在評量。 | 「你自己的感受與你自己的努力才是最重要的。」 | 孩子學會評量自己的進步情況，並且能够替自己做決定。 |
| 指出他的努力與進步。 | 「你不必達到完美境界。努力與進步才是重要的。」 | 孩子學會接納自己或別人的努力，並培養出工作的恒心。 |
| 注重天賦的能力、貢獻與感恩。 | 「你的貢獻使我們做得更好，很感謝你所做的一切。」 | 孩子學會運用天賦才能與後天努力的結果，獻給大家而不祇是據為己有。並對自己的成功與別人的成功都感到高興。 |

2.必須從社會環境中去了解行為。

3.由不良行為的目的，可以說明其行動。

5.欲了解孩子的行為，大人必須了解他對那事件的解釋。

5.歸屬於某個社會團體是每一個人的基本需要。

6.每個人都有一個人生計畫，以引導其行為，卽使這個計畫的決

定是基於錯誤的假設。

　　有關椎可思的訓練策略，我國也有譯本 (註9)，若有興趣，可作較詳細的研讀，在此引用的表卽引用自譯本。

　　椎可思認為在一個民主的社會，孩子也有民主的意識，不再願意盲目的任憑父母管教，獎勵和懲罰這種地位不平等的策略也不太管用了，往往造成孩子為了獎賞而去做一件事，或為了怕被懲罰而不敢做某事，不見得學會為自己的行為負責（參考表 5-4）。

　　民主式的管教方法根基於「平等」的原則與相互的「尊重」，每個人都有他的價值與尊嚴，卽使是孩子，也必須得到應有的尊重，並在社會限制下，有自我抉擇的權利。民主的父母要能包容孩子的各種選擇。

　　椎可思主張教導孩子邏輯的因果關係，也就是利用自然的獎懲。你做了一件事，就會產生一個結果，這結果就是那件事的代價，例如，你去摸熱的爐子，就會燙到手，因此痛就是摸熱爐子的自然結果，如果一個孩子被熱爐子燙痛過，以後就會對熱爐子特別小心。「一朝被蛇咬，十年怕草繩」就是這個道理。

　　自然因果有時太危險，不宜嘗試，或時間相隔太久，效果不顯，必須以其他的經驗替代，孩子通常能舉一反三。這種替代方法的基本原則就是，內在的刺激比外在的壓力更易產生所要求的行為，例如以合理的行為後果代替處罰，表示對孩子的接納與信任 （參見表 5-5）。

## 5.4-4　人道的策略

　　吉諾特（Haim　Ginott）的書「父母與子女之間」（Between parent　and　child）(註10)闡明父母與子女之間的溝通非常重要，他

●表 5-5　處罰與合理的行爲後果之主要差異

| 處 | 罰 | |
|---|---|---|
| 特　　　　　點 | 傳 給 孩 子 的 潛 在 訊 息 | 可 能 的 後 果 |
| 1.強調個人權威的力量。 | 「照我的話去做，因爲這是我所說的話。」 | 反叛。<br>謀求報復。<br>缺乏自我約束力。<br>唯唯諾諾。<br>缺乏責任感。 |
| 2.很少與行動有關。<br>武斷獨裁。 | 「我做給你看！」<br>「你應該得到你想要的！」 | 怨恨的心態。<br>謀求報復。<br>害怕。<br>迷惑。<br>反叛。 |
| 3.意含道德判斷。 | 「你眞是差勁！」<br>「你不够格！」 | 受到傷害的感受。<br>罪惡感。<br>謀求報復。 |
| 4.強調過去的表現。 | 「你永遠學不會！」<br>「我簡直無法指望你！」 | 感到不被接納。<br>感到自己無法做任何好的決定。 |
| 5.感受一些外在或內在的不尊重、暴力威脅或失去愛的壓力。 | 「你最好中規中矩！」<br>「沒有一個孩子會像你那樣做！」 | 害怕。<br>反叛。<br>罪惡感。<br>謀求報復。 |
| 6.要求百依百順。 | 「你的喜好並不重要！」<br>「你不可能做下聰明的決定！」 | 反叛。<br>反抗式的順從。 |

## 合理的行爲後果

| 特　　　點 | 傳給孩子的潛在訊息 | 可　能　的　後　果 |
|---|---|---|
| 1.強調社會規矩的現實狀況。 | 「我相信你能够學會尊重別人的權利。」 | 合作。<br>自尊尊人。<br>自我約束。<br>可信賴的。 |
| 2.與違規行爲之間具有合理的關聯。講道理的。 | 「我相信你能够做一個願意負責的決定。」 | 從經驗中學習。 |
| 3.將別人視爲有尊嚴的人。將行爲與行爲者分開。 | 「你是一個有價值的人。」 | 感覺自己是完完全全被接納的，即使所做的事不被接納。 |
| 4.關心現在及未來的表現。 | 「你能够爲自己決定一切。」 | 自我評估、自我引導。 |
| 5.交談中，傳達了尊重與美善的意念。 | 「我不喜歡你所做的事，但是我仍舊愛你。」 | 對父母的愛與支持深具安全感。 |
| 6.提供選擇。 | 「你能够自行決定。」 | 自負責任的決定。增加機智。 |

認爲子女之所以有問題行爲；不是因爲父母的態度或人格有問題，而是因爲父母缺乏經驗及知識，因此他建議父母要懂得傾聽，並得到子女的注意，以避免衝突。吉諾特提醒父母要試著了解子女溝通時的「隱藏意思」（hidden meanings），也就是言外之意，同時也要讓孩子知道父母的感受。

吉諾特的人道策略重點如下：

1.與子女溝通的基礎是建立在尊重和技巧上。父母不要攻擊或批評孩子的人格，而是針對其行爲。管教要對事不對人，這也等於在教孩子以適當的方法表達情緒。

2.讚美和獎賞不宜過度。讚賞孩子時，要針對其行爲，而不是人格。例如說他一件事做得好，不是他實在了不起。

3.在對付衝突和壓力時，吉諾特建議：

(1)有些孩子的行爲會惹大人生氣。

(2)大人有權生氣，而不必有罪惡感或羞愧感。

(3)大人應表達其感受，但不攻擊孩子的人格。

4.威脅是在向孩子挑戰，使他重覆不好的行爲；賄賂則是懷疑孩子改變的能力；譏諷使孩子覺得自己差勁，因此拒絕聽，這些都是親子互動時應避免的。

5.若父母跟子女溝通時能蹲下或坐下，使孩子不覺得父母高高在上，有壓迫感，溝通的效果會更好。

6.孩子可以學著爲自己的行爲負責任，讓他有選擇的機會，例如問他：「你今天要穿藍裙或是紅裙？」而非問他：「你今天要穿什麼？」

7.以孩子能理解的合理限制管教子女，不是光告訴他什麼不可以做，也要告訴他什麼可以做。

8.體罰比口語溝通的效果差，而且有傷害性，體罰時孩子不一定知道問題在那裏，只是看到父母在洩怒。

『爸，能不能給我兩毛五分錢？如果不能的話，請把理由告訴我。』

吉諾特的觀點廣爲大衆所接受，他的書也是一九六五年的暢銷書，對當時的父母影響很大。他最爲人常引用的名言卽是：

在批評中長大的孩子，學會譴責；

在敵對中長大的孩子，常懷敵意；

在嘲笑中長大的孩子，畏首畏尾；

在羞辱中長大的孩子，總覺有罪；

在忍耐中長大的孩子，富有耐心；

在鼓勵中長大的孩子，滿懷信心；

在讚美中長大的孩子，懂得感激；

　　　　在正直中長大的孩子，有正義感；

　　　　在安全中長大的孩子，有信賴感；

　　　　在讚許中長大的孩子，懂得自愛；

　　　　在接納和友誼中長大的孩子，尋得了世界的愛。

有關吉諾特的書有幾種中文譯本 (註11、註12、註13)。

### 5.4-5　父母效能訓練

　　高頓（Thomas Gordon）的「父母效能訓練」（Parent Effectiveness Training）(註14) 是根據他為了教父母如何有效的教養子女而提供的訓練課程而寫出來的。他的方法是針對父母的溝通技巧和解決親子間的衝突的方法，在美國形成熱潮。

　　父母效能訓練（P. E. T.）的技巧有二核心，一是主動的傾聽（active Listening），可以幫助父母成為子女的好聽眾，而更了解孩子；另一是共同參與的解決問題（no-lose problem solving），可以減少家庭中的衝突，而協助問題的解決。

　　高頓認為很多時候，父母覺得孩子的行為有問題，但是孩子却不認為自己有問題，在這種情況下，父母應使用「我」的訊息（I-message）讓孩子知道父母的感受。

　　高頓的基本方法和吉諾特的方法很相近，都主張與子女談話，但是高頓的策略比較特別的是承認孩子的行為對父母的行為有影響，而且教孩子如何認清父母的權利和需要，更重要的，他提供給父母一些方法，能以一種更平等的方式對待孩子，而不過度使用權力而傷了孩子的自我概念。在孩子的安全沒有問題時，這些方法相當管用。一般受過 P. E. T. 課程的父母都認為得到很大的幫助。

　　高頓認為當父母和子女之間有衝突時，完全順從任何一方都不是

圓滿的解決方法，為了要雙方互相了解對方的需要，以便妥協，高頓列舉六個步驟：

1. 認清並說明衝突。
2. 找出可供選擇的解決方法。
3. 評價這些解決方法。
4. 決定對雙方都最好的方法。
5. 實施此方法。
6. 評價此方法的結果。

讓孩子也參與作決定的過程，他會更願意合作，也增加他解決問題的判斷能力，對親子雙方的心理都不會有傷害，也可以使父母少使用權力，同時鼓勵孩子自主的行為。

在 P. E. T. 訓練課程推出的最初八年裏，只有訓練班而沒有課本，因為高頓認為如果父母只買書而不參加訓練班，效果必不佳，不料書出版後，一時洛陽紙貴，很多父母仍從書中獲益良多。父母效能訓練有中譯本 (註15、註16)。

### 5.4-6　溝通分析

溝通分析 (Transactional Analysis, 或譯交流分析) 是一種心理治療的理論，起初是由精神病醫師柏恩 (Eric Berne) 提出 (註17) (註18)，起初是用來了解人際關係的。一直到最近幾年才被用來改善親子關係。原來的理論中有許多專有名詞，必須仔細的研讀，才能了解內容，但後來黑理斯 (Thomas Harris) 以其觀念出版了「人際溝通分析」(I'm OK,—you're OK. 1969) 等書，讓一般人能了解並運用 (註19)。

溝通分析 ( T. A.) 的理論提供一套方法，讓人們分析自己與他人的交互作用，以改善溝通。根據 TA 理論，人有三個人格的自我狀

態，人格狀態是辨別眞假、處理訊息的依據，而且會一再重現。同時，人格狀態憑著直覺決定行爲、價值觀、和感情的鑑別和訊息的收集，「成人」（adult）、「兒童」（child）、「父母」（parent）是TA 理論中三種主要的人格狀態。

一個人可以在任何時候，分別表現出這三種人格狀態，可以根據所觀察到和聽到的行爲特質來判斷是何種人格狀態。三種狀態是分開的（如圖 5-1），可以不同的行爲，如表情、動作、聲音、和其他的表達來辨別。

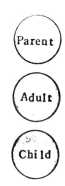

●圖 5-1　人格的三種自我狀態

兒童狀態記錄著人類的生物需求和基本的情感，使一個人產生對自己的認識，這些自我認識來自實際生活經驗，它也記錄了人的生活中，尤其是嬰兒期的所有顯著的情感事件，它是不加修飾、自發性的，在意的只是內在的需要和渴望，也包括一個人在快樂或痛苦的情境中的反應。

當成人狀態受挫時，兒童狀態會迅速出現，而表現出無知與幼稚，如果挫折太大，會使這種無知幼稚的表現以輕視、驚嚇、生氣、或悲傷的方式表露出來。

　　成人狀態的主要作用是將刺激轉變成訊息，然後根據過去的經驗，分析後歸入檔案，它就如一部分析資料的電腦，處理三種狀態的資料，而後得到結論。成人狀態在早期較脆弱而短暫，很容易被「父母」的要求，或「兒童」的恐懼遮蓋，但是大多數人在成熟過程中，雖然受阻，他的「成人」仍會繼續發展，而且愈來愈有效率。

　　父母狀態記錄一個人從父母那兒聽來，或在生活中看到的一切教訓、規矩和法則，告訴他何事該做，何事不該做，以及禮節、傳統、價值等。「父母」的記錄可以教導一個人爲人處世的社會規範，由於是來自父母的，不合適的部分可以批評和控制，有益的部分則保留。

　　TA 將刺激的需要具體化，稱爲「輕撫」（stroke），透過輕撫在施與受的交互作用，使孩子認識自己，也了解其他的人。而一個人對自己和對他人的感覺，稱爲生活的基本態度，在人際溝通中有四種基本態度：

　　1.我好——你也好：最健康的生活態度。

　　2.我不好——你好：沮喪的生活態度。

　　3.我好——你不好：挑剔的生活態度。

　　4.我不好——你也不好：破碎的生活態度。

　　交流則是二個人輕撫的交換，每個交流都包含刺激和反應。當一個人和別人溝通時，他使用不同的人格狀態，不同狀態的運用會產生不同的結果，交流方式有三種基本的規則：

　　1.互補交流（*complementary transaction*）

　　即刺激和反應在 P-A-C 圖中成平行線時，交流會繼續下去。互補交流可以是任一狀態之間的溝通，例如：P-P 交流（批評別人）、A-A 交流（解決問題）、C-C 交流（遊戲）、或 P-C 交流（教訓）等等，如圖 5-2。

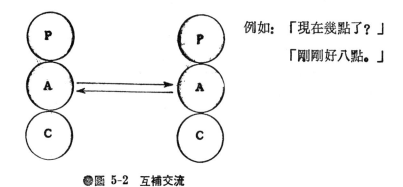

例如：「現在幾點了？」

「剛剛好八點。」

●圖 5-2　互補交流

## 2.交叉交流 (crossed transaction)

即刺激和反應在 P-A-C 圖中成交叉線時，溝通中會引起爭吵，如圖 5-3。

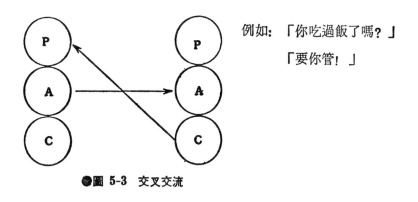

例如：「你吃過飯了嗎？」

「要你管！」

●圖 5-3　交叉交流

## 3.雙重交流

表面上呈現某一種交流，却又隱含另一種訊息，目的是要誘對方表露對隱藏訊息的反應。如圖 5-4。

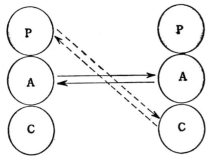

例如： 「你去買米了嗎?」
　　　 「沒有啊!」
隱義： 「你總是該做不做!」
　　　 「爲什麼老是差遣
　　　　我!」

●圖 5-4 雙重交流

　　交流分析的理論運用在親子關係中，可以改善溝通，最有效的溝通是平行溝通，如果父母多站在「成人」狀態，孩子就逐漸培養出明理的生活態度；如果父母老是以權威的「父母」狀態，迫使孩子停留在「兒童狀態」，會延遲了孩子成熟的時機。

　　華魯士（Wahlroos）更運用 TA 的原理，出版了「家庭溝通」（Family communication: A guide to emotional health, 鄭慧玲譯，1981）(註20)，他認爲溝通是改進家人關係的秘訣，因此他提出促進家人和諧的二十個原則和十個秘訣。列於表 5-5，供作參考。

●表 5-5 家庭溝通

溝通的原則：

　1.非語言的溝通（行動）往往比語言的溝通更有力。

　2.重要的就强調，不重要的就忽略。

　3.儘可能表達好的而確實的溝通。

　4.溝通時要清楚、具體。

　5.言辭要切實際、合理。

　6.以言語表達來驗證你的每一個假設。

7.承認每件事都可以有多方面的看法。

8.承認家人對你觀察入微。

9.不要使好言的討論變成惡意的爭吵。

10.坦誠面對自己的感受，有意義的問題就提出。

11.不要用不當的溝通技巧，如吵架。

12.溝通造成的效果比本意重要。

13.接受一切感覺並試著去了解。

14.委婉、體貼而有禮的尊重對方及其感受。

15.不要說教或訓話，最好用發問的方式。

16.不要找藉口。

17.不要嘮叨、叫罵、發牢騷。

18.得幽默時且幽默，當嚴肅時要嚴肅。

19.學會傾聽。

20.不要玩惡意的遊戲。

---

溝通的秘訣：

1.自助助人。

2.抉擇的自由。

3.安全感。

4.滿足需要的延宕。

5.評估情緒真實面的能力。

6.深切持久的情緒關係。

7.從經驗中學習。

8.積極熱衷於生活。

9.接受他人。

10.信心。

# 註　釋

註 1　楊國樞（1978）. 現代社會的心理適應。臺北: 水牛。

註 2　Maultsby, H. (1979). Rational rules for making rules. *Interaction,*
　　　*7.* 3-4.

註 3　葉重新譯（1980）. 兒童行為改變技術。臺北: 大洋。

註 4　黃瑞煥等譯（1980）. 行為改變技術，高雄: 復文。

註 5　馬信行（1983）. 行為改變的理論與技術。臺北: 桂冠。

註 6　鄭玉英（1983）. 操作性制約論導向之親職教育與實施方案，師大輔導研
　　　究所碩士論文。

註 7　Driekurs, R. (1950). *The challenge of parenthood. Rev. ed.*
　　　New York: Duell, Sloan, and Pearce.

註 8　Driekurs, R., and Dinkmeyer, D. (1963). Encouraging children
　　　to learn. Englewood Cliffs, N. J.: Prentiss-Hall.

註 9　陳淑惠、王慧姚編譯（1984）. 父母難為？——稱職父母的系統訓練，臺
　　　北: 大洋。

註10　Ginott, H. (1965). *Between parent and child.* New York:
　　　Macmillan.

註11　陳柏達譯（1975）. 兒童教育新法，臺北: 世界文物。

註12　王克難譯（1970），家長與子女，臺北: 開明。

註13　張劍鳴譯（1970）. 父母怎樣跟孩子說話，臺北: 大地。

註14　Gordon, T. (1975). *Parent effectiveness training: The tested*
　　　*way to raise responsible children.* New York: Peter Wyden.

註15　歐申談譯（1980）. 父母效能訓練，臺北: 教育資料文摘。

註16　鄭心雄譯（1980）兩代間的溝通，臺北: 三山。

註17　Berne, E. (1961). *Transactional analysis in psychotherapy,*

New York: Grove Press.

註18　Berne, E. (1964). *Games people play.* New York: Grove Press.

註19　Harris, T. (1969) *I'm OK—You're OK. Rev.* ed. New York: Harper and Row.

註20　鄭慧玲譯 (1981). **家庭溝通**，臺北：獅谷。

# 第2篇

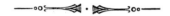

# 各發展階段中之家庭教育

你的孩子並不是你的。

他們是「生命」的子女，產生於生命對它自己的渴慕。

他們經你而生，却不是從你而來，

雖然他們與你同在，却不屬於你。

你可以給他們你的愛，却非你的思想。

因為他們有他們自己的思想。

你可以供他們的身體以安居之所，却不可鋼範他們的靈魂，因為他們的靈魂居住的明日之屋，甚至在你的夢中，你亦無法探訪。

你可以奮力以求與他們相像，但不要設法使他們肖似你，因為生命不能同溯，也不滯戀昨日。

—Kahlil Gibran.
The Prophet.

# 第 六 章

## ●嬰幼兒時期●

　　一個家庭從成立開始，約有二十年的時間，生活的主要重心就是生孩子，養孩子、教孩子。在這段期間，子女經歷的生命中的前五個心理社會發展階段，獲得信任、活潑主動、進取、勤勉、自我認同的基本需要（見第四章）。

　　孩子（尤其是第一個孩子）的發展過程使得家庭經歷了不同的階段，父母在此發展與改變中，面臨許多挑戰，並得到許多經驗，而達到個人的成長與成熟。

　　萬事起頭難，父母既無經驗，又乏準備，難免手忙腳亂，而嬰兒初臨世間，依賴性最強，又是最敏感的階段，父母若過於無知，會對孩子造成很大的傷害，影響往後的教養，也使父母對於本身的親職能力失去信心和興趣。

　　為了避免使孩子成為父母的「試驗品」，甚至「犧牲品」，認識嬰幼兒時期孩子和家庭的發展需要，將是本章的重點，希望在孩子最需要、最依賴父母的時候，父母能滿足他，使他藉著父母的照顧，得到充分的愛與安全感，往後才不會試圖補償而引起許多問題行為。

## 6.1 初為人父母

結婚是人生大事，而從結婚後到有了第一個孩子，更是生命的一個大改變，對夫婦的日常生活及彼此關係，都有很大的影響。原先是兩個人的單純雙向關係，立即轉變成較為複雜的各種交互作用的關係（如圖 6-1）。

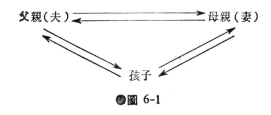

●圖 6-1

這種轉變帶來很多挑戰，若毫無準備，可能會成為相當不愉快的經驗，尤其第一個孩子的誕生，對尚無育兒經驗的父母來說，會佔據很多的時間和精力，從布置一張嬰兒床、到餵嬰兒、替嬰兒洗澡，步步都須費心去學習，更須改變大人原先的生活步調，以配合嬰兒的作息。

在從前的社會裏，孩子的誕生是家庭，甚至是家族裏的大事，因此一個人自幼在家中就目睹家人或族人如何預備，迎接一個新的生命。小嬰兒生下來後，他的父母以代代相傳的觀念和方法養育他，旁人也就自然然的觀察到一個按一個的孩了的成長過程。所以一個人自幼就從家人或族人那兒，學習為人父母的知識、態度、與技能，雖然這些知識、態度、技能不一定完全正確，但至少使他有點概念，在自己尚無經驗之前，暫時可以派上用場。

　　但是我們看看這一代，甚至下一代的年輕人，大部分是生長在小家庭，又爲了配合家庭計畫，家庭中孩子人數少，他也不太有機會觀察，長大後有不少時間待在學校，他的知識泰半來自書本和電影、電視等等也不一定正確的資源，是相當抽象的，所以很多人在初爲人父母之前，幾乎是無知的，只好從嘗試錯誤中學習，對幼兒來說，襁褓期過了不會再來，也只好將錯就錯了；而對父母來說，人口政策也不鼓勵「一試再試」，學到的經驗不一定有機會在下一個孩子身上修正。因此現代人更迫切需要一些親職的「職前教育」。

　　尚無子女的夫婦通常對嬰兒有一份遐想，以爲嬰兒只需吃飽、睡飽，就會像圖片上的嬰兒那麼可愛、好玩。爲人父母後才猛然發現，育嬰原來是一分沒完沒了的責任，是不分寒暑，不分晝夜的現實，既沒有休假，也不能辭職。以致現今有不少夫婦在孩子生下來後，不能面對育嬰工作的挑戰，寧可將孩子交給別人去養育。

　　李馬斯特（Le Master, 1957）(註1) 針對四十六對中產家庭的夫婦做過一個調查，有83％承認他們在初爲人父母時，面臨一些生活上的危機，母親們的困難在於：睡眠不足、擔心容貌改變、達不到理家的標準、容易疲倦、與外界接觸減少，以及不能去上班賺錢。父親們的反應也差不多，尤其反應太太對性生活的興趣較冷淡。

　　代耳（Dyer, 1963）(註2) 認爲這些危機的嚴重性並不是那麼絕對，要根據當時的情況，例如：(1)孩子誕生時婚姻和家庭結構的情況（是否三代同堂？是否已婚？）(2)夫妻對於婚姻和親職準備的程度（有沒有機會去上過課或有其他學習管道？）(3)生育後婚姻關係調適的程度（夫妻更親密體貼或焦頭爛額？）(4)其他因素，如結婚時的年齡、生育時結婚的年數、是否爲計畫中的懷孕、孩子是否爲期待中的性別等等。代耳也發現，如果婚姻情況良好，大部分的夫婦在經過幾

個月的手忙腳亂後，都能使生活恢復正常。

悌特司（Titus, 1976）（註3）則以「替嬰兒拍照片」來說明成人對於爲人父母的角色的心情。她的研究報告指出，父母替第一個孩子拍的照片遠比其他的孩子拍的照片多，她認爲這有助於角色轉變的心理調整，表示他們對於「升級」爲父母有一種承諾（commitment），至於以下的孩子，一方面由於新鮮感減低，一方面也沒太多時間，所以拍照的次數就顯著的少了。

在國內，信誼基金會曾經做過一個調查——嬰兒在臺灣婦女的婚姻中有些什麼影響？一方面希望幫助社會大眾對嬰兒與家庭的關係有更多了解，另方面也希望幫助尚未當母親的婦女們，了解母親角色的挑戰，在心理上對孩子誕生後所帶來的衝擊有所準備（註4）。

調查的結果發現：孩子的出生使婚姻加強或更加強的占73.54％，沒有改變的占22.14％，減弱的只占3.57％。而有67.72％的人覺得自己變得更快樂，25.64％的人沒有改變，可見在調查的樣本中，孩子的誕生對家庭與婚姻有積極作用，甚至包括一些非計畫生育者在內。

爲人父母較難適應的主要情況爲：⑴生活型態的改變，⑵身心俱疲，⑶照顧孩子失去自由。而爲人父母意想不到的事情則有：⑴生活的改變，⑵自己的改變，⑶需要較多的時間與精力。此外，在心情方面，覺得責任加重與心滿意足的占66％。

至於孩子出生後所造成的生活改變，根據調查結果，母親休閒的時間減少，比以前少看電視。處理金錢的習慣也有很大的改變，花在自己身上的錢變得更少，花在購買日用品上更多。與朋友交往的情況，孩子出生後，母親與沒有孩子的朋友的交往，明顯下降，而與有孩子的朋友交往維持不變或更頻繁。

大多數太太覺得先生更成熟，而先生經常幫忙的占大多數，太太

也尚滿意。性生活方面，減少的（50.27%）與不變的（45.26%）占大多數，增加者極少。覺得先生變得更有情調的有 18.02%，不變的有62.47%，更沒情調的有16.18%。可見孩子的出生對夫妻關係是有些不良的影響。

這個問卷調查結果與國外類似的調查相當一致，雖然其樣本偏向中產階層，社經地位與教育程度均屬中上的婦女，但仍具參考價值。

## 6.2　產前保養及胎教

### 6.2-1　懷孕期母親的年齡與營養

孕婦的年齡，一般說來，十八歲以下或三十歲以上，比較冒險，比較容易有一些問題，例如：胎兒的體重不足、循環和呼吸困難、腦部受損、身體或心智殘障等等。母親年齡越大，生下蒙古症孩子的機會也越大，四十五歲以上的母親與二十五歲以下的母親之間的比例達五十比一。同時年紀越大的產婦較易流產或生下畸形兒，可能是體內荷爾蒙改變的關係。

孕婦的營養與健康，對胎兒的發育和成長有很大的影響。營養最明顯的就是影響孕婦的體重和胎兒的體重，初生嬰兒若體重不足，常會造成死亡、腦及中樞神經系統受損，導致心智障礙。

孕婦的飲食非常重要，但是並不需要多吃，而是保持一種均衡而適宜的飲食，多吃肉類和豆品、乳品，以增加蛋白質的攝取，因為蛋白質與大腦的發育密切相關。孕婦也應注意勿過食，以免體重增加太快太多。

### 6.2-2 藥物與化學物質

懷孕期間服用藥物一定要先經過醫師的指示，以免影響胎兒在腹中的發育，生出畸形兒。最著名而轟動一時的是「沙利竇邁度」(thalidomide)事件。沙利竇邁度是一種安眠、鎮靜藥物，曾有一度給孕婦服用，以遏止嘔吐，結果造成許多胎兒沒有四肢或四肢畸形、器官移位或器官喪失功能，典型的沙利竇邁度兒畸形像海豹，四肢（尤其是上肢）都縮小得如海豹身上的鰭。

此外，甲狀腺的藥物會引起先天性的甲狀腺腫；迷幻藥和大麻煙可能會引起生產缺陷；抗生素會影響胎兒的牙齒和骨骼的發育；在懷孕末期如果服用太多阿斯匹靈，會造成嬰兒血液凝結的困難；懷孕早期如果服用避孕藥會造成嬰兒的心臟、生殖系統、肛門、以及中樞神經系統的缺陷等等，這些只是一小部分的發現，尤其在懷孕的前三個月，各種器官分化發育最旺盛，也最易受傷害，孕婦若不知已有孕，或有意打胎而不成功，對胎兒的傷害是可想而知的。

孕婦酗酒的問題也引起研究者的興趣，每日飲酒超過兩盎司的孕婦較易有胎兒酒精中毒的症狀，包括心臟畸形、嚴重的成長障礙、五官畸形、輕微的心智障礙。

香煙裏的尼古丁也引起許多關切，對孕婦來說，如果每天至少抽一包香煙，容易早產，造成體重不足的嬰兒，香煙中的成分使胎兒心跳加速，血壓增高，使他在子宮內的活動量增加，而且由於抽煙的母親食慾降低，胎兒可能會營養不良。

### 6.2-3 分娩

雖然許多人仍認為生產是產婦和醫生的事，但是近年來有個趨

勢，就是鼓勵家人，尤其是先生，在太太生產過程中擔任更積極的角色。

產前檢查很重要，可以使產婦對胎兒的情況及生產過程，有些心理準備，減少生產過程的危險。例如，孕婦的用力不當，生產時間拉長，胎兒卡在產道的時間久，出意外的機會就增加了。此外如胎位不正，胎兒橫在母親肚子裏，或是脚先出來而頭下不來，或是胎兒太大，擠在產道中等等，都可能造成難產。

很多產科醫師為了減輕產婦生產過程中的痛苦，施以麻醉藥物，但是若要不感覺痛，止痛藥或麻醉藥的分量需很多，這些藥物絕大部分會通過胎盤，對胎兒產生影響，更嚴重的是使母親的血壓下降，血液中携帶的氧分於是減少，胎兒缺氧的機會增加。而且，與陣痛有關的肌肉，會因藥性而拖長了生產時間，更增加胎兒缺氧或發生其他意外的機會。

此外，產科醫師不贊成無痛分娩的理由還有：(1)麻醉劑使產婦較無參與感，(2)生產變成是醫生和醫院的事，而非家庭的事，(3)產婦及嬰兒復原的情形較慢。

一般用來減輕產婦的疼痛的藥物包括：

1.麻醉劑（analgesics）：減輕疼痛及帶入半昏迷狀態（twilight sleep）。

2.健忘劑（amnetics）：與麻醉劑合用以帶入半昏迷狀態，並壓抑記憶的形成。

3.鎮定劑（sedatives）：造成鎮靜效果。

4.鎮靜劑（tranquilizers）：比鎮定劑更強更緩和。

所有的藥物對產婦及胎兒都有影響，使呼吸、心跳、血壓、腎功能都慢下來，因此使用要非常小心。

　許多研究發現，如果母親對生產過程充分了解，並在先生的幫助下，以特殊的呼吸及肌肉鬆弛法，可以將陣痛的痛苦減到最低程度。盡量少用麻醉藥物，而使產婦在分娩時保持清醒，同時也能使父母對胎兒有更親近的感覺，而且讓父親也參與。

　最普遍的是拉梅玆生產法（La　Maze, 1958）（註5），這種技巧起源於蘇俄，根據著名的心理學家巴夫洛夫（Pavlov）的古典制約原理。傳統上，人們認為生產是很痛苦的，因此心裏很恐懼，疼痛時自然會肌肉緊張，而生產時，肌肉緊張會使生產更困難。拉梅玆是一位法國醫生，他去蘇俄時，看到這種訓練產婦在陣痛時肌肉放鬆，並以特殊的呼吸法分散產婦對陣痛的注意力的方法，就將它介紹到西方世界。

　拉梅玆生產法有幾個好處：

　1.可以少用麻醉藥物，對產婦及嬰兒健康大有助益，復原快，併發症少。

　2.使夫婦共同經歷生產過程，更具家庭的意義，先生幫助太太控制呼吸，並能鼓勵、支持產婦。

　3.使夫婦在產前有充分的心理準備，而不畏懼生產。

　在美國，有些醫院則把產房佈置得有「家」的味道，而不是像傳統的「病房」。在產婦的房間裏有床、壁飾、窗簾、盆景等等，也歡迎親友來訪，當然房內也有醫療設備，以防萬一。更有醫院採用rooming-in 的措施，即產後由母親親自照顧嬰兒，寶寶就睡在靠近母親的嬰兒床裏，為的是使生產更像是一個家庭的事。

　總之，親情並不是從孩子生下來以後才開始的，而是從懷胎時就開始。孕婦保持均衡的飲食，使胎兒得到充分的營養，奠下良好的健康基礎。夫婦一同做產前的準備，可以減少生產時的恐懼和痛苦經

驗，共同迎接寶寶的誕生，也盡可能親自照料初生的嬰兒，以增加爲人父母的自信。

## 6.3　嬰幼兒期的發展

### 6.3-1　嬰幼兒期的重要性

關於嬰幼兒期，有兩種主要的觀點，一是弗洛依德的心理分析學說，認爲早期的經驗可以決定日後的發展；一是發展學說，認爲嬰兒是可以調適的個體，能夠產生行爲並對環境的刺激有所反應，早期經驗固然重要，但不是決定性的。

從心理分析說的觀點來看，人格在嬰幼兒時期卽已形成，日後很難改變，因此有些研究就根據這種學說去探討「最好的」育嬰或育兒方法，盡可能去滿足嬰幼兒各方面的不同需要，唯恐錯過了嬰幼兒的需要，會造成孩子無法彌補的心理障礙。例如許多專家紛紛討論由母親哺乳及餵牛乳的利弊、大小便的訓練、是否允許寶寶吸吮手指等等問題。

而從發展學說的觀點來說，嬰幼兒並不完全受環境控制，他有自主的能力，不好的事情若非一再發生，不會對他造成終生的影響。例如，孩子被大狗嚇了一跳，以後父母一見到大狗，就緊張的警告他，才會使他害怕大狗。嬰幼兒並非毫無選擇的吸收四周的經驗，他本身也是經驗的製造者，他的行爲也影響父母對他的反應，從互動中他學會控制父母的行爲。例如，他肚子餓了，他知道哭聲會引起大人注意，就會來餵他吃東西；而身體不舒服時，他會以另一種哭聲來指示大人；他也知道大人喜歡逗他玩，發出咕嚕聲時，大人也會興奮的跟

他說個不停。

　　有些兒童發展學家研究兒童的先天氣質，從行爲科學的立場，對一羣嬰幼兒做長期的追踪觀察研究後，他們發現：嬰幼兒的人格發展，固然與其生理和智能有關，但也受他本身的氣質與環境交互作用的影響，他們並證實，氣質是一種天生的行爲方式，是與生俱來的個別差異（徐澄清，1985）（註6）（註7）。氣質不同的孩子需要不同的照顧，因此父母應針對孩子個別的氣質而施以教養。

　　評估氣質的九個項目是：

　1.活動量

　2.規律性

　3.趨避性（對新事物的接受或退縮的態度）

　4.適應度

　5.反應強度

　6.反應閾（引起某種反應所需的刺激量）

　7.情緒本質（一天淸醒時間中所表現之快樂、友善、和悅、與不快樂、不友善、不和悅之間的比例）

　8.注意力分散度

　9.堅持度（克服外來的阻礙而持續做某事）。

　　如果父母用心觀察，從孩子出生時，就會顯露出其特殊的氣質，也就是他的行爲方式。了解他，才能接納他；接納他，才能欣賞他；而欣賞孩子的特質則是管教成功的第一步。

### 6.3-2　嬰幼兒的發展任務

　　以艾立克森的發展階段劃分，從出生到一歲半是嬰幼兒期，這個階段的發展改變很大，例如，體重和身高的增加、生理結構和功能的

改變、身體比例的改變、體能技巧的發展（說話、走路）。在心理方面，要學習信任人，也要學習稍微獨立。

每個孩子發育的過程都是循序漸進的，每個人都須經過相同的成長階段，但是各人的速率不同。嬰幼兒時期的發展大致如下：

1.新生兒：由出生到第七天，嬰兒有反射動作，由腦幹控制，如吸吮、排泄。

2.一星期到兩個月：趴着的時候會把頭抬起來；眼睛會注視移動物體和明顯輪廓；哭得較少；會發出呀呀聲。

3.兩個月到三個月：躺在床上時會高舉四肢；會試着抓東西，但眼手協調的能力尚未發育，所以抓不到；有好奇心；對人的面貌和聲音有反應，可說是開始有社會行為。

4.三個月到七個月：笑得更多；可由旁人扶着坐起，而漸漸學會單獨坐。

5.七個月到一歲：會爬；會支靠着其他物體而站起；可被牽着手走路；怕生；會重覆說單字；了解的事物比他言語所能表達的多。

6.一歲到一歲半：拿小東西時，能用大拇指和其他指頭配合；會爬樓梯；會自己站立、走路；會反應別人的簡單要求。

嬰兒期的發育主要是靠內在的自然成熟，當然，先天的遺傳與後天的營養，會影響發育的時間。發育的快慢與智力沒有很大的關係，父母不必在孩子成熟度尚不夠時，心急地加以訓練，以免因太多挫折而造成反效果。

### 6.3-3　育嬰時期家庭的發展任務

根據杜弗（Duvall, 1977）（註8）的家庭發展階段，育嬰時期的家庭的發展任務有：

### 1.調整居住的安排，以配合嬰兒的生活

以前的家庭比較不注重特別為嬰兒準備家具，如今由於生活水準提高，一些家庭即使沒有嬰幼兒的房間，也會盡量佈置一張嬰兒床。孩子稍大後，開始好動，家中的安全設施就很重要了，既要讓孩子能活動，又要讓他不受傷，同時家中也需要有一些可以讓孩子玩要的設備，以促進孩子各方面的發育。

### 2.支付家庭的生活費用

大部分家庭在有第一個孩子時，經濟都不太寬裕，可能事業剛剛起步，如果太太也上班的話，還得把孩子交給保母，也是一筆不小的開銷，此外還有奶粉、營養品、尿片、衣物、玩具、醫藥保健等等費用。對一個新家庭而言，除了嬰幼兒的開銷，可能還有房子和其他的分期付款，甚至有人為了婚禮的排場，借的債此時尚未償清，就更捉襟見肘了。因此維持收支的平衡是此時期的家庭很重要的任務，許多年輕夫妻學會量入為出，家具和用品不必買昂貴的，以實用為主，等孩子長大些，差不多可以換新的，家庭的經濟能力也較好了，才買好一點的。

### 3.修改夫妻雙方的責任和義務

有些家庭本來妻子全心料理家務，服侍先生，有了孩子後，必須花很多時間精力去照顧孩子，先生就必須調整自己的習慣，分擔一些家務，才能維持家庭和諧。有的妻子將大部分的注意力都轉移到嬰幼兒身上，先生覺得受冷落，也把生活重心往外遷移，使得妻子感到很不滿意，除了疲倦之外，還覺得委屈。因此重新調整雙方的責任和義務是很必要的。

### 4.重建雙方均滿意的性關係

在懷孕期間和生產後，妻子的身材和容貌改變了許多，有了孩子

後，夫妻爲生活的忙亂，往往疲於奔命，性關係漸趨冷淡。此外，有的夫妻爲了避免短期內再度懷孕，性生活也受到影響。因此，妻子必須注意飲食和健康，讓身體逐漸恢復正常狀態，在情緒和生理上，留意雙方的需要和期望。

5.改進對孩子養育的問題溝通

爲人父母後，一般人都是按照自己的父母的養育觀念在養育自己的孩子，但是夫妻二人來自不同的家庭，可能會有許多不同的看法，而孩子是二人共有的，因此需要多交換意見，討論出一些雙方均同意的觀點。問題是，有時若夫妻不知道養育觀念不同是正常的情形，反而以此來強調雙方的隔閡，而無法溝通，就會造成問題。其實在有了孩子後，夫妻本身都在調整自己對孩子的看法，可以談的話題很多，但也不必把養育孩子當做唯一的興趣，而是藉着孩子，擴大溝通的內容。

6.重建與親戚的關係

某些家庭的第一個孩子降生，眞可謂「牽一髮以動全身」，有人因此「升級」，當了祖父母，或叔叔、阿姨、表哥、堂姊等等。對某些人來說，也許這個孩子表示這個家族的財產又多了一個繼承者。對一般家庭而言，有了孩子後，這對夫妻在家族中的地位才算被承認，而親戚間的往來也是小家庭的重要活動，有助於親情的滋長。

7.適應社區生活

通常在此時期，家庭的流動性仍高，直到先生找到穩定而合適的工作，把家安定下來，才會眞正打入社區的生活圈，與鄰居建立交情。在我國，臨時托嬰或托兒（baby sitting）尙不普遍，因此若家中有嬰幼兒，夫妻常走不開，而盡量避免參加活動。如果有些活動不得不參加，例如親友的婚禮或聚會，只好把孩子帶去，但也有一些問

題，帶着孩子，成人很難專心談話，而孩子在吵鬧的場合也會感到不耐煩，千方百計引父母注意，結果成人和孩子都感敗興。話說回來，家庭不能單獨存在，孩子漸長大，社區也是他的生長環境，鄰居的孩子更是他最方便的同伴，社區的福利、安全、和風氣對家庭的影響都很大。

### 8. 計畫以後的生育

在性生活恢復正常後，若不是眞的想要馬上有第二個孩子，應該要小心避孕，過於頻繁的生育對家庭不是可喜的事，不但對母親的身體是沉重的負擔，父親的責任也加重，而且孩子也得不到充分的照顧，因此要計畫生育。在某些情況時，家庭計畫會產生問題，例如生下殘障的孩子，如蒙古症或腦水腫，父母一面很怕再生下同樣問題的孩子，一面又不甘心，想證明本身沒問題，心理很矛盾。此外，嬰兒猝死症 (Sudden Death Syndrome, SDS) 也使一些父母急切想再生一個以彌補失去孩子的傷痛，却又怕萬一再失去會更難過。

### 9. 調整家庭生活哲學

從每天辛苦的照顧工作中找到育兒的樂趣，從中得到很深的滿足，多愁善感會不藥而癒，而從孩子的成長中，體悟家庭和人生的精神意義。有了孩子，大部分的父母都會改變價值觀，原先認爲重要的東西或事情，已被孩子所取代。角色的衝突逐步克服，在親人的協助下，這個家庭漸漸變得獨立，一些生活習慣定下來後，父母的工作就會輕鬆多了。

## 6.4 嬰幼兒期的教養重點

嬰幼兒期的教養重點可分爲四個方面來談：身體的適應、學習自

制行爲、建立基本的信任感、認識自我。

### 6.4-1 身體的適應

嬰幼兒期的特質在於：(1)許多方面必須適應子宮外的環境，(2)適應之後重新開始發展和成長的過程。赫洛克（Hurlock, 1980）(註9)認爲胎兒的發展自受精開始，到了生產時中斷，由生產而來的改變相當大，必須有一番適應，嬰兒才能安然的生存下來，這些適應包括：開始呼吸、體溫的穩定，開始某些器官的功能。

嬰幼兒適應困難的原因有很多，例如：(1)分娩時對產婦使用過多的麻醉藥物，(2)母親懷孕時的年齡及身體狀況，(3)懷孕期的長短，早產或足月，(4)嬰兒誕生時的體重，(5)先天的疾病或殘障、畸形，(6)是否爲多胎。

適應困難的嬰兒難免使父母對他過度保護、焦慮、過分關心，造成日後親子雙方情緒上的問題。有時醫生會建議讓身體適應有困難的嬰兒多在醫院待一段時間，等到他的呼吸或其他器官的功能較正常後才回家。

### 6.4-2 發展自制的行爲

一歲半以前的自制行爲主要的包括吃、睡、和基本的動作技巧。

吸吮的反射動作是嬰兒最早發展的能力之一。父母首先要面臨的問題就是餵母乳還是餵牛乳。茲將二者之利弊分析如表 6-1。

雖然醫學研究發現，母乳非常營養，容易吸收，嬰兒較結實，且對細菌的抵抗力較強，較不會生病，但是許多年輕母親因種種原因而寧可選擇牛乳，有的甚至以爲買最貴的就是給孩子最好的，其實不然。

●表 6-1　母乳與牛乳之比較

|  | 母　　　　　乳 | 牛　　　　　乳 |
|---|---|---|
| 優<br><br>點 | ①經濟<br>②溫度適中<br>③使子宮回復懷孕前的大小<br>④有天然的抗體<br>⑤相當的消毒<br>⑥不會造成便秘<br>⑦心理上較親密 | ①父親可幫忙餵食，母親較自<br>　由<br>②不會擴張乳房的形狀<br>③乳量較好控制<br>④滿足某些心理因素 |
| 缺<br><br>點 | ①有時情況較難配合<br>②母親需負全責<br>③乳量不等<br>④乳房有時會痛 | ①較貴<br>②需要加熱及消毒設備<br>③不含抗體<br>④造成嬰兒便秘<br>⑤有的嬰兒會過敏 |

　　大部分正常的嬰兒在最初幾個月，每三至四小時要餵一次奶，大約六個月大時，可以開始餵些固體食物，次數也可以減少。當嬰兒自己會抓湯匙或杯子，而且眼手協調的發育使他會將食物放入口中時，就可讓他試着學習自己吃東西。吃雖然是本能，但是也有它一定的發展程序 (Getchell and Howard, 1979) （註10）。

　1.出生時

　　會把頭和嘴轉向乳頭，開始有吸吮動作，包括嘴唇、舌頭、和喉嚨的肌肉。

2.兩個月時

會把食物吐出口中。

3.四個月到六個月時

會吸吮手指，伸手抓東西、會從杯子喝東西。

4.六個月到九個月時

會嚼東西，把東西丟在地上或桌上，會持杯子或奶瓶、會以手指探取食物。

5.十二個月到十八個月時

開始用湯匙，自己吃得很狼藉，會吐出來，會雙手持杯子或奶瓶。

吃是家庭教育最基本的，它不只是一種生理需求，也是心理需求，嬰兒肚子餓了，發出訊息，成人來滿足他，並在餵食的過程中，了解孩子的特質，建立親密的親情。

除了吃以外，嬰兒最主要的活動就是睡。睡眠習慣各人不同，有些嬰兒需要較多的睡眠，有的嬰兒睡眠的時間短。剛出生的那幾個月的睡眠通常只被吃奶打斷，這種吃吃睡睡的生活大約到三個月後，醒的時間才比較長，到一歲半時，睡眠時間大約減至每天十至十四個小時，大部分嬰幼兒在上午和下午各需小睡一次。

一歲半以後，有些孩子會抗拒睡覺，一方面由於他接近反抗期，一方面也許是害怕黑暗或孤單，有的孩子即使睏得不得了，還捨不得睡，所以會鬧覺，父母應該耐心與孩子一起建立睡覺的習慣，例如唱催眠歌，或說睡前故事，或陪他一下，雙方才能有足夠的休息。

至於基本動作技能的發展，根據發展的自然律，由頭到腳（Cephalocaudal）以及由軀幹到末端（Proximodistal）。赫洛克把嬰幼兒的動作技巧分為兩類：(1)用手的，(2)用腿的。前者如自我餵食、自

已穿脫衣物、自己的整潔（使用毛巾、梳頭髮）、玩耍（拿臘筆、開
關盒子、扔東西、翻書）；後者包括走、爬、跑、攀等等。

### 6.4-3　建立基本的信任感和認識自我

　　艾立克森認為嬰兒期最主要的心理社會發展任務就是建立基本的
信任感，而嬰兒的信任感最主要的是來自他與母親的關係，尤其在餵
奶的時候，對嬰兒是視覺和觸覺的滿足。規律的餵奶方式和習慣也使
嬰兒能感受到環境的某些可預測性和前後一致性（predictability
and consistancy），培養他的安全感。

　　隨着生理和動作的發展，嬰兒學着玩，也在玩耍中發現自己可以
「控制」某些動作，而某些動作可以「操縱」其他物體，例如他發現
他居然可以自己伸出手，手可以打到鈴鼓，鈴鼓會發出聲音，他會不
厭其煩，一試再試，確信他只要伸手打鈴鼓，鈴鼓就有聲音，他開始
經驗並探索周圍的環境，並與之產生互動。此時他也逐漸發覺「自
己」和其他物體或人，是分別獨立的個體，例如母親或保母離開一
下，嬰幼兒會感到焦慮，大約六、七個月大時，他以為別人走開（離
開他的視線）就是永久消失了，然而有幾次經驗後，這種心情會修
正，他知道此人或此物會再回來，慢慢就安心了，這也會逐漸發展出
信任感。

　　嬰幼兒可說是現實的，「有奶便是娘」對他來說是天經地義的，
在社會發展方面，最為眾所皆知的例子是「銘印」（imprinting），
例如小鴨了剛剛破殼而出時，一旦認定了跟隨對象，就不易改變。由
此也有發展學者提出「關鍵期」的說法，強調早期經驗在各方面（尤
其是社會行為）的學習是非常重要的。

## 6.5　機構育嬰

### 6.5-1　誰能取代母親

比較理想的情況當然是能由母親全時間待在家裏，照顧嬰幼兒，但是在目前，似乎是不可能要求每個母親都如此義無反顧的「認命」，尤其是職業婦女，幾乎在產假過後，立即得回到工作崗位上，一般機構也未替這些需育嬰的家庭設想，而訂出一套可行的辦法，讓婦女能兼顧工作與家庭，因此很多人就把照顧嬰兒的責任交託給他人，最常見的是長輩和保母。

但是有些人發現這樣做有些缺點，例如，由長輩（如祖父母，外公婆）代為育嬰，固然親情較濃厚，也不怕孩子被虐待，但是對老人家來說，精神及體力的負荷都很大，而且上一代育嬰的方式可能與年輕父母所要求的有差異，往往造成兩代之間的爭執。何況有時老人家有好幾個孫兒孫女，為了公平，不便只帶一家的孫子。此外，居住的情況是否能配合，若兩地相隔遙遠，父母要隔一段時間才能看到自己的孩子，不易培養親子感情，例如，有的年輕人在美國求學，生了孩子送回臺灣給祖父母帶，等到孩子稍大再帶回身邊，才發現彼此適應很困難，親子之間一直有一層隔閡。若是把老人家接來同住，即使住所夠大，老人家離鄉背井，不見得會習慣。

而由保母代為育嬰，如果能找到好的保母，固然比較方便，也不必麻煩長輩，而且「職業保母」通常較有經驗，不像年輕父母那麼大驚小怪。但是保母是否真的疼愛小寶寶？還是只管餵奶和換尿片？她會不會陪孩子玩，真正啟發孩子各方面的發展？如果她同時照顧兩、

三個嬰幼兒，會不會漫不經心？這些問題都困擾着嬰幼兒的父母。有的保母看起來很俐落，但有些壞習慣，例如說話粗野，或有些表情俗氣令人嫌惡，或她住家附近有噪音和空氣污染，要找理想的保母實在很不容易。

### 6.5-2　托嬰中心

近年來，托嬰中心成了另一種取代，一方面可避免前述的難題，二方面好的托嬰中心通常會雇用護理或學過兒童發展及保育的專業人員，如果態度夠敬業的話，父母比較能信賴他們。然而這方面的研究至今仍眾說紛紜，到底這種「集體式」的育嬰方式，對嬰兒有什麼影響？其利弊各如何？而如何才能取其利去其弊？目前的說法大致有以下幾點：

1.機構式育嬰不一定對母親和嬰兒之間的依附性不利， (Macrae and Herbert-Jackson, 1976) (註11)。重要的是育嬰中心是否提供一個豐富的環境，並懂得遊戲的意義與技巧，有足夠的保育人員可以和嬰幼兒玩。只要嬰幼兒能得到充分的照顧和遊戲，不管是在家裏，或是在育嬰中心，他仍能信任人、有安全感。

2.機構式育嬰也有可能促進嬰幼兒的智力發展。弗勒 (Fowler, 1972) (註12) 的研究結論之一就是豐富的學習環境，不管是不是在家庭裏，對嬰兒的智力都有幫助。

3.也有研究發現，在育嬰中心長大的孩子較不與大人合作，攻擊性和自衞性較強，而且比較調皮，尤其是在托嬰中心習慣了集體式的照料，養成「老油條」的態度。

無論如何，嬰幼兒時期發展中所受的影響並不一定立即在孩子的行為上顯現，往往要經過很多年，在某些特殊情況下才會顯露，因此

這方面的研究很複雜，而且很困難，目前只能說，原則上不管由誰來負責育嬰工作，均需滿足嬰兒的基本心理及生理的需求。

「新生兒學」（neonatology）的興起，使得嬰幼兒的研究成為專門學問，在近代精密的科學研究方法下，針對嬰幼兒作了許多實驗後，發現嬰幼兒已有相當發達的知覺能力，不應忽略其「可教性」。但是矯枉過正對孩子又是一項嚴重的傷害，過度強調零歲教育，而忽略了嬰幼兒也是有尊嚴、有意志的個體，只是將它當「可訓練」（trainable）的動物，那就不是教育的本意了。

## 註　釋

註 1　Le Master, E. E. (1957). Parenthood as crisis. *Marriage and Family Living, 19,* 352-355.

註 2　Dyer, E. (1963). Parenthood as crisis: A restudy. *Journal of Marriage and the Family, 25,* 196-201.

註 3　Titus, S. (1976). Family Photography and transition to parenthood. *Journal of Marriage and the Family.* 38, 525-530.

註 4　張欣戊 (1984)．嬰兒在臺灣婦女的婚姻中有些什麼影響？ **學前教育月刊**，6(10)．2-4.

註 5　劉可屏、宋維村譯 (1976)．**拉梅茲生產指南**，臺北：健康世界。

註 6　徐澄清(1985)．**因材施教——從出生的第一天開始**，(十八版)，臺北：健康世界。

註 7　徐澄清(1985)．**小時了了——嬰幼兒智能發展的一些問題**，(十七版)，臺北：健康世界。

註 8　Duvall, E. M. (1977). *Marriage and family development, 5th. ed*. Philadelphia: J. B. Lippincott.

註 9  Hurlock, E. (1980). *Developmental Psychology. 5th ed.* New York: McGraw-Hill.

註10  Getchell, E., and Howard R. (1979). Nutrition in development. In G. Scipien et al. eds., *Comprehensive Pediatric Nursing. 2nd ed.*, New York: McGraw-Hill.

註11  Macrae, J., and Herbert-Jackson, E. (1976). Are behavioral effects of infant day care program specific? *Developmental Psychology, 12.* 269-270.

註12  Fowler, W. (1972). A developmental learning approach to infant care in a group setting. *Merrill-Palmer Quarterly, 18.* 145-175.

# 第 七 章

# ●學齡前幼兒期●

　　學齡前幼兒期大約是一歲半到六歲，這段時期的幼兒須經歷兩個心理社會發展階段，一是從一歲半到三歲，建立活潑主動感（sense of autonomy），一是從三歲到六歲，建立進取感（sense of initiative）。這段時期家庭所面臨的挑戰就是孩子逐漸長大，他在家庭裏的角色也隨着改變，對於孩子的行為和一般人格特質的發展，父母必須調整適應。

　　在生命循環周期中，學齡前幼兒時期最受重視，許多發展理論和研究，都認為這段時期的經驗，對一個人一生的行為、態度、及價值觀，都有不可磨滅的影響。

## 7.1　學齡前幼兒期的發展

　　在孩子入小學之前，他已具備了許多的能力，其中最基本的運動、溝通、和互動的技能，在嬰幼兒時期已經學習了，但是幼兒時期的學習能力也很強。在幼兒期，孩子的字彙大大的增加，語言成為社

會化和自我表達的工具，孩子不僅從模仿和觀察別人中學習說話，而且也漸能了解別人的立場，而不是停留於自己的內在世界。

心理學家黑維赫斯特（Havighurst, 1970）（註1）列出幼兒的發展任務如下：

1. 學習性別差異。
2. 形成社會和身體的真實的簡單概念。
3. 學習與父母、兄弟姊妹、和其他人建立感情。
4. 學習說話。
5. 學習分辨是非，發展良知。

由於幼兒時期的發展很快，前期和後期的發展重點不同，因此以下將分兩個階段來探討。

## 7.2　一歲半到三歲的發展及教養重點

一歲半到三歲的發展主要可分五個方面來談：

1. 發展活潑主動。
2. 發展自我認知。
3. 達成身體的控制。
4. 發展溝通技巧。
5. 學習表達及控制情緒。

### 7.2-1　發展活潑主動

這個時期的幼兒的天性就是不斷的發現（discovery）：發現他自己，發現他的家庭及每個家人，發現與別人溝通的能力，而且開始發現門外是一個寬廣的世界。最令父母感到麻煩的是，幼兒的行為在在都想證明自己是與父母不同的獨立個體。

使父母感到驚奇而惶恐的，不只是孩子在發展過程中的改變，更是這些改變的快速與密集。在孩子發展其主動感的過程中，他會表現得很堅持而頑固，而且很不一致，使父母感到迷惑，他有時很依賴，有時又很獨立，顯然就是試着在爭取主動的地位，不必老是聽別人的，受別人（尤其是父母）的控制。這段時期也是孩子開始了解父母對他的行爲有控制力量，因爲父母開始在建立一些行爲準則，而且要求、期待孩子能達到這些行爲標準。

許多幼兒在這段期間，性格會改變，由一個笑咪咪的、友善的、隨和的小孩變成固執的、愛發牢騷的小壞蛋，頑皮、拒絕合作、不太服從父母的吩咐，而且很喜歡說「不」。這些改變令父母十分頭痛，就會試着用各種方式去控制孩子的行爲，但是這些行爲看來好像「不好」，其實是孩子健康的心理發展所不能缺少的。

主動感的發展也與一些生理發展相配合，包括學習走路、自己餵食、控制大小便等等。此外還有一些發展任務是由父母教給他的，例如，自己穿脫衣物、不黏母親、跟別人一起玩、以及做一些動作等等。

### 7.2-2　發展自我認識

赫洛克（Hurlock, 1980）(註2) 認爲幼兒期的發展最重要的是：爲適應家庭外的人和事奠定基礎。這個發展自我認識的過程包括兩個因素：(1)與母親分離的能力，(2)探索環境的機會。

這個時期，父親的參與有助於幼兒與母親分離，此時幼兒逐漸在身體上較獨立，父親也較「英雄有用武之地」，他可以帶孩子去散步、去動物園。幼兒與父親的關係若良好，一方面可使幼兒不致過分依賴母親，另方面對幼兒的心理及社會發展均很重要。父子／父女關

係有時需母親的協助，一旦父親與子女建立了互信，子女再學習信任他人就容易多了。

　　從嬰兒時期的只會爬行，到幼兒時期開始走路，對孩子來說雖只是跨出一小步，對其整個人生來說却是邁出一大步，因爲從此他的活動空間擴大了，可以探索的事物就更多了。皮亞傑（Piaget, 1967）（註3）認爲孩子是世界上最自然的科學家，以其好奇心去發現並驗證環境中的事物。成人也許已不記得那些小事情對他曾是多麼重大的欣喜，例如在玩球的時候，踢球、拍球、扔球，任何球的動靜就能給幼兒許多的興奮；又如鍋子與鍋蓋敲擊會發出響聲，越用力，聲音就越大，他又發現他居然可以用自己的力氣來「控制」敲擊的音量，也會很興奮，樂此不疲，雖然大人聽起來覺得很刺耳。

　　就算父母很體諒孩子的發展需要，願意忍受這段吵鬧和混亂的時期，最大的顧慮是安全，因此往往明知探索是孩子所需要的，而且是必然的，仍不能讓他自由的去探索。事實上，「限制」或「監視」可能不是最好的辦法，在三歲以前，把周遭環境中的不安全的地方改善一下，以「避免重於禁止」的預防措施，提供給孩子一個安全的環境。杜弗（Duvall, 1977）（註4）給父母一些建議，如表 7-1。

**●表 7-1　家庭中保障幼兒安全的方法**

| 項　　目 | 可　能　的　危　險 | 保　　護　　的　　方　　法 |
|---|---|---|
| 家　　具 | ①抽屜掉下來打到幼兒<br>②弄髒室內裝飾<br>③打破貴重物品 | ①在抽屜上裝安全栓。<br>②蓋套子；選擇易清洗的材料或比較不顯髒的花樣。<br>③收藏起來；以壁燈或掛燈代替桌燈或座燈。 |

| 玩　具 | ①尖銳的邊或角 | ①選擇無尖銳邊或角的玩具。 |
|---|---|---|
| | ②有毒的漆料 | ②選擇無毒的安全玩具（ST）。 |
| | ③小零件掉落被幼兒吞下去 | ③選擇大件的玩具。 |
| | ④打破 | ④選擇堅固耐用的玩具。 |
| 樓梯<br>玄關<br>窗戶<br>廚房 | ①摔下去 | ①在樓梯口裝上柵門；較低的窗戶要上鎖；教導幼兒上下樓梯；紗門裝上安全栓。 |
| | ②燙傷 | ②鍋子把手向着牆壁；不准孩子靠近火爐和烤箱。 |
| | ③誤食清潔劑 | ③把清潔劑和殺蟲劑收到幼兒拿不到的地方。 |

　　幼兒在家庭中遭遇意外事故日見普遍，造成父母很大的心理壓力。巴黎曾經舉辦過一個「防止兒童家庭意外事故展覽會」，展覽會場展出一間巨大的公寓住宅，室內掛着許多巨幅照片，照片中有個坐着的父親足足有兩公尺高，站着的母親有三公尺多高，所有的家具都比普通家具大一倍，洗碗槽、電冰箱、洗衣機，都高過參觀者的眼睛水平，父母睡的那張床，大得足以讓全家人都睡在上面。許多參觀者都覺得自己似乎又回到兒童時代。

　　把家庭放大最主要的目的，是要使做父母的認識到，為成年人設計的住宅對兒童構成的危險。展覽會用紅燈或標籤指出可能發生危險的地方，例如：開水壺或延長線會招致燙傷；某些家庭用品或藥物會使孩子中毒；浴缸儲水會溺斃孩子；某些家具孩子可能爬上去，掉下來却會受傷。展覽會強調防止意外事故的重要性，他們講解兒童的各個發展階段，使成人能認識到兒童在不同年齡上可能遇到的危險。

此外，從小教導孩子養成「安全意識」也很重要（見表 7-2）（註5）。

### ●表 7-2　為什麼要教導孩子養成安全意識

你有沒有留意到，你一天要對孩子說多少次「不可以」？你在一天內要禁止孩子做的事有多少？

從孩子出生開始，父母的心情就像上緊的發條，孩子忙着探索這個世界，父母也無時無刻不在為他決定什麼是可以嘗試的，什麼是不可以嘗試的。不但孩子醒着的時候，要注意他不要把髒東西放到嘴裏，不要撞到床邊欄杆，不要亂跑，在他沉睡的時候，也必須留心他是否蓋了被子，有沒有被毛毯悶着。

漸漸地，孩子能走能跳了，父母擔心的問題更多了。吃東西怕他噎到，走路怕他跌倒，跑時怕他碰到桌椅，爬高怕他掉下來，出門怕他被車撞，交朋友怕他打架，打輸了受傷固然不好，打贏了却傷害別人也不好。而這些事情在孩子成長過程中却是無可避免，甚至是需要的。

許多父母成天不准孩子這樣，不准孩子那樣，自己感覺到很累，因為孩子成了他們精神上很大的負擔，他們甚至無法專心自己的事情，經年累月如此，難免厭煩、抱怨，更危險的是：一旦他們稍微疏忽，孩子抓到機會去嘗試平日被禁止的事，就容易出事了。

是父母照顧呵護得不够週全嗎？是孩子的命嗎？是父母走壞運嗎？不管是誰的責任，發生了意外事件，直接受害的是孩子，萬一留下的是終生不滅的創傷，父母的痛苦和歉疚又豈是筆墨所能形容的！

有沒有比「禁止」更有效的辦法，讓孩子能够「自己」保護自己，「自己」注意安全？

對年幼的孩子，我們只能以行動、以聲音、以表情，來告訴他什麼事是不安全的，「不可以」做。

等孩子長大些，我們可以試着講道理，用各種例子，告訴他為什麼

那件事不安全，「不應該」做。

但是「教育」並不是只要做到讓孩子知道不可以和不應該做的事，教育是要讓孩子「不願意」去做，而且能判斷安全和危險的分寸，這樣，父母才能比較安心，因為孩子照樣可以吃東西、跑跳、走路、攀爬、出門、甚至打架，却平平安安地成長。

因此，「教導孩子培養安全意識」，實在是保障孩子安全的必要方法。跟其他方面的教育一樣，安全意識需要時間、需要持續、需要耐心、需要累積，但努力的代價就是孩子終生的平安與幸福！

## 7.2-3　達成身體的控制

幼兒時期的生理發展主要的是透過遊戲，遊戲活動可以促進大肌肉和小肌肉的發展，大肌肉的發展是由走到跑、跳、攀爬、單脚跳，小肌肉的發展則使幼兒能翻書頁、玩小積木和組合玩具、握筆、畫圖，到了三、四歲，幼兒更喜歡這種操作技巧，如拿剪刀剪東西、手指畫、串珠遊戲、木工等等。

大小便的訓練大約在兩歲到兩歲半之間開始，這不是容易的事，但父母從孩子的行動上可以得到一些暗示，當他想大小便時，表情總有些不同，有時是在吃東西後，由於腸胃蠕動，比較會想大小便。有警覺的父母若仔細觀察，就會注意到，而能把握正確的時機為幼兒準備好便盆，慢慢的培養他大小便的良好習慣。剛開始有些幼兒可能會顯得不太合作，有時可能是因為當父母訓練的方法不太一致，使他無所適從，有時則是因為當他做對了，缺乏父母的鼓勵。有些幼兒明明知道應該如何，但往往貪玩而使得大小便訓練的效果不佳，有時父母會很憤怒，反而引起幼兒的罪惡感。

### 7.2-4　發展溝通技巧

　　幼兒時期，父母卽應開始注意孩子的社會發展，根據父母本身的人生哲學和文化背景，教幼兒以待人處世的行為、價值觀、和態度。父母從每天的生活裏，告訴孩子什麼是對的，什麼是錯的，然後希望他遵行。在這教導的過程中，讓幼兒學着做家事，是一個很實際的辦法。例如，收拾自己的玩具、把書報堆起來等等簡單的事，不但減輕父母的瑣碎工作，更重要的是會使幼兒有責任感，也感覺自己是家庭的一分子，他的自尊會提高，雖然有時他的幫忙不一定省時或省事。有了這種歸屬感和參與感，有助於幼兒發展溝通技巧。

　　社會化過程中最主要的工具是語言，溝通技巧的發展建立在幼兒對語言的有效使用。在嬰兒時期，他專心聽人講話，有時自己也試着發出一些聲音。赫洛克認為幼兒期溝通技巧的發展包括：　①建立語彙，②練習發音，③將字串成句子。

　　幼兒期明顯的自我中心也是父母所面臨的挑戰，皮亞傑（1967）（註6）認為這個年紀的孩子將自己視為宇宙的中心，談話時也多以「我」、「我的」為主，父母會發現：要跟他溝通真不容易，幼兒只想自己，對父母沒有同理心，不能了解父母的立場及看法，有時跟他講理或爭論並沒有用，當他不肯接受父母的解釋時，父母須強制規定，也許可以使他容易了解父母的要求。

　　有效的溝通技巧的發展是很重要的，因為孩子需了解別人的期望，才會學到合宜的行為，才會被人接納。父母要能傾聽，不要不耐煩，如果孩子沒聽懂，可以重覆或用不同的說法，說到他懂了為止。

　　在以前，父母並不很鼓勵孩子表達意見，因此花了好些功夫教會了孩子說話和走路，又開始要求他少開口，別亂跑。不表達的孩子通

常被認為是「乖」，「聽話的孩子」通常也被當做「好孩子」。聽人家說話固然很重要，但是如果他沒機會說，父母怎麼知道他到底聽懂了沒有，或是有沒有聽錯。老人家也常常拿王陽明來做例子，說他五歲以前不會說話，但長大了也很有成就。其實這樣的特例不能用來證明「孩子只要聽人說就夠了」。會表達的孩子可以減少「有口難言」的痛苦，反而容易相處。

### 7.2-5　學習表達及控制情緒

幼兒的情緒通常比較單純而明顯，事實上，也來得急去得快，常在父母還來不及處理，或才想出對付他的辦法時，他已經「事過境遷」了，使得父母自討沒趣。

憤怒是幼兒較普遍的情緒，而且是以負面的行為表現，如抗拒、不合作、發脾氣哭鬧等。懼怕也是幼兒常有的情緒，他怕幻想中的魔鬼、怕黑暗、怕痛、怕惡夢，尤其想像力的發展更是幼兒懼怕的主因。害怕的來源有些是從成人或兄姊來的，還有電視節目、故事書、鬼怪圖片等等。而嫉妬主要則是因害怕失去父母的愛，表現的方式有時較明顯，有攻擊性。

如何讓幼兒能學習以合理的方式表達他的情緒，是父母的一大難題，通常父母知道孩子在生氣、害怕、或嫉妬時，總會設法阻止，有的父母會跟幼兒解釋、講道理，希望他明白為什麼不可以。而往往對一個正在生氣、害怕、或嫉妬的幼兒來說，是不太管用的，父母在此時，不得已就以處罰或威脅來對付，結果更糟糕，幼兒可能因壓抑而更生氣或害怕。

藉着嘗試錯誤，有些父母發現一些比較有效的方法，例如，引開幼兒的注意力，將他抱在懷裏，或對他的攻擊行為不予理會。父母對

幼兒的情緒表達的反應會影響他的主動感，如果父母的反應使幼兒覺得表達情緒是錯的，他可能會感到羞愧、懷疑。其實情緒本身是健康的，表達情緒也是應該而且必須的，只是表達的方式有待學習、改善。

父母的榜樣也是最主要的「身教」，是幼兒最主要的模仿對象，如果父母缺乏自省自覺，言教與身教不一致，會使幼兒迷惑混淆。

## 7.3　三歲到五歲的發展及教養重點

在前一階段，幼兒培養了主動感之後，他知道自己可以學會很多事物，就順利進入進取的階段。他開始知道自己在家中的角色，以及其他家人之間的關係，如果他表現出進取的態度，而家人不斷的給予懲罰或責備，他會產生愧疚、罪惡感，不再對環境和生活感到很大的興趣和好奇，因此家人對他的影響很大。

這個階段的發展主要是：

1.發現個人的能力。

2.學習建立常規，對個人行動負責。

3.學習區分不同的社會角色，好好與他人相處。

### 7.3-1　發現個人能力

為了建立進取的態度，幼兒需要發現自己的生理、心理、及社會能力的極限，而主要的工具就是他那似乎用不完的精力，他在生理上和心理上都很好動，但是不管他在做什麼，無非是在探索和發現這個世界，對幼兒來說，這個多采多姿的花花世界是需要實際切身經驗，才能認識，而為了要多認識，他必須做些事情和不斷的問問題，即使

有時惹得大人很不耐煩。

這個階段的道德觀的發展與智力發展有關，學齡前幼兒對於事物的判斷常是二分法，不是全對，就是全錯，皮亞傑稱此爲「對立的道德觀」(morality by constraint)，行爲的規則來自自動的反應，而非成熟的理性。此時的幼兒有很豐富的想像力和幻想力，當他在判斷一件事爲什麼會發生，或是一件事應該怎麼做時，他通常是憑直覺，而非靠推理。他們對事物的反應全憑當時的感覺，當他內心有衝突時，他可能會有罪惡感。他們很在乎自己是對是錯，也嚴於自責。父母最重要的是幫助孩子了解，凡人都會犯錯，而且人可以在錯誤中學習。

發現個人的能力表示幼兒需要從經驗中了解，並接受自己的極限，從失敗中、從目標無法達成中、從社會規範的條件中、知道人並不能爲所欲爲。父母的角色就是從言談中、從行動中，讓孩子明白什麼是對的，什麼是錯的。如果父母能教子女明瞭這些限制和範圍，就較容易建立行爲規範，子女也會有成就感，逐步的認識自己的能力和潛力，而能充分發揮。

### 7.3-2 建立常規，對個人行動負責

在家庭中要建立的常規不外乎穿脫衣服、進食、收拾玩具、刷牙洗臉、收拾床舖等。父母可以把這些工作交給幼兒，雖然一開始他做得不好，但父母應鼓勵他自動自發，也就是建立常規，不必每件事都催他、督促他、或命令他，他就會去做。有些事可能起初幼兒會覺得新奇、好玩，但幾次後就變成苦差事。有時父母會嘮叨不停，幾乎每天都得爲孩子的不負責任而起紛爭，往往造成孩子的罪惡感。

兒童心理學家史培曼和威廉斯 (Spellman and Williams, 1981)

（註7）提出一些教孩子做家務的方法：

1.列舉要做的事：工作必須簡單明確，分配工作，可以輪流，同時不要按性別分配工作。

2.報酬獎勵：使孩子了解工作與報酬間的明確關係，不一定是付錢，要對他表示愛護和讚賞，孩子終究會明白有些報酬比金錢更可貴。

3.工作記錄：列一個工作表，完成了就在表上做記號，孩子就不會推托，父母也有機會誇獎孩子。

4.工作訓練：不要高估孩子的能力，應該教他怎麼做，進步時也要讚賞他。

5.避免強迫：父母應該讓孩子有權不願意做那件工作，接受他的想法，但仍要他明白這件事必須有人做，通常如果父母堅持，孩子也會妥協的。

英國查爾斯王子曾說：「責任的意義就是，有些事你不想做，又不得不做。」

學習做家務是培養責任感最有效的方法，工作可使孩子發現自己的特長和能力，並發展其自信心。孩子遲早必須知道，在這個世界上，各人都得盡自己的本分方能立足生存，如果他能在貢獻中得到滿足，父母就是盡責的父母了。

### 7.3-3　學習社會角色和與他人相處

家庭是幼兒學習與人交往的實驗室，在與家人互動的經驗中，孩子學着付出和接受，父母也讓子女看到了夫妻相處的情形，如何互相對待，如何共同面對問題、解決問題。與兄弟姐妹的相處也讓他學着揣摩自己的角色和地位，尤其父母常在無意中以「你是哥哥，應該讓

弟弟。」「你是妹妹，應該聽姐姐的話」，或是比較孩子之間的差異，來表達他們對孩子的不同期望和要求。

通常長子或長女所承受的責任最重，父母對他的要求和期望也最多。而次子或次女較容易因比不上老大而自卑，有一種「反正哥哥什麼都比我強，我無論如何也趕不上他」的心態。最小的孩子最容易得到憐愛，而獨生子女可能兼具老大和老么的特質。雖然這些排行的特質不是絕對的，但是由於父母的教養態度不同，每個人的性格多多少少都會受到排行的影響。

在兄弟姐妹之間，孩子也學習性別角色，尤其是不同性別的手足，更使孩子容易從相處中體會「男女有別」，這些觀念對他將來在學校或社會上，都有很大的影響，在家中學會尊重姐妹的男孩子，長大後比較會尊重女性；而在家中享有特殊待遇的男孩子，長大後很可能會有大男人主義。

孩子在遊戲中，就顯示他的社會角色的觀念，尤其是在扮家家酒的時候，孩子們扮演的角色，正是他們觀察得來的，是一般社會或家庭的翻版。他們還是讓媽媽在廚房煮飯，爸爸出去上班；讓男生扮醫生，女生扮護士；男生保護或欺負女生，女生就以弱者的姿態出現。有很多孩子對社會角色的印象更是來自電視。

## 7.4　學齡前幼兒的家庭

### 7.4-1　幼兒的家庭發展任務

家有學齡前幼兒，家庭生活與前一時期大不相同，杜弗（Duvall, 1977）（註8）認為其發展任務有：

**1.為擴充中的家庭提供合適的空間和設備**

幼兒是好動的，比嬰兒需要更多的活動空間和遊戲設備，父母和孩子也都需要隱私，如果能力許可，應該讓每個人都有一點自己的空間。隨着孩子活動的增加，若家中無法提供充分的空間和設備，應該盡可能利用附近的資源，如公園、運動場、兒童遊樂區等等。

**2.為幼兒負擔預期中及意料外的花費**

預期中的花費包括食物、衣物、玩具、保育費等等，意料之外的花費包括醫藥費以及其他臨時之需。幼兒的意外事件是無法避免的，而父母對於本身的病痛比較不在乎，孩子一生病却爲了安全起見，總會去讓醫生檢查一下才放心。此外，上幼兒園後也會有額外的開銷，如果母親因家有幼兒而不去上班，家庭經濟主要靠先生來維持，要能收支平衡也不是容易的。

**3.家人分擔責任**

要培養「家是大家共同擁有的」的共識，讓全家人都能參與，因此要分配工作。父親的角色在此時期更重要，而通常父親最常參與的育兒工作是逗孩子、帶孩子出去玩或散步，也就是說，父親經常扮演孩子的「大玩偶」的角色。事實上，目前家務事已因電器的普遍使用而減輕很多，只要明智而妥善的使用，可以節省很多時間精力。重要的是家人對於責任的感覺，是否對自己和其他人的角色感到滿意而愉快。

**4.維持良好的夫妻性關係，計畫下一個孩子**

夫妻有時會因孩子的事而爭執，而且婚姻生活漸趨平淡，最好能每天仍保留一點夫妻獨處深談的時間。如果此時只有一個孩子，夫妻倆可以稍稍透透氣，比較舒緩的欣賞孩子的活潑和快速的成長，不像先前那麼忙亂。但是通常夫妻此時會計畫生第二個孩子，夫妻獨處的

時間就有限了，加上育兒的勞累，需要雙方多體諒，否則夫妻關係會降到很低點。

5. 在家中建立並維持有效的溝通

幼兒會講話後，全家人有更多可共同分享的事，以增進互相的了解和欣賞。此時孩子最是童言無忌，而語言能力和學習有很密切的關係，因此父母應該多與孩子談話。尤其在老二加入後，有時父母注意力轉移到小寶寶身上，老大會有一些情緒適應問題，父母可以在尚未生老二之前就讓老大知道他即將有一個弟弟或妹妹，會減輕他感受的威脅和滋生的敵意，讓孩子知道，即使有了弟妹，他仍是父母心目中最特別的，免得孩子以尿床、吸吮手指、愛哭鬧來引起父母生氣而注意他。也可以兒童圖書來幫助孩子了解小寶寶的加入對他和對全家的生活會有什麼影響，例如信誼基金出版的「小寶寶」（呂藹玲著）就是針對這種情況而設計的。

6. 與親朋好友維持良好關係

一方面可以擴大孩子的生活圈，另方面父母也可以有寬廣的心胸。與祖父母或親戚的來往，可以使父母的角色得到平衡，因為孩子有各種需要，父母很難扮演「千面人」，比較嚴格的父母若有慈祥的祖父母或諒解的叔伯姑姨，孩子可以得到不同的款待，不至於受父母的影響太多，而能得到自然的平衡。家庭的親友不論在實質上或精神上都是「靠山」，孩子也可以在成人的言談中，知道以前的一些事情和父母小時候的事情，使他對家族和父母產生更深的認識和更多的認同。

7. 運用社區資源

了解社區裏有哪些服務事項，並充分利用。多認識鄰人，互相交換知識。通常核心家庭，尤其是雙生涯家庭，很容易將自己孤立起

來。但是隨着孩子逐漸長大，進入幼兒園，或是和鄰居小朋友結伴玩耍，會把家庭的觸角向外延伸，而成人之間的交往也是透過孩子的關係，例如王太太在社區裏的身分往往是「小玲的媽媽」，而家庭之間的往來也常是以孩子爲主，「孩子的鄰居」比「鄰居的孩子」更能貼切的顯出這種關係。遠親不如近鄰，與其嚮往昔日大家族共居的溫馨與熱鬧，不如在鄰里間培養出社區的共識，守望相助，和睦同居，方爲美善。

### 8.面對困境，重建生活哲學

生活中總是會有一些問題，最好能有家人一起面對，更能培養共患難的感情。柯克派翠克（Kirkpatrick, 1963）列舉此階段的八個困境：

(1)自由／秩序和效率；

(2)個人潛能的自由發揮／穩定的目標期望；

(3)個人的自我表現／養育子女；

(4)工作成就／愛——生育功能；

(5)彈性的訓練／嚴格的養育子女；

(6)對孩子高度的希望／實際的期望；

(7)對家庭的忠誠／對社區的忠誠；

(8)廣泛而隨緣的交往／限制而深入的交往。

每一種困境都有其價值和代價，往往是「魚與熊掌不可兼得」，但是總得在兩個極端之間找到一個中點，這些中點的綜合就是這個家庭的生活哲學。而在此調適過程中，有的人過於固執不通，把中點當成「終點」，就會造成危機，導致家庭解體。

在這段時期，父母本身的發展任務重要的有三：

(1)滿足個人需要；

(2)幫助子女滿足其身心需要；

(3)維持婚姻關係。

### 7.4-2　滿足個人需要

在養兒育女的過程中，父母不但須照顧子女的成長，本身也須成長，也有種種的需要，有時此二者有衝突，不易協調。成人，不分男女，都有一些共同的需要，如：(1)隱私；(2)維持並發展社交；(3)發展興趣；(4)做爲社區的一分子，與其他成人認同。

成人需要有隱私（privacy）經常被忽視，婚姻關係及家人密切的相處，使得成人很不容易有一段屬於自己的時間，或一個屬於自己的空間。尤其是家庭主婦，若家中有幼兒，她幾乎所有的精力都用在料理家務及相夫教子上面。倘若是單親，面對的負荷更是多重的，不但要身兼雙親的職責，更要賺錢養家。卽使是一般家庭，成人也是大部分的時間都花在維持夫妻、親子、親友的關係方面。

不管多麼困難，每個人仍是需要有獨處的機會，使他可以恢復精力，暫時放下雙肩的擔子，使他可以減輕情緒上的負擔，不必一直都在應付外來的要求。體認隱私的重要，成人必須設法爲自己保留一點時間，而不必爲此覺得自私，而有罪惡感，以長遠來看，這仍是爲全家人的利益打算。

至於社交生活，也就是要敦親睦鄰，看似容易，但以今天的社會情況來說，家庭的流動較以前頻繁，許多人都不願意投注感情和時間去灌溉短暫的友誼，加上家中若有兩三個孩子，一般家庭恐怕無法常在家中招待親朋好友。而有了幼兒，在外應酬交往也減少了，頂多只能邀三兩好友小聚一下，或偶爾在外談談天。在臺灣，「臨時保母」（baby-sitter）不易找，而大人聚會並不適合帶着小孩，因爲幼兒會

覺得無聊而吵鬧，父母也無法盡興，難怪有些夫妻在有了孩子後，彷彿與世隔絕了。

找尋自己的興趣、培養嗜好也很重要，例如有些人利用閒暇去上成人教育班，學些技藝；也有人去醫院或慈善機構當義工，或者參加宗教團體的活動。這些都可以幫助父母擴大眼界和胸襟，只要不是過度的投入，廢寢忘食，不顧家庭，應該都是有益的。

為人父母不但是責任，也是承諾，孩子的加入，使父母的生活改變。又由於與孩子相處，如果真正用心去了解孩子，父母心理上會有顯著的成長。為了孩子，父母會調整自己的生活方式，以配合孩子的作息，而為了孩子的安全，父母又得特別注重並關心社區的交通安全、風氣、環境衛生，也就是說，父母必須把關懷照顧的層面，擴及社區，才能滿足自己的心理社會發展的活力需要。

男人和女人也有一些不同的需要。女人生了孩子後，心理上面臨了很大的困境，因為養育子女的主要責任仍在母親肩上，幾乎耗盡了她所有的心力和時間，但是如果一個女人以為當了賢妻良母就是生命的全部的話，是很冒險的想法，她可能自己就不再發展，因此許多母親在子女稍大後，嚴重的適應問題緊隨而至，如果她年輕時完全放棄自己的興趣和專長，此時就容易心態不平衡，而沮喪、抑鬱。

至於男人，特別是中產階級的男士，扮演傳統的人夫人父的角色，最主要的責任就是維持家庭經濟來源的穩定，因此事業的成功對男人來說很重要，不但家人生活有保障，自己也才會被社會肯定。所以這段期間，父親通常花較多時間在工作上，而孩子逐漸長大，比嬰兒期更需要父親的陪伴，如何在事業、社會、家庭責任之間達到平衡，還要為自己留段時間，實在也不是容易的。

### 7.4-3　滿足孩子需要

　　幼兒時期的兩個主要心理社會發展——活潑主動和進取，需要父母的了解及配合，才能順利通過。由於在嬰兒期，孩子比較依賴父母，父母也開始習慣「被依賴」，有求必應，使得孩子產生信任感。一旦到了幼兒期，孩子凡事想自己來，他不再希望父母干涉太多，什麼都想自己試試，父母會覺得他在找麻煩，有時會有「不被信任」的感覺，父母需要一番心理調適，才能開始滿足幼兒的發展需要。

　　幼兒不再喜歡被當成小娃娃，他喜歡做個大孩子，他心中渴望長大、獨立，所以「只要我長大」真是能唱出他的心聲。即使在父母眼中，他實在還很小，有時還很會撒嬌，有時又一副自以為是的樣子，不要你理他。父母還是要讓他順着發展，不能為了滿足自己「被需要」的感覺，而捨不得讓孩子長大。

　　當孩子開始會講話，能以語言溝通，父母須改變自己的教養方法，幼兒會嘗試練習以語言來表達心中的反抗、不悅、或是贊成，父母也以講理的方式來與孩子討論。但是要注意幼兒在聽的能力和說的能力之間有段距離，有時他聽懂了，但辭不達意，父母以為他聽不懂；有時他「言不由衷」，他只是學大人說話，不一定了解話中的意思。父母若觀察到有這種情形，不要以為孩子欺騙或不守信，而要設法與幼兒澄清問題，他的語言能力就會加強，對其認知、社會等方面的發展都有很大的幫助。

　　如果幼兒順利的發展了活潑主動感和進取感，就會自然地準備進入下一個階段——發展勤勉感。如果幼兒期的主動和進取受阻，上了小學可能會明顯的看出他的畏縮與消極。

### 7.4-4　維持婚姻關係

有些研究針對「婚姻滿意程度」，討論子女對於婚姻關係的影響，大部分的結果都是呈「U」字形的，也就是說，從第一個孩子誕生，婚姻滿意程度會逐漸下降，子女慢慢長大後，夫妻才開始又在對方身上投注較多的注意力和關懷，婚姻滿意程度再度上升（如圖7-1）。

**◎圖 7-1　不同階段的婚姻滿意程度**

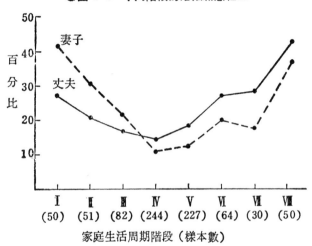

柔林斯和肯能（Rollins and Cannon, 1974）（註9）認為角色壓力（role strain）可以解釋這種現象。角色壓力大，婚姻滿意程度就減低，但子女長大後，父母的角色壓力降低了，婚姻滿意程度又會提高。

至於角色壓力，勃爾（Burr, 1973）（註10）認為以其一般性的廣義解釋，角色壓力的產生有三個因素：

1.角色衝突（role conflict）：當一個人同時兼具數種角色時，

會使得某個社會角色的要求，與另一個社會角色的要求相衝突。

2.角色矛盾（role incompatibility）：當某個社會角色的要求與另一角色衝突時，就產生角色矛盾。

3.最高的角色活動（maximum role activity）：要求在每個社會角色都有最好的表現。

此三個因素結合起來就產生角色壓力。當一對夫婦有了孩子，他們同時也是父母的角色，若是時間精力受限，就會有角色衝突。通常是以孩子優先，却又覺得對夫或妻的角色很虧欠，就是角色矛盾。但是無論如何，兩種角色都很重要，所以都要盡力而為，就是要發揮最大的作用。這是一般人在為人父母之後會有角色壓力的情形。

但是子女對婚姻也有積極的價值，這些研究只是在提醒夫婦們，養育子女本來就是很耗費心神的事，夫妻感情變淡是必然的，但是當子女漸漸不那麼依賴父母時，夫妻之間的互相依戀又會上升。因此夫妻應避免對自己或對方有太高的角色期望，以免造成衝突、矛盾、和壓力。夫妻在尚未有孩子之前，應建立穩固的感情基礎，以便能安度這段角色壓力很大的時期。

維繫夫妻感情有實際可行的方法，就是偶爾設法安排一個周末，把孩子交給可信賴的人（如自己的長輩、手足等）照顧，二人獨處一段時間，最好是離開家，重享新婚的甜蜜，把壓力暫時排開，有助於彼此更多了解與體諒。

## 7.5　幼兒園與家庭

如今有許多幼兒在上小學之前都上過幼兒園（包括托兒所和幼稚園），卽使母親是家庭主婦，可以全時間在家養育幼兒，多數人仍是

顧意子女去上幼兒園，一方面母親可以清靜一下，有一點屬於自己的時間或處理一些事情，一方面幼兒可以在園裏學些在家裏學不到的東西。因此幼兒園與家庭的關係越來越密切，幼兒園也就在這種因應社會需要的情況之下，到處林立，爲了招攬家長，紛紛提供各樣的服務。

在過去，幼兒園最主要的功能是協助父母照顧孩子，不負教育之責，沒有什麼「有形的課程」。後來心理學家及兒童發展學家紛紛提出一些學說，人們才注意到學齡前階段對孩子各方面的發展都很重要，是學習的關鍵期，才開始提供各種有計畫的教育性的活動，也要求提高幼教老師的專業素質，希望孩子在幼兒園裏多學些東西。

根據兩個調查（Auerback-Fink, 1977; Handler, 1973）(註11) (註12) 的報告結果指出，父母認爲好的幼兒園能提供下列服務：(1)身體的照料；(2)社會化的經驗（如何與人相處）；(3)學習新技能的活動；(4)安全的環境；(5)營養的餐點；(6)合格稱職的專業幼師；(7)父母參與的機會。

### 7.5-1 幼兒園對幼兒及父母的影響

好的幼兒園能深切了解學前教育的責任重大，對幼兒的心理簡生有很大的影響，因此較注意幼兒的情緒發展，能針對幼兒的個別需要予以滿足，對許多幼兒來說，幼兒園就像是「替代家庭」（surrogate family），老師和爸媽共同養育他、教育他，甚至有時候，老師要以其客觀的專業態度，幫助父母了解幼兒的心態，減少親子間的磨擦。細心的老師也會發現幼兒某些方面的發展遲緩或受阻，進而建議尋求專家或醫師的治療或矯正。甚至有時候，家庭遭遇困難或發生紛爭，老師也成爲父母求助的對象。

好的幼兒園應該是與社區密切相關而配合的，而不是與周遭生活環境脫節的。父母的意見和參與是必要的，因為孩子終究與父母的關係比與老師的關係長久，不管老師多麼用心和能幹，幼兒的教養仍應與父母的期望相距不遠，否則徒增親子的隔閡，對孩子反而是傷害。即使父母很忙或較被動，老師也應製造機會，鼓勵家長來幼兒園裏看看孩子在做些什麼。

「如果把學前教育比作一條船，幼兒是乘客，大人就是船員了。船員若能同心協力把船穩住，乘客就少受罪；船員若互相推托責任或爭權奪利，船就岌岌可危，乘客就沒保障了。為了讓家長、幼兒、幼師都能平安地航行，享受航程，『相互了解及溝通』是最根本的方法。」(黃廼毓，1987) (註13) 。

好的幼兒園不應該像學校，而應像家庭，所以人數不宜太多，以每個幼兒都認識園裏的每個老師，而每個老師也都知道園裏每個幼兒為宜，不要讓孩子感到太拘束或太不被重視。這方面的研究很多，舉例來說:

1.成人與幼兒的人數比率越小，互動關係越好。(Asher and Erickson, 1979) (註14) 。

2.家庭型的幼兒園對幼兒的認知發展比大型幼兒園的幼兒更有幫助。(Goodman and Andrews, 1981) (註15) 。

3.幼兒園內專業教師人數越多，越能提供幼兒積極的學習和社會化的經驗，提升教育品質。(Smith and Spence, 1980) (註16) 。

4.好的幼兒園不致造成幼兒對父母特別依賴，也不會形成親子的疏遠，反而使幼兒較熱情、不緊張、與他人能相處。(Rutter, 1981) (註17) 。

　　然而一般幼兒園與家長之間的溝通並不理想，（Powell, 1978）（註18），家長頂多是交待一些吃藥、接送問題等事項，而幼兒園通常也只是通知收費、要求家長配合某些事情而已。但是若父母與幼兒園有雙向溝通，有好的協調，對幼兒的社會化發展過程會有幫助。

　　大型幼兒園裏的幼兒通常比較不與大人合作，攻擊性較強，也比較好動，（Macrae and Herbert-Jackson, 1976）（註19），原因很明顯，在一班數十個幼兒的情況下，除非是特別有技巧的老師，否則老師必須常常以命令、規定、限制、處罰等「集體管教」方式來進行教學活動，幼兒只能在服從與抗拒之間選擇。這種服從很少是透過理性的，因爲老師無法一一講理；而這種抗拒也很少得到適當的疏導，因爲老師無法兼顧少數人的想法，因此幼兒也沒機會學到與大人合作。

　　此外，在人數密度太高的環境裏，人與人之間的距離太近，易生摩擦。幼兒固然需要團體生活，但是人數太多，就有太多的等待、輪流、分享，使幼兒易急躁，在強欺弱、大欺小的環境裏，容易養成過度的自我保護，形成攻擊性。而且人多聲雜，幼兒很難有機會靜靜的思考，把情緒穩定下來，把想法整理一下，也沒有隱私，容易造成心情浮動，不能專心，對學習能力和效果影響很大。

### 7.5-2　幼兒園應具備的條件

　　代伊和施漢（Day and Sheehan, 1974）（註20）建議，觀察幼兒園時可從三方面看出其差別：

　　1.空間的規劃和利用；

　　2.教材教具的使用情形；

　　3.成人與兒童互動的型態和程度。

有些幼兒園教室裏設有學習角，讓幼兒有機會根據自己的興趣去玩。學習角通常有積木角、科學角、閱讀角、美勞角、娃娃家等等。這些角落的設置並不是爲了擺設玩具，而是要讓幼兒有一個不受打擾的小天地，因此教室的安排和佈置很重要。

好的幼兒園必須讓幼兒容易取得玩具、書本、及工作材料。有的幼兒園把書本和玩具鎖在櫃子裏，幼兒很少有機會翻閱或把玩；有的則嚴格控制紙張、臘筆、漿糊、剪刀等等，老師申請相當不方便，幼兒當然就不太有機會使用了。

在好的幼兒園裏，大人與幼兒不但有團體接觸，也有個別交談，老師不只是說，更要會聽、肯聽，也知道什麼時候該關心幼兒，什麼時候不要干擾他。園裏的氣氛是和諧的，不是對立的；幼兒在園裏是怡然自得的，而非拘謹畏縮的；老師教導幼兒做事，而非完全替他做事，先讓孩子有機會嘗試，若有困難，老師再從旁協助。

## 註　釋

註 1 Havighurst, R. J. (1970). *Developmental tasks and education. Rev. 2nd ed.* New York: David Mackay.

註 2 Hurlock, E. (1980). *Developmental Psychology. 5th ed.* New York: McGraw-Hill.

註 3 Piaget, J. (1967). *Six psychological studies.* New York: Random House.

註 4 Duvall, E. M. (1977). *Marriage and family interaction. 5th ed.* Philadelphia: Lippincott.

註 5 黃廼毓 (1987). 爲什麼要教導孩子養成安全意識，**快樂童年安全手冊**，臺北：必治妥公司。

註 6　同註3.

註 7　Spellman, C. M., and Williams, R. (1981). *Pitching-in—How to teach your children to work around the house.* California: Jalmar Press.

註 8　同註4.

註 9　Rollins, B., and Cannon, K. (1974). Marital satisfaction over the family life cycle: A reevaluation. *Journal of Marriage and the Family. 36.* 271-282.

註10　Burr, W. (1973). Theory construction and the sociology of the family. New York: Wiley.

註11　Auerback-Fink, S. (1977). Mother's expectations of child care. *Young Children, 32.* 12-21.

註12　Handler, E. (1973). Expectations of day care parents. *Social Service Review, 47.* 266-277.

註13　黃廼毓 (1987). 家園同心——家庭與幼兒園教養觀念的溝通，臺北: 信誼基金會。

註14　Asher, K. N., and Erickson, M. (1979). Effects of varying child-teacher ratio and group size on day care children's and teacher's behavior. *American Journal of Orthopsychiatry, 49.* 518-521.

註15　Goodman, N., and Andrews, J. (1981). Cognitive development of children in family and group day care. *American Journal of Orthopsychiatry. 51.* 271-284.

註16　Smith, A. N., and Spence, C. M. (1980). National day-care study: Optimizing the day-care environment. *American Journal of Orthopsychiatry. 50.* 718-721.

註17　Rutter, M. (1981). Social-emotional consequences of day care for preschool children. *American Journal of Orthopsychiatry.* *51,* 4-28.

註18 Powell, D. R. (1978). The interpersonal relationship between parents and caregivers in day-care settings. *American Journal of Orthopsychiatry, 48.* 680-689.

註19 Macrae, J., and Herbert-Jackson, E. (1976). Are behavioral effects of infant day care program specific? *Developmental Psychology. 12.* 269-270.

註20 Day, D., and Sheeman, R. (1974). Elements of a better preschool. *Young Children. 30,* 15-23.

# 第 八 章

# ●學齡兒童時期●

　　六歲到十二歲是學齡兒童時期，也就是上小學的階段。在心理社會發展上是勤勉／自卑的階段，尤其是孩子上了小學後，與外界接觸的機會更多了，除了父母和老師以外，他也受許多其他人的影響。父母對待他的態度又進入另一個層次，由生理需要的照顧，逐漸轉為心理需要的協助，前段時期有效的教養方法，此時也不一定適用。

## 8.1　學齡兒童的發展

　　在學齡時期，最主要的就是功課和社會技能的學習，在心理社會發展上正是發展勤勉感（sense of industry）的階段。所謂的勤勉感，就是對工作和工具的操縱有正面的態度，而健康的工作態度，就是學著把所知的應用到工作上，並滿意地完成此工作。

　　這個階段的心理社會發展與前一時期大不相同，在發展進取感時，主要的發展目標是對世界感到好奇和發現自己的能力。在兒童期，好奇發展成探索環境，並學會每個人都會的技能和目標。

　　黑維赫斯特（Havighurst, 1970）（註1）認為學齡兒童的發展任務主要是：

1. 學習一般遊戲比賽所需要的身體技能。

2. 建立對自己是「成長中的有機體」的完整態度。

3. 學習與同年齡同伴相處。

4. 學習合宜的性別角色。

5. 發展讀、寫、算的基本技能。

6. 發展日常生活所需的概念。

7. 發展良知、道德觀、和價值尺度。

8. 達到個人的獨立。

9. 發展對社會團體和機構的態度。

將這些發展任務歸納起來，可分三方面來討論：

1. 發展新的個性。

2. 與同伴建立關係。

3. 改進原有的技能，學習新的技能。

### 8.1-1　發展新的個性

學齡兒童的勤勉表現在他對工作的認眞，以及他爲了完成一件事或做出一件東西的全神貫注。孩子會做的事越多，就越認識自己的獨特性和潛能，就不再覺得自己是成人世界裏無用的小傢伙。他一方面羨慕成人會做許多事，心中敬佩，也很希望得到成人的認可，能像成人一樣，但是另一方面，他也會看到成人有成人的辛苦和限制，在這種矛盾中，他也學着以不同的觀點來看事情。

因此學齡兒童是忙碌的科學家，更是實行家，他對於「事情應該怎麼做」很有興趣，也在意別人認爲有意義、有價值的事。他還是很喜歡玩具，不只是在於擁有，而是當他利用玩具玩一個遊戲，或做出一件東西來時，很有成就感，使他感到滿足。玩具對學齡兒童而言，

包括各種可以玩，可以讓他「做」出新東西來的物品、材料，從茶杯墊到畫具，包羅萬象，而讓他變不出花樣的玩具就不吸引他。孩子的樂觀與自信來自許許多多這一類的小成就，看似微不足道，日積月累却能使他對自己的能力更欣賞。

創造力的培養非常重要，此時孩子像是一塊肥沃的苗圃，只要有種子灑上去，就會萌芽茁壯，在創造力發展的初期，如果環境允許他享受創造思考的樂趣，他會肯定並欣賞自己的創造才能，如果受到太多壓抑和摧殘，他的思路和動機也會受阻。在創造力的培養方面，父母的態度對孩子的影響是很大的，如果能朝着以下幾個方向，對孩子會很有幫助：

1.允許想像：發呆未必是壞事，有了想像的空間，思考能力才能發揮，並不是忙個不停才表示勤快。

2.不必太計較考試成績：成績好可能表示比較符合老師的標準，但是學習才是最重要的。

3.不怕失敗：成功帶來滿足，失敗得到經驗，都是成長所需，不必追求，但也不必逃避失敗。

4.過程重於結果：如果父母將成果看得太重，孩子往往會為達目的，不擇手段，而無視於過程中的學習。

5.養成獨立性：獨立思考是創造的要素，凡事訴諸權威，盲目附和，則不易發揮創造力。

6.多觀察：孩子有敏銳的察顏觀色的能力，父母不必太苦口婆心，而讓孩子有機會觀察、判斷。

7.突破性別角色的刻板印象：現代社會中，兩性的界限已淡化，太多的固有模式會限制孩子的自信及期望。

8.鼓勵孩子表達情感：表達的方式很多，不屬於自己內心眞實感

覺的表達方式實在沒必要，不要強迫表達。

　　9.不必有問必答：有時告訴孩子：「讓我想想看……」也是很好的身教，表示並非所有的問題都有立卽的答案。

　　10.容許非常軌的行爲：有時以「錯誤」的方法做事，會有意外的發現。

　　勤勉感的發展也包括人際關係，孩子與他人相處時，更顯出他個性的發展，在與其他兒童相處時，他的能力、優點、弱點，都從同伴的回饋及評價中得到訊息，他會暗地裏與人較量，不但羨慕別人強過他的，也會想要贏過別人。

　　但是在比較和競爭中，他也會害怕，怕自己不如別人，他在意別人是否能接納他，這種心理是健康的，能夠從別人的意見及反應裏認識自己，可以使學齡兒童了解到自我的價值。

　　縱使學齡兒童對成人感到敬佩或崇拜，他們有自己的「次文化」（subculture），是成人無法進入的，尤其到了兒童期的後段，兒童幾乎排斥成人和拒絕成人爲他設立的行爲標準，雖然他仍是很希望得到成人的認可。在同儕團體中，他拒絕成人的權威，有時甚至會取笑或作弄成人。但是，不管他多麼頑皮，他對某些特殊的職業的成人十分崇拜，如體育明星、電視電影明星、歌星等等，都可能成爲他心目中的偶像。

　　這並不表示他討厭家庭或父母，家庭仍是安全感的主要來源，他知道誰是一家之主，但也時常想挑釁，他常常會說：「你每次都叫我！」，「你什麼事都要我做！」，其實，他是在家裏「試驗」，如果他感到自己被愛和接納，他就更能面對外面的挑戰和失敗。

### 8.1-2　與同伴建立關係

威廉斯和司帝史（Williams and Stith, 1980）（註2）舉出兒童

時期同儕團體的五個功能：

### 1. 同伴（*companionship*）

兒童時期的遊戲大約是三、四個人的小團體，同學和鄰居是最普遍的對象。同儕團體使兒童學習許多社會技能，如妥協、施與受、分享小秘密，交換收集品（如郵票、錢幣、書卡、石頭等）。

### 2. 試驗行為的基準（*testing ground for behavior*）

同儕團體提供兒童各種機會去嘗試成人禁止的事，也提供機會讓兒童去從成人設定的標準中尋求獨立，因此他會學到行為的兩種獨特的型態：一種是成人所接受的，另一種是其他小朋友所接受的。新的行為標準產生時會需要一些調適，例如父母喜歡乖巧聽話的孩子，而同伴卻排斥他。

### 3. 傳播知識（*transmitting knowledge*）

學齡兒童往往比較相信同伴的話，同伴經常交換各種訊息，互相影響很大。有些父母和老師深知其重要性，設法鼓勵孩子結交益友，或是在班上設「小老師」，讓同學互相指導功課。

### 4. 教導規則和合乎邏輯的後果（*teaching rules and logical consequences*）

為了遵守遊戲規則，孩子必須學著按照別人所共同接受的行為型態，規則裏嚴格規定什麼可以做，什麼不可以做，想參加這個遊戲，就必須遵守，否則同伴就不接納他，如果犯規，自然也會受到同伴的指責和懲罰（如不跟他玩）。兒童在同伴中互相教導服從團體的價值觀，培養合作的能力。

### 5. 性別角色的認同（*sex-role identification*）

雖然如今提倡男女平等，兒童仍以性別來分黨結羣，可能的原因是，成人對男孩與女孩仍有不同的角色期待，而且同伴之間對不同性別的要求也不同，例如男孩比較重視體能活動，也不願意女孩加入。

### 8.1-3　改進現有技能與學習新的技能

由於體力和耐力的增加，學齡兒童可以玩比較複雜的遊戲。兒童時期的大肌肉和小肌肉都發展得更成熟，心智能力也大有改變。在嬰幼兒及幼兒時期，孩子對環境即充滿了好奇，這是學習的初步，也是兒童智力發展的基礎。

威廉斯和司帝史（Williams and Stith, 1980）（註3）認為，由運動和玩遊戲所需的技能，可看出學齡兒童體能發展的程度。如果一般同伴會做的，如騎單車、跳繩、打球等等，而某個孩子不會做，他較容易成為孤單的分子，也就是說，兒童的體育表現往往影響他在團體中的地位，左右了他的群性發展，因此過分肥胖笨拙，或體弱多病的兒童有時顯得比較孤僻。

先前的自我中心仍然存在，但比較不強烈，例如當他想搶一個球，他會想到他這樣做可能會失去一個朋友，也許他會試着用其他比較「文明」的方法，說服對方，以得到這個球。

根據皮亞傑（1967）（註4）的理論，學齡時期的認知發展正好是具體運作期（period of concrete operations），孩子上了小學，漸漸學着運用一些原則或關係去處理事物，他們有內化（internalize）的能力，學習加法、減法、分類、排次序、運用邏輯的規則做結論。具體運作期的孩子可以了解，同一個事物可以有不同的屬性，例如，一塊積木可以既是紅色的，又是圓柱形的，又是長的，也是木頭的。

認知發展在學齡時期尚有兩方面：即保留概念（conservation）和可逆性（reversibility）。保留概念是指：兒童了解即使經過重新安排或改變形狀，物體仍保留同樣的性質。皮亞傑用的一個實例是，把兩塊一樣大小的黏土放在一起，把其中一塊壓扁，如果兒童已有保

留概念，他會知道兩塊黏土的份量仍是一樣的，只是形狀改變了。

可逆性是指：有些事可以用相反的順序完成，結果仍一樣，例如水的三態：固態、液態、氣態，水冷凍成冰，加熱又會變回液態，再加熱就成蒸汽，蒸汽冷卻仍爲水。使兒童了解許多事是可逆的。

但是學齡期的孩子受到認知能力的限制，他對這個世界有許多自訂的假設，心中有了假設後，他會找證據來支持自己的假設，而對與假設不符合的證據往往忽略了。例如他有時會發現父母也有犯錯的時候，對父母就信心全失；同樣的，他如果知道自己某件事的看法或做法是對的，就自以爲他所有的事都對，這是很典型的「以偏概全」。

兒童的體能、心智、社會技能的發展並不是均衡的，孩子的個別差異很大，加上發展率的間斷，使得某些方面的發展一路領先，而其他方面則遠遠落後，例如，有的孩子閱讀能力很好，但是體能不太比得上別人；有的孩子體能發展很好，一學就會，但是功課卻很吃力。有時孩子表現不太理想，並不是他不夠努力，或是老師教得不好，不要要求他十全十美，以免造成太大的挫折感。

此時期的兒童是自己最嚴厲的批評者，對於自己的失敗或差勁的表現很苛刻，他往往給自己不實際的行爲標準和過高的期望，而達不到就自覺不如人。

其實這個階段的孩子由於過去經驗不多，往往低估自己的能力，但是在成長過程中，他學着與成人和同件有更好的關係，以一種新的面目出現，令人刮目相看。他學到了許多新的技能，使他能應付學校裏的挑戰和環境，他已有一種正確的態度，就是「值得一試的事就應該做好」，在兒童期快結束時，他應該已經準備進入下一個心理社會發展的階段。

## 8.2　學齡兒童的家庭

杜弗（Duvall，1977）（註5）所列舉的學齡兒童時期家庭的發展任務包括:

### 1.提供孩子的活動和父母的隱私

兒童所需的活動空間比前階段更大，花樣也更多，而父母在時間及空間的分配上仍應考慮為自己保留隱私。雖然孩子上了小學，在家的時間減少了，比較不需要在屋裏屋外跑，但是目前有些小學人數太多，非常擁擠，孩子在學校做什麼都得排隊等待、輪流分享，甚至老師為了秩序的管理，對孩子的行動諸多限制，因此回到家來，仍需要有活動的空間。而父母的工作忙碌，回到家來也需有自己的小天地，以得到充分的休息。

### 2.保持財務平衡

家庭開銷仍繼續增加，不但滿足家人的溫飽，更由於孩子已經上學，難免會發現並比較各人的家庭差異，因此許多家庭感受到「人家有，我們家也要有」的壓力。有些母親在此時試着重回就業市場，再找一份工作，一方面擴大生活圈，另方面增加家庭收入。有些父親則試着找兼差，利用閒暇時間賺取外快，除了維持目前的生活之外，也希望為孩子的將來存些錢。父母在此階段特別有「做牛做馬」的感覺，好像怎麼賺都趕不上開銷的速度。

### 3.同心協力去完成該做的事

不能因孩子漸長大了，就全家人生活重心往外移，許多事仍須靠每個人合作才能完成。家務事非常瑣碎，必須分工才不會對某一個人形成太大的負荷。最重要的意義還是在於從處理日常事務中，家人增

進彼此的了解和體諒，在成長過程中彼此協助。有時一件工作如果一個人做，會覺得枯燥乏味，度日如年，如果有人一起做，就是一種分享，做起來也輕鬆。父母切忌把做家務事當做處罰的方式，免得讓孩子產生反感而逃避，不肯合作，父母非得強迫他做或講條件，到頭來孩子可能會覺得在「幫」父母做，而不認為那是大家的事。

4.繼續滿足配偶的需要

經過許多年的相處，雙方已更知相憐相惜，在日常生活、性生活、或精神生活方面都滿足對方的需要。此時夫妻可能開始有「老夫老妻」的感覺，妻子最不滿意的是先生已不再甜言蜜語，浪漫成了奢侈；而先生最不滿意的是太太不注意修飾自己，只顧埋首於家務和孩子中，對先生只有要求，沒有了解，**雙方都對婚姻感到灰心**，甚至羨慕單身的人。

5.有效運用家庭溝通

利用各種溝通方式，傳達訊息，讓家人了解彼此的想法，以減少誤會及隔閡。孩子放學後，會帶回來許多學校發生的消息，父母可以從中了解他在學校適應的情形，父母也可以談工作上的問題和樂趣，使全家人融和在彼此的生活中。通常下班或放學回來，都已經累了，在放學到吃晚飯中間那段時間，孩子最容易爭吵，可能是血糖下降而比較緊張，不妨準備些點心，而且如果孩子回到家中時家裏有人，也比較不會心情浮躁。

其實很多夫婦辛勤工作，為的也是提高生活水準，但是生活品質不僅是物質生活的富裕，更是精神生活的充實，如果為了多賺些錢，而使家中污煙瘴氣，那就是捨本逐末了。溝通的重要在於它像一股流動的水，可以把憂愁、煩惱、憤怒、痛苦、悲傷等等不愉快的情緒沖走，**讓愛和溫情留下，只要它是流動的，水就會保持澄清**。

**6.在家族裏與親戚保持關係**

此時期的兒童已經可以到親戚家過夜或度幾天假了，一方面可以讓他經驗不同的家庭的生活習慣，另方面也可以學習獨立，不致太依賴父母，和親戚出去玩也跟和父母出去玩有不同的活動內容和樂趣。最重要的倒不在於他們一起做了什麼，而在於親戚是什麼樣的人。即使是自己人，但是親戚之間差異仍大，孩子從與親戚的交往中聽說了許多，例如，堂叔小時候如何頑皮，後來如何自己去闖天下，以及親人對他的評語等等個人歷史，對孩子來說，都是活生生又精彩的故事，也是最直接的人生教材。

除了平時的拜訪、書信、送禮、援助、假期共度之外，婚喪喜慶及年節，不妨維持一些合理的禮節和習俗，會使家庭成員更有向心力。事實上，尊重和善待配偶的親戚是愛的具體表現，如果互相批評對方的親人，即使屬實，很可能在心裏留下疙瘩，成為日後爭吵的導火線。

**7.家庭生活與家庭以外的生活連結**

父母隨着孩子的需要，關心學校及社區發生的事情，有問題時，與老師或鄰居交換意見。學校有家長會或園遊會時，父母盡可能參與，還有的學校歡迎父母參與輔導工作或幫忙上下學時間的交通安全維護，有時多令救濟或是災難救助，也需父母慷慨解囊。所有這些付出，看似家庭在為社區或學校做些什麼，其實父母在參與這些事情時，本身也更成熟、更健康。

**8.家庭生活哲學的再試驗**

孩子漸長大，他有他自己的看法和一些外人的看法，常成為家庭的挑戰，使父母感到迷惑，也逐漸修正價值觀及人生觀。孩子上了小學，最常用的口頭禪就是「老師說的」，常會使父母無言以對，如果

父母的看法和老師的看法不同，孩子會感到混淆，父母若堅持本身的看法，似乎對老師不敬，何況老師在孩子心目中是很有權威的；但是若見風轉舵，又不太甘心。很多父母在這矛盾的過程中，也修正自己某些觀念，使思想更具彈性，原則更明顯。

### 8.2-1　成人的發展

學齡時期的孩子的生活重心，看似由家庭轉移至學校，但是主要的安全感或穩定感仍是來自家庭，孩子還是很在意父母，雖然也許他不願意承認。一般說來，兒童心目中的父母是很理想化的，父親是最偉大的，母親是最能幹的。大約九歲開始，父母逐漸失去他們在孩子心中的崇高地位，孩子發現父母也會犯錯，也有一些弱點，心理上會感到失望、生氣、懊惱，有時親子關係會起摩擦，孩子不太能接受父母的不完美。這段時期，孩子的需要不同，父母也有不同的任務，主要是滿足孩子的發展需要，以及修改個人的認同和生活目標。

在滿足孩子的需要方面，由於學齡兒童受到同件的影響極多，在競爭的社會環境裏，體能、心智、社會方面的發展都大有進步。體能的發展雖然沒有心智或社會發展那麼多，但對孩子的自我認識及自我肯定很有影響。心智的發展使他可以有更好的溝通能力，和解決問題的能力。邏輯思考能力使他能做結論，有自己的信念、看法、和價值判斷，雖然不一定正確。

父母對他應多顧及心理的協助和輔導，管教時處罰的效果遠不如講理。心理輔導主要是恢復孩子的信心，不受朋友錯誤的影響。要鼓勵讚美他的努力，有時環境裏的競爭壓力使他顯得急功近利，好高騖遠，很需要父母給他安全和穩定的感覺。

杜弗也認為父母應該學着「讓他去」，孩子在學校有很多朋友和

同學，除了上課之外，還有各種課外活動，包括球隊、合唱團、才藝班、童子軍、及其他社團活動，忙碌得很。大部分父母都贊成孩子加入同伴的活動中，因爲這是成熟、獨立、受歡迎的人所必經的過程，但是父母也相對地付出更多的心力，因爲「讓他去」並不表示不管他，而是犧牲自己的時間，以遷就孩子忙碌而不固定的時間。另外，還要允許孩子偶爾在外過夜，信任他離開家的能力及需要，而與同學或親友生活一小段時間。通常這種「小別」有助於孩子長大，也讓他更能珍惜自己的家庭。

艾立克森認爲學齡兒童常會懷疑自己的能力，顯得自卑，他覺得自己沒有別人的聰明能幹，而且不管多麼努力都不能解決這個困難。那些長久顯得無助的孩子主要就是對自己和自己的能力沒有把握。孩子的同儕團體是個小社會，同伴們不會對他特別仁慈或諒解，在團體裏每個人都可能有機會被嘲笑，被比下去，甚至心靈受到傷害，有時孩子們也會找代罪羔羊，毫不留情的指責他、羞辱他，有的孩子從中學到自我防衛，也有的孩子變得很沒自信，不敢與衆不同，以免被同學排斥。

父母宜多注意孩子的優點及特長，而不要強調他的失敗和弱點，要讓他覺得他是個有價值的人。父母也要在孩子聽見時，向別人提起他的優點，讓他有表現機會，使其同伴不致太瞧不起他，也注意到他的傑出的地方。這個年齡的孩子，我們無法要求他眞的很懂事，要他了解別人的感受和心情，但是父母本身的表現會使他學着成熟的想法和行爲。

在修改父母個人的認同和生活目標方面，學齡兒童的父母多數是在三十歲左右，三十歲是人生的一個轉換期，三十歲以前，多數人都試着成家立業，到了三十歲，進入到重新審視生活目標的階段，看看

以前所選擇從事的，自以爲適合自己的目標是否仍合宜，如果答案是肯定的，他會繼續更投入，否則他就必須修正。

看着孩子快速的長大，成人會更感覺時間的飛逝，尤其在孩子身上要花費不少時間，就更顯得自己的時間受到限制，更不夠用，時間造成的心理壓力也就更明顯了。男人通常希望在工作上開始投入更多，更有表現，建立事業上的地位；而女人則因婚姻及家庭責任，往往會對自己不滿意，怕自己變成黃臉婆，有時由於自卑而不願與社會接觸。

婚姻也面臨危機，尤其夫妻若缺乏溝通與親密感，加上生活瑣事的干擾，會產生厭倦感，若不用心維護，容易導致離婚。此外，多重角色的壓力也使人感到疲憊；有些成人也須照顧年老父母，他們的父母通常在六十多歲左右，退休、健康、養老等問題很需要兒女去關心和協助，這是爲人子女的角色；在工作上，差不多過了試驗期，正是準備要衝刺的時候，往往職位也較高，使命更重，責任更多。

在育兒、婚姻、事業、奉養父母各方面，其中任何一方面遇到問題，都可能造成整個家庭的危機，所謂的危機（crisis）就是指未預料的逆境，擾亂了平日生活的常規及習慣的適應方式，而需要以新的適應方式來應付危機的情況。

家庭危機的嚴重性通常決定於幾個因素 (註6)：

1. 問題困難的程度；
2. 是否有資源可求助；
3. 家人的態度；
4. 性格、能力、人際關係。

有些家庭較不擅於應付危機，因此顯得多災多難，其實危機和一個家庭的健康是一種良性循環或惡性循環的關係。通常我們遇到危機

時，第一個反應是震驚，而後是慌亂，接着會感到憤恨不平，產生許多衝突，克服了衝突就開始轉變，轉變之後就是調適。如果這個過程能安然度過，這個家庭就會增加適應能力，會成長，這就是良性循環。反之，有的家庭在遇危機時，因慌亂而自暴自棄或求助於神棍，就走了下坡，每次的危機都元氣大傷，甚而引起其他的危機。

其實家庭危機是一個最好的機會教育，兒童並不是全然無知的，可以視情況，讓孩子了解家裏發生了什麼事，也讓他一面看着父母以何種態度、何種方法，解決問題。

## 8.3　家庭對兒童上小學適應情形之影響

學齡兒童的家庭最重要的工作之一，**就是幫 助孩 子適 應學 校生**活，不僅是在功課方面，也在人際關係方面。

孩子剛上小學，邁入一個與幼兒期截然不同的生活方式，他的生活方式改變主要的包括 (註7)：

### 1.活動領域擴大

小學生活提供了許多新的經驗，有的孩子興奮、好奇、到處探索；有的兒童却茫然無緒、無所適從。

### 2.接觸人、事的增加

進了小學，與同學和老師相處，人際關係趨於複雜化，面對大團體生活，兒童必須重新調整自己的行為和態度，才得以與大家和諧相處。

### 3.遊戲與工作的分化

幼兒的生活就是遊戲，他在遊戲中學習，也在學習中遊戲。到了小學，有固定的上課時間，每天還有學習的作業，和以往的遊戲生活

大不相同。兒童必須學着去適應學校正規的課程，和生活上應遵守的常規，這可能是入學適應中的最大挑戰。

### 4.期望與要求的提高

入了小學，無論父母或社會對孩子都會有更高的期望與要求，父母和老師逐漸要求他學習獨立自主，自己處理生活周遭的事物，並為自己的行為負責，不再處處依賴他人。

面臨這種種生活上的改變，孩子會感到有些壓力，如果父母或老師不了解他的困境，反而嚴格要求，孩子受到太多挫折又無力應付，便容易產生不良適應的情形：

### 1.情緒發展上

有些孩子剛入學時，會有分離的焦慮，害怕離開父母，此時若未能予以適當的引導，加上課業及常規處處難以達到老師的期望，重重的挫折與壓力，將導致其焦慮不安、自暴自棄。此外，也有部分兒童因在家中受到父母的驕寵，凡事不如其意，便大發雷霆，在學校便容易和同學發生衝突，好強、好勝、愛發脾氣、不知控制自己的情緒。

### 2.社會關係上

兒童自二、三歲起，即喜歡結伴玩耍，這種羣體生活的經驗，將影響其日後社會關係的發展。有些孩子一進入新的團體，很容易和大家打成一片，有些孩子却陌生、害羞、畏縮、不知如何融入團體中。甚至有些孩子因常侵犯他人、攻擊他人，而致人緣很差，遭同學排斥與拒絕。

### 3.學習態度上

兒童的能力和興趣有個別差異，有些父母過度計較子女的各項表現，造成很大的壓力，甚至產生反感。再加上學校和老師，也以「競爭才有進步」為名，經常舉行各種測驗和比賽，重視彼此成績之比

較，使兒童終日忐忑不安，根本無法安心學習。而那些老是嘗受失敗的經驗的兒童，可能因此喪失自信心，降低抱負水準，再也提不起成就動機與學習興趣。

### 4. 學習生活上

低年級的兒童本來自理能力就較弱，注意力也較不易集中，若上小學之前未能給予適當的指導，進入小學後，很可能面臨許多學習生活上的困擾，例如，不會自己過馬路上學、不會自己整理書包、聽不懂老師交待的事、上課不能專心、不喜歡做作業等等。這些困擾若短期內無法克服，勢必影響孩子的學習。

一般的父母對孩子的學業成績非常重視，因此孩子在學校若因適應不良而導致功課落後，是多數父母所不願見到的。然而適應不良絕對不是孩子自願的，父母必須負大部分責任，一方面在上小學之前給孩子良好的準備，不是讓他先學些小學的教材，而是讓他學習獨立、培養信心和學習興趣，盡可能先防患於未然；另一方面，如果孩子上了小學，發生一點適應不良的情況，父母不必驚慌，要找出原因，而找出原因並不等於歸究責任，重要的是尋求補救的方法。

等到孩子適應了小學生活，父母就可以安心的欣賞和享受孩子的學習過程，同時也偶爾與老師保持連繫。

## 8.4　學齡兒童的家庭所關心的幾個問題

孩子上小學，雖有老師分擔了一部分教育工作，但是有些事情屬於學校的職責之外，仍需父母多費心，以免成了「三不管地帶」，這些問題包括：鑰匙兒童的問題、才藝班的問題。

### 8.4-1　鑰匙兒童的問題

大部分的雙生涯家庭，對於孩子下午放學後到父母下班回家中間這段時間如何安排，感到十分為難。很多家庭沒有長輩在家，父母只好讓孩子帶着鑰匙去上學，放學回家時自己開門，等父母回家，因此一般稱這種兒童為「鑰匙兒童」(latch key child)。

鑰匙兒童的問題受到社會重視，是因為它是社會變遷過程中的產物，而且已形成社會問題：

1.孩子單獨在家，意外事件發生時無成人在場，安全可虞。

2.有的孩子藉機四處遊蕩，更有不良分子挾持、勒索、或誘無知兒童做壞事。

3.有些學童膽子較小，不敢一個人在家，心理上形成嚴重傷害，使得鑰匙兒童普遍具有高度的恐懼感、不安全感、孤僻不合羣，而且喜歡反抗父母，成年之後也會有較為強烈的社會疏離感。

然而也有學者認為鑰匙兒童的經驗有利於兒童的發展，提早到來的責任感，　將使得這些兒童較其同齡的友伴們更為獨立、　自信與機智，面臨問題或危機時，也較有自行解決的能力。然而過早的獨立訓練也可能產生更嚴重的弊端，因此目前已有一些補救之道，例如：

1.有些國小有　「課後輔導班」，　收留放學後暫時無家可歸的學童。　但是對老師造成一些不便，　因為老師們也有自己的家庭需要照顧。

2.有些私人設立「鑰匙兒之家」，讓孩子放學後待在那兒，等父母下了班來接回家。通常這段時間就讓孩子做做功課，也有的應父母要求，安排一些才藝學習活動，或看看電視。不過有的鑰匙兒之家設備簡陋而擁擠，服務人員素質不佳，對孩子可能有不好的影響。

3.有些幼兒園有「國小輔導班」，利用幼兒園原有的場地和設備，提供給國小一、二年級只上半天課的兒童使用，大部分是針對該園畢業的孩子，算是學前教育的延續。

可是這些都只是補救之道，不能眞正取代家庭給孩子的安全感和鬆弛精神的功能。比較理想的解決之道在於彈性調整上下班時間，讓父母之一能早些回家，事實上有許多工作並不一定需要「朝八晚五」，不妨以「效率」爲要，縮短工作時間，一樣可以完成工作。

在客觀條件尙不能如此配合時，吳明燁（1987）（註8）提出一些具體建議供父母參考：

1.父母必須充分意識、並了解年幼孩子自處時可能發生的種種問題與危機，盡量做好預防措施。

2.時時與學校教師保持密切聯繫，以充分掌握孩子情緒或行爲的變化。

3.做好各項具體的保護措施，例如列舉各種求援的電話號碼，準備簡單的醫藥箱等。

4.教導孩子求援的方法，培養應變能力。

### 8.4-2　才藝班的問題

近年來，由於生活水準的提高，一般的家庭比以前的家庭更有餘力提供各種不同的學習與訓練的機會，各式各樣的才藝班也就因應而生。一般父母認爲學齡前幼兒還小，可學可不學，而青少年時期功課太多、升學壓力大，不適合花太多時間學習才藝，因此小學階段的孩子最被「寄予厚望」。

父母希望孩子學習才藝的原因很多，主要的有（註9）：

1.肯定藝術的價值：確信某些才藝對孩子的藝術修養有幫助，希

望及早給予陶冶。

2.基於補償心理：父母本身對某項才藝有興趣，但因年幼時沒有機會或缺乏學習環境，所以願意讓孩子得到他沒得到的，並不期望孩子成爲專家。

3.爲孩子安排課餘時間：視學習才藝爲課外活動。

4.爲了陶冶孩子的性情：培養孩子的耐性、專心或鍛鍊體魄。

5.「人家有，我也要有」的盲從心理：覺得不參加就跟不上潮流。

6.潛意識裏虛榮心作祟：以爲孩子上才藝班就高人一等。

7.純粹是抱着「試試看」的態度：孩子若喜歡，就讓他繼續學，不喜歡就算了。

8.認定孩子某方面確有超過別人的天賦：甚至盼望孩子以此爲終生職業。

9.有害的補償心理：強迫孩子去達成自己未竟的心願。

這些原因通常不是單一存在的，一般情形都是混合心態，有的明顯，有的不自知。基於這些原因，才藝班的設立也產生了一些可喜和可憂的現象。

可喜的現象包括：

1.一般人肯定了才藝的價值，造成風氣，才藝不再被視爲雕蟲小技。

2.許多有天賦的孩子及早被發現，得以適時接受培養。

3.學習才藝不再是某種階層的特權，使得藝術全民化。

可憂的現象則是：

1.超過適度的安排，使孩子負擔加重。有些孩子的「節目緊湊」到令人咋舌的地步，每天放學後還得趕場，看似充實，却什麼都學不

好。

　　2.有些父母操之過急，渴望立即見到效果，忽略了學習過程。家長的要求使得才藝班老師不得不使出混身解數，過分強調和要求技巧的訓練。

　　3.孩子倘若接觸某項才藝的經驗不愉快，使得興趣消失殆盡，造成日後千方百計逃避，反而連欣賞的胃口都破壞了。

　　能看清一件事的利與弊，就比較可能去其弊而取其利。學習才藝不是好或不好的問題，最重要的仍是父母的態度和方法，所謂「強加於人，好事變壞」，最好是讓孩子有個學習才藝的環境，可以讓他在廣泛的接觸經驗與摸索過程中，逐漸地發現自己的興趣與潛能。父母和老師應留意觀察，予以鼓勵讚賞，在能力、時間，以及師資許可的範圍內，繼續培養他的特殊才華。

　　學習才藝對孩子來說，　最重要的是藉着學習的活動，　多了解自己，知道自己的特長與不足，減少「懷才不遇」的遺憾。而良好的學習經驗有助於人格的發展，能讓孩子從不同方面去接觸生活、表達情緒，並培養對人生的體驗，以及對自然的珍惜。讓孩子先喜歡學、高興學，才能學得好。

## 註　釋

註 1　Havighurst, R. J. (1970). *Developmental tasks and education. Rev. 2nd ed.* New York: David Mackay.

註 2　Williams, J.W., and Stith, M. (1980). *Middle childhood*: Behavior and development. New York: Macmillan.

註 3　同註2.

註 4 Piaget, J. (1967). *Six psychological studies*. New York: Random House.

註 5 Duvall, E. M. (1977). *Marriage and family development. 5th ed*. Philadelphia: J. P. Lippincott.

註 6 Sasse, C. R. (1978). *Person to person*. Peoria, IL: Chas. A. Bennett.

註 7 徐慕蓮（1987）.**個人及家庭因素影響國小新生學校生活適應之研究**，師大家政教育研究所碩士論文。

註 8 吳明燁（1987）.職業婦女與「鑰匙兒童」，社區發展，52-55.

註 9 黃迺毓（1986）.學習才藝之風從那裏來？**孩子够聰明，父母怎麼辦？**臺北：信誼基金，74-82.

# 第 九 章

## ●青少年時期與成年時期●

　　青少年時期指的是十三歲到成年之前，可是，到底幾歲算是成年呢？在美國，一般認爲當一個孩子可以離家獨立生活，即是成人；在我國，很多已有能力獨立生活的人仍與父母住在一起，甚至結了婚也不一定離開父母，因此「離家獨立」並不能代表青少年時期結束，而進入成年時期。一般來講，我們認爲十三歲到十六歲，國中階段，是「少年期」；十六歲到十八歲，高中高職階段，是「青年前期」；十八歲到結婚以前，上大學階段或開始就業階段，是「青年後期」；而法定的成年則是十八歲。

　　按艾立克森的說法，青少年時期的社會發展是自我認同／角色混亂，如果發展順利，就形成忠誠，而進入成年時期。成年時期的心理危機則是親密／孤立，若發展順利，就得到友誼、關懷、愛。

　　本章將就青少年時期及成年時期的特性及其家庭作一概略的介紹。

## 9.1　青少年時期的特性

在以往，青少年時期的發展並不受到重視，通常在青春期以前算是孩子，青春期開始就算是大人了。如今由於心理學的發展，我們才了解到，青少年時期是介於兒童和成人之間的「風暴期」，這段期間，青少年在生理及心理方面都有劇烈的變化。青少年的特性大致爲：

### 1.生理和心理變化非常快速

青少年期是人生的蛻變期，生理方面包括：身材比例的改變，身高體重增加，性器官發育成熟；心理方面包括：自己老覺得不夠好、情緒化、價值觀轉變、自我中心。

### 2.解除父母對個人之管教

青少年嘗試以不同的方法來認識自己，而在家庭裏，他在父母眼中的形象和地位已固定，因此他會逐漸要求解除來自父母的管教，向外尋求社會和人格的發展。

### 3.充滿了試驗、理想主義、衝突、和不確定

父母和同伴對青少年的期望並不實際，他們希望青少年對未來有明確的方向和目標，使得他對自己的能力有一種太理想化的夢想，而致夢想幻滅或失望。

### 9.1-1 青少年的發展任務

黑維赫斯特（Havighurst, 1970）（註1）認爲青少年的發展任務包括：

1.與同性和異性的同輩朋友有更成熟的關係。

2.達到男性或女性的社會角色。

3.接受自己的身材，有效使用身體。

4.情緒獨立，脫離父母和其他成人。

5. 確知經濟有依靠。

6. 選擇和準備職業。

7. 準備將來成家。

8. 發展公民所需的智能和概念。

9. 願意並達成負責的社會行為。

10. 獲得一套價值觀及引導行為的倫理系統。

### 9.1-2　發展認同感

青少年階段在心理社會發展上最重要的是自我認同的形成，而且人生的方向也有許多不同的選擇。青少年會逐漸了解，雖然「我」在不同的場合或不同的時間裏，有不同的面目，但是這些面目是相關連的，交錯成整體的個人，例如他是一個學生、班上的風紀股長、童子軍、朋友、家裏的長子、哥哥等等。

從他過去的經驗裏，他對自己有了基本的認識，而從這些基本認識裏，他會想到自己將來要成為什麼樣的人，在這個認同的過程中，同儕團體和崇拜的偶像的影響很大。在同件之間，他看到自己和別人有什麼相同或不同，在哪些方面比別人強，哪些方面不如別人。從崇拜的偶像中，他仰慕甚至仿效運動明星、歌星、影星等等，家裏的人對他並沒有很大的吸引力，他覺得家人都太庸俗，他甚至想從家人中獨立出來，建立一個超越的自己。

如果他這段自我的追尋過程困難重重，無法克服，他會產生角色混淆，他無法把各種角色綜合起來，成為整體的自我，而是一些分散的、互相之間沒有什麼關連的角色。

這段期間的角色認同是日後人格發展的基礎，但並不是說他的角色已經固定，日後他仍會藉着其他新的角色，調整自我認同。

### 9.1-3　適應青春期

性成熟的發展是青少年時期最重要的現象，一般稱之爲青春期，可分爲三個階段：

1.前青春期，或稱尚未成熟的階段：此時第二性徵的特徵開始發展，但生育功能仍未成長。

2.青春期，或稱成熟中階段：第二性徵的特徵繼續發展，但尚未完成，此時開始產生生殖細胞。

3.後青春期，或稱成熟的階段：此時第二性徵發展完全，且性器官表現出成熟的功能。

青少年時期的發展，受到內分泌影響很大，此時期將近開始的時候，腦下腺分泌兩種激素：一是生長激素，影響個體身材成長的大小，另一種是性腺激素，刺激性腺的活動。青少年初期性腺的生長和發展，使個體在生理、心理和行爲上發生顯著的改變。女性生殖系統的卵巢產生卵細胞，子宮、輸卵管及陰道均趨發展，並且周期性的月經也開始，男性生殖系統的睪丸產生精子，攝護腺、精囊和輸精管均趨發展，並開始有排精現象。

男女兩性的第二性徵的出現包括陰毛、腋下毛、體毛、喉頭骨等的生長、聲音的改變、男性肩膀及女性臀部的增寬、以及女性的胸部乳房的發育等，此時男女兩性的身體外型有了更顯著的差別。

青春期性成熟的發展，男孩比女孩需較長的時間。女孩戌熟約需三年的時間，而男孩約需二至四年的時間，且較不規律，同性別之間的個別差異很大。這些在身體和生理各方面所表現出的急速生長和重大變化，會帶給青少年身體上的不適，精神上的不安，心理上的困惑，及適應上的困難。青少年應對這個時期的發展有充分的準備，預

知身體和生理改變的情形，並明白這些改變的意義，就會比較少受到心理上或情緒上的影響。

在初期由於身高和體重迅速生長，有時在行動上不能協調，顯得笨拙，過一陣子動作才能成熟。由於外表的變化大，青少年對自己的身材和外貌比較敏感，對高矮胖瘦也比以前在意，對自己的一些小缺點，如疤或痣，有時過分關心，但是這些都是正常的現象，父母不必擔心他小題大作。

### 9.1-4　獨　立

青少年的獨立通常顯示在幾個方面：與同儕團體的關係更密切；與家人在一起的活動越來越少；選擇自己的朋友，不像兒童時期還會徵求父母的同意和看法；如果父母批評他的朋友或阻止他選擇自己的朋友，就會起衝突。

其實一開始，孩子也許不會分辨好朋友和壞朋友，但是有了一些吃虧受害的經驗後，他漸漸學會選擇。有時青少年太迫切要證明自己是獨立的，會有不太理性的怪異行為表現，譬如奇裝異服、說髒話或粗俗俚語、不正常的飲食習慣、飆車等等，以表示他抗拒權威；越引起成人的反感，他就越感到自己長大了，不再受成人控制。

目前社會裏，青少年為了表現獨立而走向極端的現象包括：吸食強力膠、婚前性行為、離家出走、早婚等。

1.吸食強力膠

青少年吸食強力膠，一方面是受成人的影響，以為吸膠可以忘却煩惱，得到精神的解脫；一方面受同伴的影響，表示自己不落人後，也滿足好奇心。吸膠的人數還不算太普遍，然而吸煙或喝酒的青少年人數却在增加，　年齡也逐漸降低，　在青少年時期一旦開始吸膠或抽

煙、喝酒，通常會延續到成年以後。

　　2.婚前性行為

　　婚前性行為也是青少年盲目的追求獨立，想證明自己已經成年，有的孩子則以此來表示對父母的憎恨和報復。雖然很難蒐集到正確的數據，但青少年的婚前性行為似乎比以前增多，色情傳播媒體的泛濫，使年輕人對男女關係有了錯誤的觀念，加上自制力不夠，易生衝動，有些似是而非的價值觀，輕易的取代了傳統的價值觀念，例如「只要二人真心相愛，婚前可以發生性關係。」、「只要雙方願意，而且不傷害其他人，性關係都是合乎道德的。」、「人不應該為了滿足性需要而結婚。」等等。

　　性教育在我國仍相當缺乏，青少年的資訊來源也多半是坊間的黃色書刊或錄影帶，觀念不正確是必然的。性教育應該不只教導一般的性知識，也應引導青少年判斷是非，做明智的選擇和決定。

　　3.離家出走

　　青少年離家出走的原因很多，根據亞當斯和孟洛（Adams and Munro, 1979）（註2）的研究，主要的原因有：⑴家庭環境不好，⑵父母的管教問題，⑶在學校裏的表現不佳，⑷父母的支持太少，⑸覺得被父母排斥或嚴厲控制，⑹反抗父母或權威人物，⑺為了要獲得某種社會角色和行為，⑻家庭壓力，⑼沒人管。

　　家庭缺乏溫暖是孩子不願回家的主因，有的青少年離家出走後又回家，家人覺得羞恥而不接納他甚至處罰他，使他再度出走，就更容易受到不良分子的利用，誤入歧途而無法自拔。

　　4.早　婚

　　早婚的青少年通常也是對家庭無法忍受，想逃避現況，以為結了婚就可以過新生活。可是往往由於婚前憧憬太高，婚後面對現實生活

便會失望，加上年紀太輕，個性尚不穩定，又有現實生活的壓力，容易導致離婚；而且早婚者往往必須輟學，學業未完成，就不易找到合適的工作，走投無路時，方才體會獨立不是簡單的事。

### 9.1-5　採納新的行爲規則和價值觀

青少年受同伴的影響比受家庭的影響大，最明顯的就是他們的衣著打扮、音樂的喜惡、言談中的俚語等等，常令成人非常看不順眼，嗤之以鼻。事實上，同儕團體的組成分子會改變，青少年也會在其中調整自己的社會角色，大部分十幾歲的人都怕被同伴視爲異類，他很在乎自己是否受歡迎，他的行爲也會跟着團體的行爲規則而改變，在同儕團體中，他可以說是「隨波逐流」，成人不必太引以爲怪。

青少年對異性的興趣增強，有的孩子開始約會，造成親子間的衝突，父母尤其是擔心女孩子交男朋友，對男孩子交女朋友倒不特別在意，甚至有些「兒子已長大」的自得，這種雙重標準相當普遍。其實約會有其正面價值，使青少年對異性的好奇得到滿足，也爲將來擇偶增加經驗。

初開的情竇是非常珍貴的，這種純潔而羞澀的感情是一種自然的本能，「喜歡」並不等於「愛」，而「愛」也不等於「性」，當孩子對異性開始感到興趣，通常是在喜歡的階段，有時只要多看一眼，或多想一下，就感到很快樂，倒是萬一成人（包括父母和老師）不能以正常的眼光去看他，使他以爲自己有問題，就會無所適從。

我們的社會和教育中，「情感教育」和性教育同樣缺乏，造成了許多不幸的婚姻和不幸的家庭，也傷害了更多無辜的下一代。

青少年時期的孩子對事物的邏輯思考也受到其認知發展的影響，皮亞傑（1967）（註3）認爲青少年是到了正式運作期（formal operation)，在解決問題時能以邏輯和理性去假設和推論，而做判斷和決定。到了青少年時期，自我中心傾向會減低，思想比以前有彈性，兒童期的二分法到了青少年期漸能接受事情並不都是「非黑卽白」，中間有不同層次的灰色，因此價值觀會調整。

### 9.1-6　探索職業目標

在農業社會，大部分的男子繼承父親的產業，經營父親的事業，女子則學習持家技能，有了合適對象卽由父母作主許配，個人幾乎不必做選擇。但是現今的年輕人多數必須在成長過程中，一步步了解自己適合做什麼，並做好準備，因此輔導子女探索職業目標成爲父母的重要職責之一，而且這也決定子女求學的方向。

談到職業發展，金斯柏格（Ginsberg, 1972）(註4)認爲個人的職業選擇是一系列相關的發展階段，價值觀、現實環境、心理因素、教育機會、以及學業成就，均影響個人職業選擇的過程。根據金氏的理論，個人的職業選擇有幾個階段：

1. 幻想期（*The Fantasy Period*）

十一歲以前，孩子相信他能做他想做的事，選擇的要素是需要和衝動。

2. 試驗期（*The Tentative Period*）

十一歲到十七歲，決定選擇的因素是能力和價值觀，只是試驗性的選擇，並未能考慮實際的因素。此時期又可分：

(1)興趣階段（The Interest Stage）：十一歲至十二歲。

(2)能力階段（The Capacity Stage）：十三歲至十四歲。

(3)價值階段（The Value Stage）：十五歲至十六歲。

(4)過度階段（The Transition Stage）：十七歲。

3.現實期 (*The Realistic Period*)

十八歲至二十歲出頭。選擇時,現實的因素(職業需求或教育機會)和個人的因素之間,必須獲得妥協,才能做成決定。此時期又分為:

(1)試探階段 (The Exploration Stage)

(2)具體化階段 (The Crystallization Stage)

4.專門化期 (*The Specification Period*)

到了二十多歲,應能認定所能從事的職業,並有具體計畫。

在1957年,羅(Roe)（註5）曾提出「職業選擇早期決定論」,說明童年經驗與職業態度的關係,她分析童年所處的家庭氣氛,並發展了一個職業羣分類表(見表 9-1)。

**●表 9-1 羅氏職業羣分類表**

| 職　　業　　羣 | 說　　　　　明 |
|---|---|
| 1.服務 (Service) | 輔導、家事等注意別人需要的行業 |
| 2.商業活動 (Business Contact) | 商人等 |
| 3.行政 (Organization) | 經理、公務員等 |
| 4.技術 (Technology) | 工程師、技工等 |
| 5.戶外活動 (Outdoor) | 農夫、礦工等 |
| 6.科學 (Science) | 科學界(數學家、物理學家) |
| 7.文化工作 (General Culture) | 教育界人士 |
| 8.藝術、娛樂 (Arts & Entertainment) | 藝術家、運動家等 |

資料來源:楊朝祥編著、生計輔導——終生的輔導歷程。臺北:行政院青輔會,1984。

　　羅氏認爲由於家庭氣氛不同，將發展出各種基本的職業態度、興
趣、和能力，她將這些特質與前述八種職業羣的特性之間建立一種關
係，以解釋童年經驗與未來職業態度的關係（如圖 9-1）。她認爲：

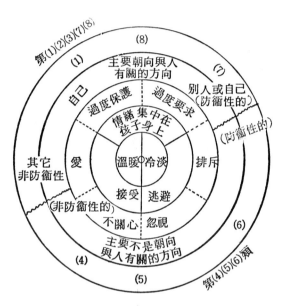

●圖 9-1　早期家庭氣氛與各類職業配合圖

　　1.來自愛、保護、和要求的家庭的孩子，日後傾向於選擇與人有
關之職業。

　　2.來自排斥、忽視、和不關心的家庭的孩子，日後傾向於選擇與
人不產生關係的職業。

　　3.如果孩子感到被過度保護或要求，基於防衞性，他可能選擇與
人不產生關係的職業。

4.有些來自排斥的家庭的孩子，爲了補償，也可能選擇與人有關的職業。

5.來自愛但不是關心的家庭的孩子，可能會以其能力，而非個人的需要，而選擇他在人際間的方向。

## 9.2　青少年的家庭

從最大的孩子進入青春期，到最小的孩子滿十八歲，意味着這個家庭的「養兒育女」的責任可以卸下了，家庭生活和親子關係需做很大的調整，管教子女的態度和方式，必須因青少年的需要而改變，經常會有親子對立的緊張情況，由於價值觀和生活型態不同，代溝趨於明顯。

### 9.2-1　青少年期的家庭發展任務

杜弗 (Duvall, 1977)（註6）認爲青少年的家庭的發展任務包括：

*1.提供滿足不同需要所需的設備*

青少年的交往圈子比前段時期擴大了許多，他會希望家裏偶爾也能招待朋友，能有一點青春的格調，青少年的虛榮心使他會要求家裏體面一點，也需要有隱私，當他想孤獨一下時，可以不必理會任何人，有時朋友來玩玩鬧鬧，有自己的小天地，可以不必影響到其他家人。

很多家庭在此時會發現房子不夠大，尤其在臺灣，地狹人稠，都市裏的公寓房子更不夠青少年活動，他們只好滿街流竄。父母本身也需要安靜和獨處，因此空間的分配是很大的問題，加上孩子漸漸長大，開始必須與父母共同使用一些器具和物品，男孩子可能開始剃鬍

鬍，或是玩音響，做木工，女孩子則借媽媽的化粧用品或衣飾，父母的生活習慣多少受了影響。

### 2.解決家庭裏有關金錢的問題

由於空間的擴張和設備的更新，是青少年的家庭所必然面臨的問題，家庭開銷在此時會大幅增加。小孩用的書桌可能不適合青少年使用，冰箱和其他家具也可能使用多年而該換了，此外學校裏的費用（包括學雜費、書籍費等）和社交的費用都是很大的開銷。有些父母怕若不能充分供應孩子所需的金錢，孩子會克制不了物質慾望，不是自覺寒酸，就是會以不正當的手段去獲得，因此在美國有些父母鼓勵孩子打打工，一方面較珍惜金錢來之不易，會學着計畫和分配，另方面也讓孩子從工作中培養敬業、負責的態度；也可以讓孩子了解家庭收支的情形，在購買一些東西時，也讓孩子表示意見，不要用控制零用錢來要脅孩子。

### 3.分擔家庭生活的責任

青少年對於分擔家務的能力和興趣都改變了，他已長大，偶爾下廚做點自己愛吃的東西、幫忙準備簡單的飯菜、修理小東西等等，都可以使他得到成就感，小時候較常做的，如倒垃圾、擦桌子等，可能太簡單，他會覺得乏味。在分配家務責任時，最好也能斟酌孩子的意見，使他能心悅誠服的去履行任務，而不至於每天都爲了強迫他做而傷感情，而權利也應隨着責任的增加而提高，孩子心理上才會覺得平衡。

有許多父母把學業看得太重，只要孩子做功課，其他的事一概不必做，其實整天都讀書，效果一定不好，而且書上的東西和現實生活無法連結，變成書呆子。其實分配工作後，孩子也會學着安排時間，在功課和工作上都講求效率，對長大後的辦事能力很有幫助。

### 4.重視婚姻關係

結婚十五年以上的夫婦往往就不太注重生活的情調了，一方面大部分的精力和時間都放在兒女和工作上，為自己保留的不多，另方面似乎把對方的付出當做理所當然，甚至看別人都很好，就是自己的配偶不夠好。

夫妻關係雖不像新婚時的濃情蜜意，但是愛情仍需努力灌漑，否則會枯萎，以致同床異夢。此時期的孩子性意識開始覺醒，如果父母的婚姻美滿，孩子對愛情會有比較正常的觀念，萬一父母貌合神離，孩子可能會有婚姻恐懼症，對異性有偏差的看法。

其實孩子已稍能獨立，夫妻應更能放下部分負擔，好好的把握盛年，不必老氣橫秋的，孩子遲早會離開，配偶却還可以共度許多年。

### 5.跨越溝通差距

各人忙碌的生活使得溝通不夠，家庭最大的功能之一就是讓每個人回家都能把在外發生的事，愉快的和不愉快的說出來，不必擔心會被誤會或扭曲，但是，很多時候家人却是最後知道發生了什麼事的人，甚至是從別人那兒聽來的，這表示家庭裏的溝通有了問題。

青少年最感疑惑的大概就是性的問題了，但是父母常不知如何與孩子談性，雖然孩子可能從小就開始問：「我是從那裏來的？」而父母可能也給予各種回答，但是到青春期，孩子反而不太問這些問題，因為他們此時期不太好奇，而且嗓音變了，長出陰毛，女孩乳房漸大，開始來經，反而不知如何主動與父母談，在保守的家庭，這更是溝通的盲點。

孩子有事喜歡跟朋友商量是正常的，父母不必認為自己不被信任，也無需追問，除了語言之外，溝通方式還有很多，可以從孩子的舉止神情看出來。不要太緊迫盯人，使孩子喘不過氣來，也不要把孩

子的批評當成人身攻擊，而加以反擊，那樣孩子就學不到良好的溝通方式了。

### 6.與親戚保持連繫

青少年對於那些愛教訓人的權威型親戚很反感，但是親切慷慨的親戚則受歡迎，但是不管是愛挑剔的或是寬宏大量的，是有智慧的還是愚蠢的，是慷慨的還是小氣的，親戚總是親戚，不能輕易得罪，要維持禮貌，不像一般朋友那麼有選擇性。因此從與親戚的交往中，不但讓孩子對家族有更多認識，也讓孩子了解人際關係中的包容，畢竟親戚是介於家人與外人中間的關係，雖不像家人這麼親，却比與一般外人的關係更親一些，是人際關係中很重要的一環。

### 7.擴大青少年與父母的眼界

孩子到了青少年期，能了解的事物增多了，全家人出去也可以分享一些心得感想，而不是一路吃吃喝喝而已。個人的眼界也擴大，父母親見的世面多了，孩子的交往廣了，都能把一些新的念頭帶回家裏。

這段時期，父母會感到有時孩子好像不是自己的，當孩子有了初戀對象，當孩子加入某些團體，他會改變許多原先的想法，有時父母不太能接受，事實上，如果父母也將這些新的想法容納在自己的想法裏，使自己更具成長的彈性，才能因應現代生活之需。

青少年期親子之間的發展互動關係着重在兩點：一是與孩子維持有效的溝通，一是滿足個人和共同的需要。

## 9.2-2　青少年對成人或父母的期望

由於青少年本身變化很大，他對成人或父母的看法也會改變，他對父母有不同的要求，最主要的有：

### 1.自　由

他要確定自己有做決定的能力，例如，交朋友、外出行爲，但是他也不希望過度的自由，而是希望自主權慢慢增加。

2.傾聽並討論問題

父母要能傾聽孩子的心聲，才能了解孩子的心事，不要論斷，要將心比心，試着與孩子溝通。

3.關注和協助

在青少年需要時，仍要關心他、支持他，並且能表示出來。不要以爲青少年尋求獨立就是眞的能完全獨立。

4.信　任

當青少年準備要踏出家庭時，父母會急於將可預見的危險或曾見過的錯誤灌輸給孩子，雖然他們自己也是在錯誤中學習而成長的，但是顧慮到安全，父母很不容易放心的信任孩子會安然度過那些困難，但是如果孩子一直不被信任，就沒有機會成長、成熟。

如果成人因覺得青少年的想法和行爲都尙幼稚，無法信任他，就會忍不住提供解決辦法、限制、意見、評語，孩子感到自主權受到干涉，造成代溝。因此代溝的存在並不一定是父母或是孩子的責任，也不一定是不好的現象，它表示孩子的確在長大，重要的是溝上有沒有「橋樑」，兩岸的人能否互相體諒，互相包容。

## 9.2-3　與青少年溝通

親子關係的良莠繫於溝通的成敗。很多現代父母都納悶：親子之間的衝突是否自然而無可避免的？

在過去，孝與順是並行的，父母的看法和做法，即使孩子心中不以爲然，也不表現出來，但是現在的青少年，不但「敢」於與父母有不同的想法，更刻意的標新立異，造成問題、衝突、誤解、和反抗，

使得多數父母束手無措，大歎父母難爲。但從另一方面來看，代溝的存在也有其價值，多少表示年輕人能思考，有自己的想法，也不掩飾或壓抑，反而能使問題較明朗化，較容易去面對並解決。

心理學家弗洛依德認爲兩代之間的衝突是必要的，在過程中孩子學會辨別、澄清自己的觀念，所以衝突的發生不必怪罪任何一方，在努力調適的過程中，孩子就是喜歡爭辯、不合作、愛唱反調，這是他的發展需要，應該讓他滿足。

魏納（Weiner, 1977）（註7）認爲青少年的親子之間的尖銳衝突，有些是來自大眾傳播媒體，爲了使節目更具戲劇性的吸引效果，常將少數極端的例子當作一般情形，造成觀眾的錯覺。親子間的衝突較常見的內容大致有：

1.學校：功課、成績、在校行爲、對學校的態度。

2.價值觀／道德觀：對政治的看法、生涯目標、求學目標。

3.家人關係：對家人的態度。

4.責任：缺乏責任感而故意不做家事、不寫作業。

5.交遊行爲：服飾、髮型、裝扮、禮貌、擇友、課外活動。

### 9.2-4　滿足個人及共同的需要

當最大的孩子到了青少年階段，父母的年紀大約在三、四十歲，在這個階段的六、七年當中，夫妻的婚姻關係滿意程度會再次上升。施依（Sheehy, 1976）（註8）形容三十五歲到四十五歲爲 dead line decade，就是說這十年，成人又會面臨另一個認同危機，但與青少年的認同危機不同。他會思考人生的意義、生命的價值、和社會制度的運作等等。如果確信他的方向是對的，他就可安然的繼續向前，否則他就須修正、調整。

施依做過一項調查，發現女性和男性一樣，到了此時會回頭「却顧所來徑」，並瞻望來日，但女性約在三十五歲，而男性則為四十歲，所採取的行動也不同。施氏解釋為何女性比男性提前遭遇中年問題，他認為一般母親到了三十五歲時，可能的情形是：(1)最小的孩子也上學了，(2)最可能對先生不忠實，(3)重新進入就業市場，(4)如已離婚，可能再婚，(5)最可能拋棄家庭，(6)預見生育期的結束。這種種的可能，或多或少使婦女試着再度平衡她的生活。

而男人面對此危機的時間稍晚，到了四十歲，他會發現時間飛逝，他可能會更加在事業上用心力。通常母親在養育兒女方面比較花精神，所以此時較能坦然地讓孩子尋求獨立，而父親可能反而感覺「時不我予」，他似乎覺得自己與孩子的相處還不夠，了解不多，孩子却要獨立了，心中很不是滋味。

這項調查指出的只是一般情形，但也可看出，養育兒女是父母生活中很重要的一部分，但不是唯一的，父母本身也需要成長，才不會在孩子長大後，自己成了問題。

## 9.3 成年時期的發展

成年時期大約可含括十八歲到四十五歲，亦卽少年時期以後和中年時期以前，中間這一段時間。從最大的孩子到達成年，直到最小的孩子到達成年，家庭好像是個「發射中心」（launching center），子女陸續離家，直到家庭成為「空巢」。

### 9.3-1 成年時期的發展任務

艾立克森認為此時期的前段，年輕人的心理社會發展主要是發展

親密感，準備擇偶，與對方建立親密的、互相照顧的關係，以共同建立家庭。黑維赫斯特（Havighurst, 1970）（註9）認為此階段的主要發展任務是：

1. 選擇配偶。
2. 學習與配偶共同生活。
3. 成家。
4. 生育兒女。
5. 管理家庭。
6. 就業。
7. 履行公民責任。

在這些發展任務的核心，最主要的有兩點：

1. 達到親密感。
2. 達到個人的成熟及完全自立。

### 9.3-2　達到親密感

青少年時期大約結束於高中或高職畢業，進入成年時期就算是成人了，雖然在父母的心目中他還是個孩子，但是社會對他的態度和期許大有不同，例如：

1. 成年人應該具備工作方面的能力和技術。
2. 成年人應該能選擇配偶，並互許婚嫁，生養兒女，生活以家庭為中心。
3. 成年人應該設定特殊的生涯目標，建立生命的方向感。
4. 成年人應努力適應配偶及成長中的子女的不同需要，建立社會關係。

成年期最困難的是如何選擇一個能共度一生的伴侶，以建立親密

關係，共組家庭。在此時期個人的行為型態幾乎已定型，生活也較穩定，對於未來生活的方向也有大致的輪廓，一般人都認為他「應該」準備結婚。但是年輕人必須要認清愛情和激情的不同，從交友開始，再進入擇偶階段，在自我了解與了解他人中，建立成熟的親密關係。

### 9.3-3　成熟與自立

成年時期有幾個重要的人生抉擇，如擇偶、就業、決定生活型態。此時他對自己的行為應負大部分的責任，雖然仍是在嘗試階段，在經濟上、生活上、心理上，逐漸嘗試而學習離開父母及家庭而獨立。

古得（Gould, 1978）（註10）相信，年輕人一面解決自己以往對人生的幻想和假設，一面調適，成長過程中他對自己又會有更多的認識。古得認為有四個觀念似乎根深柢固，却是不正確的：

1. 我們會永遠與父母同住，做他們的孩子。

2. 當我們自己遇到不會做的事時，父母永遠與我們同在，並幫助我們。

3. 人生是簡單而且可以控制的。

4. 世界上沒有真實的死亡和邪惡。

他認為了解這四個對人生的不實假設，自我概念就會修正，不但不再奢望依賴父母，而且願意承擔責任，也願意負起婚姻、家庭、工作等各方面所賦予的新角色。反觀我國的「成年人」，有些父母白手起家，很羨慕別人有父母做靠山，可以少奮鬥一些年，所以自己做了父母，行有餘力，總希望孩子能得到父母年輕時得不到的。可是坐享其成的孩子失去的是體驗人生的機會，而且依賴父母太多時，在心理上永遠無法真正達到「成年」。在發展學上來說，該自立時沒有機會

自立，以後就很困難發展自立的能力；而在仍需依賴時過度要求子女自立，也可能對子女造成傷害。

在我們的社會裏，很難爲「獨立」下定義，我們可以看見許多人雖在經濟上能自立，心理上却太依賴父母，有些人雖結了婚，甚至已經爲人父母，夫妻吵架，還要勞動父母出面解決，而父母在很多事情上面，也常會越俎代庖，不但對孩子轉換工作要表示意見，家庭計畫更不能不顧他們的堅持。事實上，提供意見是無可厚非的，但是決定權仍應歸於已經「成年」的子女。

李文森（Levinson, 1978）（註11）認爲要成爲一個有責任感、肯負責任的成人，年輕人有四個主要的發展工作：

1.爲理想的人生訂一個藍圖，並列於生命結構中重要的地位。

2.與年紀稍長而人生經驗較多的成人建立師生關係。

3.建立職業目標。

4.在婚姻及家庭中建立愛的關係。

心理學家吳靜吉（1984）（註12）曾引李文森的研究，把這四個發展工作形容爲「青年的四個大夢」。這四個夢分別爲：

1.尋求人生價值

希望自己將來成爲什麼樣的人，生命目標的決定，實現個人潛能。

2.尋求一位良師益友

在追求人生價值中，找到能鼓勵、傾聽、分享的良師益友，做爲學習的楷模，或是理想的導師。

3.尋求終身的職業或事業

做好任何一件合情、合理、合法的工作或職業，都是服務人羣。找到適合自己的興趣與能力的工作，才能發揮最大的力量。

*4.愛的尋求*

有肝膽相照、互相關懷、感覺親密的朋友，同性或異性的都很重要。

由此可知，成熟和獨立與生理年齡並無絕對的關係，到了成年，仍須努力尋求這四方面的發展，得到了就能成功的走在人生道上，得不到時可能就路途坎坷。

## 9.4 成年期的家庭

### 9.4-1 成年期的家庭發展任務

成年子女的家庭就像發射中心，孩子長大成人，有自己的生活，父母與子女必須重新調整關係。此階段的發展任務為 (註13)：

*1.重新安排設備和資源*

孩子成年，在家的時間就少了，原本有點擁擠的屋子此時顯得冷清，不管孩子是出外求學、就業、服兵役、或結婚，大概也只有假日能待在家裏陪陪父母，家庭像個旅館。而當他們在家時，可能也常佔用父母的空間，例如，開父母的車子、占用電話、占用客廳或電視。

*2.支付費用*

大部分家庭此時期的費用都相當龐大，成年子女要成家、要立業、要求學，都需花不少錢，而他本身的經濟能力不足，尚需由家庭負擔一部分。即使一切順利，一個新的小家庭也得經過一段時間才能有餘力。此時期，親朋好友的子女也有不少剛成年，交際應酬費用也十分驚人。

*3.重新劃分成年與未成年子女的責任*

　　成年子女本身就有一些責任必須達成，如果父母仍要求他做到以前做到的，　通常會失望。　快樂的父母是讓家庭成員自己衡量情況盡責，父母以鼓勵、肯定、欣賞的態度，看子女甘心樂意的「服家庭之務，造家庭之福」。

　　4.夫妻的身分又回復

　　在養育小孩的歲月裏，父親和母親的角色占大部分，成年人的父母權力不如傳統，也不比兒童期的父母，如果重心不轉移，仍時時想管教照顧子女，會覺得鞭長莫及，力不從心，因此最好能把父母的角色減輕，　與配偶再度「我的心裏只有你」，　尤其共同奮鬥了二十多年，在生理和心理上都是極親密的，比起新婚時只有兩個人的情形，情意自是不同。

　　外遇的情形通常也是人到中年，渴望再一次墮入情網，覺得又有青春活力，如果戀愛的對象是自己的配偶，那就是眞幸福，否則就會造成家庭糾紛。

　　5.維持家中與對外的溝通

　　不管幸福與否，關鍵均在於溝通。成年的子女雖獨立，但在創業或婚姻初期，生活中有很多難題要克服，如果能建立良好的溝通，把在外發生的問題，回到家中集思廣義，共謀解決之道。

　　同時父母也有中老年危機，有孩子總是心理上多一層安全感，有時父母的苦惱，孩子不太能體會，因爲他尙未經過那個階段，因此父母不要抱著「你應該自己知道」的心情，而可以談談，彼此的關係更像朋友。

　　跟其他家庭之間也保持連繫，因爲年齡相近的家庭遭逢的是類似的問題，交換意見可以使互相得到幫助。

　　6.家庭擴大，孩子自立門戶，也增加新成員

孩子結了婚，這個家庭就多了女婿或媳婦，過些日子他們生了孩子，父母也「升級」爲祖父母，此外，他們也會多出許多姻親，短期內，認識的人好像多了好幾倍，最重要的是，不要把「我們的人」跟「你們的人」分得太清楚，既然結了婚，就是一家人，都是「我們的人」，才不會爲了對待不均而引起問題。

以前的中國人對姓氏很重視，總覺得同姓的才是自己人，所以生女兒就覺得她遲早是別人家的人，是「賠錢貨」，兒子才是財富。所以兒子若娶了太太，父母有時會有「所有物被奪」的心情，對媳婦就不容易接納，公婆媳婦關係較難建立；相反的，「丈母娘看女婿，越看越中意」，可能是因爲反正女兒沒什麼價值，有個人願意養她，簡直像恩人一樣，所以客氣又感激，也就待如上賓，關係反而好。直到現在，仍有少數老人家，對兒子的孩子和對女兒的孩子，態度不同，很有內外之分。然而現代的家庭，小孩子比較不覺得內外的差別，甚至可能與外公外婆的往來較密切，難怪有個孩子疑惑的說：「奶奶既然常常往外跑，爲什麼還說她是內祖母呢？」

7.統整人生哲學和忠誠

既然家庭擴大了，原先小家庭的哲學，由於新的成員加入，也帶來他們自己原來的家庭的生活哲學，如果差距太大，又無法溝通，家庭就不和諧。

孩子成立了自己的小家庭，他們必須自己建立一些看法，如果與父母的家庭不同，並不表示他「背棄」父母，他們不可能維持原來的生活哲學，因爲家庭是一直在發展的（developing），就像人在長大，以前穿的衣服雖然很好，但是穿了已經不舒服了，穿久了會生病，他需要換合身的衣服，並不表示他厭棄以前的衣服。

孩子的幸福是父母最大的心願，但幸福是主觀的，必須孩子對自

己的處境感到滿意，而孩子感到快樂滿足，父母也高興；但是如果反過來，父母要替孩子選擇、決定他的生活方式，則雙方都很累，也成為彼此的負擔。

### 9.4-2 父母與成年子女的關係

雖然子女長大了，而且獨立了，然而家庭仍有其重要性，因為親子之間的感情和溝通會持續到永久，但是雙方的地位和角色改變了，這種種改變可能會引起衝突、適應的問題和情緒危機。家庭社會學家把這段時期稱為「空巢期」（empty nest phase），父母必須調整自己的心態，否則會造成家庭危機。

到底是父親還是母親受到這種轉變的影響較大？有些研究認為母親比較有適應困難，因為母親通常以家庭和子女為生活中心，而父親多半以事業為主。但是相反的，也有一些報告指出，母親認為空巢期是好的，不必再養育子女，為子女操心，比較自由，可以為「自己」好好的過日子。塔葛（Targ, 1979）(註14)認為很多婦女盼望此時期的到來已經很久了，有的人早已有了計畫，再念書或就業，因此子女紛紛離家後，她較無適應困難。

巴特（Bart, 1975）(註15)則指出，那些以照顧家庭為自己的生活的全部的婦女，在子女離家後，生活失去重心，適應最困難，傳統的觀念使她覺得女人的生活「本來就應該」仰賴他人。

有關男人的適應問題的研究較少，巴勃（Barber, 1980）(註16)的研究報告探討男女的適應差異，他發現男人在面臨兒女離家時，感情更脆弱，只是他比較不易表達，報告中發現有趣的是，很多父親認為，好不容易自己可以不必在事業上花太多精神，才開始要享受天倫時，子女居然要離家獨立，這種心情與母親恰恰相反。

麥可里蘭（Mc Clelland, 1976）(註17) 注意到，父母在指導成年子女面對人生問題時，常常力不從心。社會改變又多又快，往往教導和學習雙方必須互換角色，也就是說，子女要「教」父母如何過現代生活，而父母必須願意接受，學習「新的」生活方式。父母可能會覺得很困難， 因為在調適的過程中， 他可能要改變以往數十年的價值觀，有些父母在子女拒絕他的指導時，心中很不痛快，覺得父母的權威不受尊重，怨尤由是而生。

其實，養兒育女的最終目的是讓子女獨立、自主、有效率，成功的父母要能做到讓孩子不依賴父母。因此，從青少年的找尋自我和人生方向，直到成年的自做選擇和決定，總總行為，父母都可以看到這種「放手」的成果，應該感到欣慰。子女在父母的愛與體諒中，自然會尋求他們「自己認為」（不一定是「父母認為」）的比較好、比較適宜的生活方式，父母不必覺得「子孫不肖」就是教養失敗，父母對子女最大的協助和指導就是，接受他為他自己所做的安排。

最小的孩子離家後，父母的心理社會發展也到了完整／失望的階段， 他必須把自己的前半生做一個統整， 如果現實與期望的相距太遠，就會失望。對大部分人來說，這時候才能多為自己而活，生活的安排以自己為中心，對事物的看法也不再是絕對的是非，而比較能從整體方面來看。對自己不多要求，對自己的性格、優點、缺點，都心裏有數， 也就較能接納自己和別人。 而且， 從子女及孫子女的生活裏，再度看到發展互動的循環，體會到孔子說的：「三十而立，四十而不惑，五十而知天命，六十而耳順，七十從心所欲，不踰己。」

# 少年需要什麼？

我教導十幾歲的孩子，已二十年，深知孩子最需要的，不是成年人的「愛」，不是「同情」，甚至也不是「了解」，除非按照某種特殊意義來說的了解。他真正要求的是公道。成年人公道，孩子便敬重他。

少年需要的公道，是必須遵守規矩的公道，犯規一定受罰，罰却不必過重。這樣的規矩他是甘受無辭的，幫會與軍隊就是明證。少年加入幫會或軍隊，絕對不會犯規，因為他知道規矩是要嚴格執行的。他要一種信賞必罰的體制；不覺得自己是孩子，而是成年人。

凡是好教師都知道這一點，他們訂下的規矩，必須賞罰嚴明。法不必苛，只要公正而普遍的嚴格執行。對七歲以上的孩子要把他們當做大人看待。告訴他們應該怎樣做，不然便會有什麼後果。而且一定要使那後果實現。

要給孩子正常的責任感。不要鼓勵他們以為自己是孩子，就可以不負責任不受法紀制裁。要讓他們知道「享受的特權太少」和「享受的特權太多」都不能成為胡作非為的藉口。

偉人很多都是出身貧賤，但在自由社會裏，誰都不受環境拘囿。如果我們讓孩子知道他和別人絕對平等，上進或墮落，受獎或受懲，全在自己，那麼根本健全的孩子就會從善如流了。

少年犯罪還有許多次要的因素，諸如經濟情況不穩，家庭破裂，誇張犯罪的電視節目，電影，連環圖畫等等，這都是不容否認的。但是這些因素所造成的罪惡，可能性並不算大。

制止少年犯罪的當前急務，是爭取犯罪少年的合作，為他們訂立標準，說明他們應享的權利，應盡的義務，應守的紀律，應有的獎懲——這都是少年能夠接受而遵守的。

Mario Pei

摘自——「星期六晚郵雜誌」

# 註　釋

註 1　Havighurst, R. (1970) *Developmental tasks and education.* New York: David Mckay.

註 2　Adams., G. R., and Munro, G. (1979) Portrait of the North American runaway: A critical review. *Journal of Youth and Adolescence, 8*, 359-373.

註 3　Piaget, J. (1967) *Six psychological studies.* New York: Random House.

註 4　Ginsberg, E. (1972). *Career Guidance: Who needs it, who provides it, who can improve it,* New York: McGraw-Hill.

註 5　Roe, A. (1957) Early determinants of vocational choice, *Journal of Counseling Psychology, 4(3),* 216.

註 6　Duvall, E. M. (1977) *Marriage and Family Development. 5th ed.* Philadelphia: J. B. Lippincott.

註 7　Weiner, I. (1977). The generation gap: Fact and Fantasy. *Adolescence, 12.* 155-166.

註 8　Sheehy, G. (1976). *Passages: Predictable crises of adulthood.* New York: Dutton.

註 9　同註1.

註10　Gould, R. (1978) *Transformation: Growth and change in adult life.* New York: Simon and Schuster.

註11　Levinson, D. (1978). *The seasons of a man's life,* New York: Knopf.

註12　吳靜吉 (1984). 青年的四個大夢，新一版，臺北: 遠流。

註13　同註6.

註14 Targ, D. B. (1979) Toward a reassessment of women's experience at middle age. *Family Coordinator*, *28*, 377-382.

註15 Bart, P. (1975). The loneliness of the long distance mother. In J. Freeman, ed., *Women: A feminit perspective*, Palo Alto, CA: May field.

註16 Barber, C. E. (1980) Gender differences in experiencing the trasition to the empty nest. *Family Perspective*, 14. 87-95.

註17 McClelland, J. (1976). Stress and middle age. *Journal of Home Economics, 69.* 16-19.

# 第**3**篇

# 不同家庭型態中的
# 家庭教育

　　古時候有一個修道士，種了一棵橄欖樹。他禱告說：「神啊，它需要水分，好使它柔嫩的根得吸收而長發，求祢降下滋潤的甘霖來。」神就降雨下來。他又禱告說：「神啊，我的樹需要日光，我求祢給它日光。」於是雲散雨止，神就給它日光。他再禱告說：「神啊，現在它需要霜來堅固它的組織。」看哪，那株幼小的植物上果然罩上一層薄霜。但是到了傍晚，它死了。

　　於是他就去見另一個修道士，告訴他自己的奇異經驗。那修道士回答說：「我也種了一棵小樹。看哪，它現在長得多麼茂盛。我沒有為我的樹操一點心，只把它交給神。造它的神知道它的需要遠勝過我這樣無知的人。所以我並不向神提出條件、建議、方法。我禱告說：祢把它所需的給它，無論是風、是雨、是霜、是雪、是日光、是什麼……祢既造了它，你一定知道它，也一定會供給它。」

　　　　　　　　　　　　荒漠甘泉

# 第 十 章

# ●特殊家庭的家庭教育●

　　並不是所有的家庭都有相同的結構和功能，而家庭結構不同，使得家庭功能也不同，十分影響父母對子女的管教態度。過去一般人習慣將「與一般家庭不同」的家庭視爲「問題家庭」，認爲它是不正常的、有毛病的、畸形的，而一般人也認在這種家庭成長的孩子在心理上會有某種特質。其實嚴格說起來，每一個家庭都有它自己的問題，所謂「家家有本難念的經」，只是有些家庭的問題比較特殊，故筆者名之爲「特殊家庭」。

　　大部分的人都希望給孩子一個「正常的」家庭，有健康的生長環境，但是難免有一些情況，例如離婚、配偶死亡、不育等等，使家庭的結構和功能必須調整，才能繼續發揮其功能。在特殊家庭裏成長的孩子，不一定就是「先天不良，後天失調」，重要的是面對問題，了解情況，不要忽視問題而使問題惡化。

　　本章將討論四個現代社會裏較常遇到的四 種特 殊 家 庭：單 親家庭、重組家庭、未婚媽媽、收養家庭。

## 10.1　單親家庭

　　近年來單親家庭的數目大幅增加，根據徐良熙及林忠正（1984）
（註1）發現，在民國七十二年，單親家庭占了所有家庭的百分之八。
而造成單親家庭的因素有數端：死亡、離婚、分居、服刑、服兵役、
異地工作、未婚生子、單親領養等等，（吳秀碧，1986）（註2），其
中以父母離婚和分居兩種因素所造成的單親家庭最受矚目，此節即針
對失婚或喪偶的單親來討論。

　　根據內政部的臺灣地區人口統計資料顯示，民國七十四年的粗離
婚率是1.11%，平均每八對新人結婚，就有一對夫婦以離婚收場。黃
德祥（1982）（註3）指出，臺北市國小學童中，年級愈低，愈靠近商
業區的學校，父母離婚的兒童愈多。

　　在美國，有未成年子女的單親家庭之中，有 91.2 %是女性戶長
（即單親母親），只有 8.8%的戶長是男性。相對的，臺灣的單親家
庭（包括家中有成年子女的），只有 61.1 %是女性戶長。此外，根
據美國政府的資料，在1982年單親家庭戶長的平均年齡（以女性為代
表）是43.9歲，而臺灣單親家庭戶長平均年齡，男性是51.6歲，女性
是47.5歲（徐良熙及林忠正，1984）（註4）。

　　徐良熙及張英陣 （1987） （註5） 在研究臺灣的單親家庭時曾指
出：

　　……Weiss（1979）（註6）在其研究中提出一個非常重要的觀
　　念，即單親家庭的結構基本上缺乏人手（understaffing）
　　的問題。顧名思義，單親家庭因為缺乏一個家長，所以處理

家庭內必須做的事，如維持生活、養育子女、及料理家務就
會顯得特別困難——這一點是中外皆同。不同的却是，臺灣
單親家庭的戶長絕大多數都是身兼養家及主婦兩職，而在美
國，因為社會福利及贍養費的條件比較優厚，大約有半數的
家長不在勞動力市場謀生。需要自力更生的單親家庭戶長當
然比較辛苦；以上述的三項主要責任來說，他必須每天盡力
扮演這三個角色，而且吃力不討好。……

　　中美的單親家庭有一點非常不同的是，前者屬於一種
靜態（不變）的狀況（state），而後者偏向動態（變動）的
情境（situation）。……就婚姻狀況來說，美國的單親戶長
（主要是離婚者）有半數在三年內會再婚；也就是說，因家
庭結構的重組而大量減輕其負擔。……但臺灣的情形則不同，
極少的單親家庭有再婚的可能，所以問題變成持久性，一直
到子女成人為止。……

　　更有一點不同的是，……臺灣的單親戶長非常願意為子
女犧牲自己的幸福。……也就是說，在臺灣，典型的單親家庭
是母子相依為命，媽媽始終為生活奔波，子女在其愛心照顧下
慢慢長大，也逐漸體會母親的犧牲，故他們會以孝心作回饋。

　目前有關我國的單親家庭的研究不多，而因國情不同，美國的**單
親家庭**所遭遇的問題與我國不盡相同，但是重要的是多了解單親家庭
所面臨的問題，可以減少孩子及成人受到的傷害。

## 10.1-1　單親母親

單親母親面臨的主要問題有：⑴經濟困難，⑵角色壓力，⑶被**孤**

立、寂寞。

　　不管是離婚或喪偶，除非贍養費或撫卹金豐厚，否則單親母親立
即會面臨經濟困難，那些教育程度較高或有一技之長的就業女性，雖
然有些雇主不願意雇用女性單親，惟恐她因需兼顧家務而分心，且孩
子生病或孩子放假在家，都會影響母親的工作情緒，但是通常只要表
現良好，就業仍不成問題。此外，母親若必須出外工作養家，孩子的
照顧就難兼顧，如果孩子年幼，付給保母的費用相當高，經濟壓力就
更大了。

　　當一個人必須同時扮演數個角色，而時間和精力都有限的情況
下，就會產生角色壓力，結果分身乏術，什麼角色都扮演不好。對單
親女性來說，不但要養家，要理家，在管教子女時更要母兼父職，十
分困難，因此單親母親有時會比較傾向權威型的管教態度，怕孩子因
為沒有父親會學壞。由於壓力大，她很需要別人的情緒支持。

　　很多女性單親覺得被社會孤立，鄰居可能不尊敬她，有時自己心
裏覺得人家瞧不起她，不願參加社交活動，尤其不願與已婚朋友連
絡，就越來越寂寞。徐良熙與張英陣（1987）（註7）的研究也發現單
親媽媽常被一些心理上的問題所困擾，這些問題可分為四方面：(1)離
婚／喪偶後的適應，(2)安全感，(3)離婚所遭受的歧視，(4)愛與歸屬
感。

　　有的單親母親帶着孩子與長輩或親人同住，可以減輕許多壓力，
不致於孤軍奮鬥。

### 10.1-2　單親父親

　　單親父親主要面臨的問題包括：(1)角色壓力，(2)父子關係改變，
(3)生活型態改變。

父兼母職是很不容易的，尤其大部分的男性對家務都很陌生，光是三餐的料理就很麻煩，家務事又很瑣碎，不處理也不行。還有孩子的照顧問題，如果保母的時間或孩子上學、放學的時間與父親工作的時間不能配合，或者父親須加班或出差，就會造成問題。

單親父親往往對孩子比較溫和，與孩子較親近，由於沒有母親做為媒介，父親必須親自照顧孩子的生活，孩子也比較合作、尊敬父親。

生活型態的改變也相當大，父親原先參加的社交活動或休閒活動，可能因須照顧家庭而不再參加。同時為了給孩子做榜樣或顧及孩子的感覺，與異性的交往也格外小心。

歐史納等人（Orthner, Brown, and Farguson, 1976）（註8）所做的研究發現一個有趣的現象：在他們的單親家庭研究樣本中，大部分離婚的男性單親都對目前的生活感到較滿意而快樂，他們認為與子女的關係良好，但是鰥居的男性單親則比較適應困難，覺得缺少了配偶的精神支持。相反的，大部分女性單親的反應都是負面的，可能是因為社會對男女的要求不一致，女性單親面臨的壓力較大，在經濟上的能力也較弱。

### 10.1-3 單親家庭的孩子

單親家庭的孩子遭遇的問題視情況而定，影響的因素大致有：⑴家庭成為單親家庭的原因，⑵成為單親家庭時孩子的年齡，⑶是否有其他人的支持，⑷社會對單親家庭的態度。

有些婚姻和家庭問題專家認為，與其讓子女生活在一個父母不和的家庭，不如讓他學著適應父母的離婚，這方面的研究最有名的是耐依（Nye, 1957）的調查，他發現離婚的家庭的孩子（尤其是青少

年)，生活適應的情形比不快樂的完整家庭還好。

離婚時子女的年齡不同會造成不同的影響，也需不同的適應，這方面的理論有三種：（Kalter and Rembar, 1981）(註9)

1.累積影響假設（cumulative effect hypothesis），強調離婚時孩子的年齡越小，所受的影響越大。

2.關鍵階段假設（critical stage hypothesis），認爲幼小孩子之所以最容易受到傷害，只因那是他發展的關鍵期。

3.近因假設（recency hypothesis），強調離婚對孩子來說固然悲傷，其實他會在一、二年內很快的適應，並恢復平靜。

沈靜（1986）(註10)認爲多數單親家庭的子女，在生活環境改變下，性格難免受到若干影響：

1.成爲父母的訴苦對象，使孩子承受過多壓力。

2.早熟，在同學間受歧視，以致善妒、易怒、缺乏安全感、性格偏激。

3.父母的補償心理或期望過高，使孩子感到惶恐。

4.缺乏對性別角色的認同與學習。

5.父母婚姻不幸，使子女對交友、戀愛、結婚成家，抱持不信任態度，甚至不敢嘗試。

大致說來，不管是什麼原因造成的單親家庭，孩子比較早熟而懂事，但不一定會成爲問題孩子，單親父母若能以樂觀積極的態度去面對家庭變故，反而使孩子也學會面對人生不如意的事，培養在困境中自處的人生觀。

此外，要與老師多連繫，讓老師知道孩子所遭遇的情況，而能在必要時助一臂之力，幫助孩子度過心理難關。

### 10.1-4　監護權

在一九二〇年以前，美國的離婚案件沒有監護權的問題，因為只要是離婚，孩子都歸父親，那時婦女的社會地位很低。但是漸漸的情況改變了，到後來幾乎監護權都歸母親，如今則似乎有「聯合監護」的趨勢，他們認為這樣對孩子最有利。但又有研究報告指出，聯合監護對孩子的心理造成混淆，因為他必須在兩個不同的家庭之間適應，但是孩子與父親的感情較貼近，同時感覺父母仍都愛他，關心他，**使他自尊心加強許多。**

美國的法律對於監護權有幾個標準：

1.監護權以根據孩子最大的益處而授。

2.若是根據孩子的最大益處，亦可授予父親或母親以外的人。

3.如果孩子有說理的能力，他自己的意願應被法庭考慮在內。

4.即使已授權，但若孩子的利益情況改變，得以調整、修改。

5.沒有監護權的一方應有探視權，除非他的探視顯然對孩子不利。

在我國民法上，對於離婚後子女親權之歸屬並無規定，只對離婚後子女之監護另有規定。根據民法第一千零五十條規定，兩願離婚後，關於子女之監護，由夫擔任，但夫妻間另有約定者，從其約定。而法院得為子女的利益，酌定監護人（民法第一千零五十五條）。

而民法第一千零九十四條「父母均不能行使、負擔對於未成年子女之權利義務，或父母死亡而無遺囑指定監護人時，依下列順序定其監護人：

1.與未成年人同居之祖父母。

2.家長。

3.不與未成年人同居之祖父母。

4.伯父或叔父。

5.由親屬會議選定之人。」

## 10.2　重組家庭

　　隨着單親家庭的增加，重組家庭（reconstituted family）也會不斷增加，因此繼父母的角色開始受到重視。重組家庭有好幾種情況，通常是單親家庭的戶長再婚，再婚的對象可能是單身未婚，也可能是單親，若是後者，一個新的家庭裏可能會有「你的孩子，我的孩子，我們的孩子」，在管教上更需特殊的技巧。

　　通常重組家庭遭遇的問題大致有：

　　1.必須將不同的家庭生活及角色型態、方式、標準等融和：例如，原先是獨生子女，重組後多出了兄弟姊妹，有些方面必須共用、分享；本來單親父親允許做的事，繼母認為不妥；原先的生活習慣因必須配合新的家人而不得不改變等等。

　　2.時間、精力、物質、財務、情愛等的分配原則：如何分配才算公平？誰有決定權？

　　3.在新家庭中建立向心力及歸屬感：那種「一家人」的感覺需要時間去培養和灌漑。

　　在美國，邱林（Cherlin, 1981）(註11) 曾經估計半數的再婚經驗都是在離婚後三年內發生，鄧肯和何夫曼（Duncan and Hoffman, 1985）(註12) 的研究則發現半數的離婚者在五年內會再婚。

### 10.2-1　重組家庭的發展任務

除了一般家庭的發展任務之外，重組家庭另有其特殊的發展任務，根據苟亭（Goetting， 1982）（註13）列舉六項重組家庭的發展任務：

1.情緒：建立彼此的互信和承諾。

2.心靈：從單身到已婚，身分再度調整，放棄自由自在的生活，而過婚姻生活。

3.社會：與朋友建立關係，

4.親職：建立繼父母的角色。

5.經濟：合理的運用及分配金錢。

6.法律：在法律上要清楚各人的責任、權利、和義務。

### 10.2-2　重組家庭的家庭教育

若是安排得妥當，使重組家庭能發揮一般正常家庭的功能，每個人都能從中滿足發展需求，那麼，重組家庭對孩子不見得不好，甚至讓孩子學著以更廣潤的心胸，接納別人，關愛別人。

重組家庭在管教子女方面較有可能遭遇的問題，大致可歸納為以下幾方面：

1.孩子原本在單親的情況下，與父親或與母親已建立親密的互賴關係，如今有「外人」加入，心理上需要適應新的親子關係。

2.在許多小說、故事、戲劇中，常把繼父或繼母描述成陰險惡毒的角色，形成刻板印象，使得孩子在尚未有機會了解繼父母之前，就有了抗拒心理。因此現實生活裏若有一些稀鬆平常的磨擦，很容易就被誇張、擴大、扭曲，使得問題惡化，不可收拾。

3.旁人不正確的同情心，不合理的袒護孩子，使得繼父母即使想正正當當的管教孩子，都動輒得咎，也使得孩子不懂事、不明理。

4.繼父母本身要理智，不必因急於要被孩子接受，而過度付出，也不要急於取代孩子的生父母的地位，否則會欲速則不達，而灰心失望，以致落個「作假」的罪名。

通常繼父所遭遇的困難比繼母少，杜柏門（Duberman, 1973）（註14）的研究報告顯示，孩子對繼父較易接納，可能是因為單親母親再婚後，可以卸下權威的面具，全心做個母親，孩子感覺到與母親的關係比以前好，親子間的緊張壓力解除，對繼父就易生好感，而且繼父會保護他們，家庭經濟可能也得以改善，彼此關係較像朋友，因此孩子較不排斥繼父。

要讓孩子明白，離婚不一定是表示父母有問題，往往只是個性不合，離婚後再婚則表示父親或母親願意在創痛之後，再給自己和孩子一個機會，有個正常的家庭，重獲幸福。有時候孩子在父母離婚後，很盼望父母能破鏡重圓，但是父親或母親一旦再婚，這個盼望就幻滅了，所以會把繼父母當做破壞他原來家庭幸福的人，父母親在離婚前後及再婚前後，應該多注意孩子這種心理變化，即使他年紀小，不能了解大人之間的恩恩怨怨，但是讓他知道大人們都很注重他的感受，是很重要的，可以減少很多問題行為。

最重要的是看重組家庭的婚姻是否美滿，如果美滿，就能克服前次婚姻留下的陰影，或是治癒喪偶的創傷。美滿的婚姻首先要看雙方對重組家庭的誠意，若決心要它成功，就不會對對方期望太高、要求太多，導致過分的挑剔和不滿。其次要看前次婚姻處理的情形，尤其如果是離婚，雙方是否均能明理的接受事實，且互相不再干擾，對孩子仍關心，却不破壞新家庭建立的感情。

## 10.3　未婚媽媽

我國傳統觀念裏，一向很注重婦女的貞操，視婚前懷孕是不好的行為，為社會所不容，所以發生的情形並不普遍。但是隨着快速工業化、都市化及現代化的社會變遷，男女交往的機會增多，社會風氣也較開放，加上一般人對於情感教育及性教育尚忽視，未婚懷孕的事件越來越多。李棟明（1986）(註15)指出，以生產時生母尚未具合法婚姻關係的「非婚生」出生登記者而言，民國六十八年臺灣地區有4712人（包括121名棄兒在內），約占總出生數的1.3%。七十四年時增為6446人（包括265名棄兒在內），約占總出生數的1.9%。雖然此一比率有增加，但不算很高，這與國人的處事習慣有關，一旦發生婚前懷孕，為顧及家族聲譽，當事人如都未婚（很多少女不滿二十歲），大都採取「提前結婚」的方式予以補救。

### 10.3-1　未婚媽媽所面臨的問題

通常這些年輕的未婚媽媽都不是有意懷孕的，而是缺乏避孕常識，因此發現懷孕後，難免驚慌，必須面臨許多嚴重的問題：

1.如果是在校學生，可能會被退學，或被強迫休學，甚至畢不了業，影響日後的就業機會。

2.引起家庭不滿，認為是敗壞門風，是羞恥的事，有些父母雖然很憤怒，但仍是會接納未婚懷孕的女兒或媳婦生下來的孩子，但是來自社會的壓力和歧視的眼光會一直縈繞。

3.由於未婚媽媽本身的心理尚未成熟，無能力負擔子女的養育及管教問題，往往必須把孩子送給別人領養，造成骨肉分離的遺憾。

4.未婚懷孕時，即使男方願意負起責任而結婚，常因雙方對婚姻的心理準備不夠，或未考慮雙方個性是否適合，所以婚姻不一定會美滿，導致離婚的也不少。

5.母親年紀太輕生育，對身心健康有害，也容易早產或流產，十五歲以下的女性容易生下畸形兒。

6.有些孩子逐漸長大後，對於自己的身分認同有問題，對父母不諒解，也覺得自己的出生並不光榮，也不是被期待的，產生極端反抗的報復行爲，破壞親子關係。當然，也有一些人不願自暴自棄，反而更努力以開創自己的前途，不重蹈上一代的覆轍。

### 10.3-2　單身媽媽

有些未婚媽媽的情形是屬於自願的、有意的。通常這種未婚媽媽是很新潮的女性，要孩子不要丈夫，要家庭不要婚姻。這一類的女性通常年齡比一般的未婚媽媽大，事業有基礎，個性獨立，不容易找到理想對象，也不願受配偶的牽絆，但是又希望有自己的孩子來作伴或愛護，繼承衣鉢，通常這種情形是「有意懷孕」，在心理上的準備與十幾歲的少女很不同，是經過衡量利弊得失之後的選擇和決定，是主動的，不是被動的。

有的單身媽媽則是同居的結果，在同居的情形日漸普遍的現代，單身媽媽的問題應受到更多的重視。目前爲止，由於案例不多，到底這種家庭對子女的影響如何，尚無數據可考，但是數目是否會繼續上升？有待深入探討研究。

### 10.3-3　非婚生子女之法律地位

非婚生子女，俗稱私生子，指非由婚姻關係而生之子女。關於非

婚生子女之地位，因時代、國家、宗教、道德、習慣之不同而有所異(林菊枝，1980) (註16)。初時，爲保護一夫一妻之婚姻家庭制度，對非婚生子女加以虐待，自二十世紀以來，爲防止社會因私生子之遺棄及犯罪而受不利，及從人道主義的立場，各國逐漸由歧視之待遇，趨向保護之途。而法律也在不抵觸婚姻家庭之保護下，尋求非婚生子女地位之改善。

非婚生子女與生母的關係，視爲婚生子女，與生母之其他婚生子女享有同一權利義務。但與其生父，則除有自然之血統連繫外，法律上並不發生親屬關係，卽不成法律上之父子關係，不能稱父姓，也不享有扶養請求權及繼承權。我國的民法爲了保護非婚生子女，使其能與生父發生法律上之親子關係，設有二途徑：

1.民法第一千零六十五條「非婚生子女經生父認領者，視爲婚生子女，其經生父撫育者，視爲認領。」

2.民法第一千零六十四條「非婚生子女其生父與生母結婚者，視爲婚生子女。」

生父承認非婚生子女爲自己的親生子女，就是認領。由生父自願認領的，稱爲「任意認領」；生父應該認領而不認領時，非婚生子女或其生母可以向法院請求其強制生父認領，稱爲「強制認領」。

民法第一千零六十七條　「有下列情形之一者，非婚生子女之生母，或其他法定代理人得請求其生父認領：

1.受胎期間生父與生母有同居之事實者。

2.由生父所做之文書可證明其爲生父者。

3.生母爲生父強姦或略誘成姦者。

4.生母因生父濫用權勢成姦者。

前項請求權自子女出生後五年間不行使而消滅。」

　　但是認領子女必須眞有血統連繫才可以，否則認領無效。民法第一千零六十六條「非婚生子女或其生母，對於生父之認領，得否認之。」

　　民法第一千零七十條「生父認領非婚生子女後，不得撤銷其認領。」


## 10.4　收養家庭

　　收養孩子的原因大致有以下幾種：

　　1.夫婦至少有一方不能生育。

　　2.結婚多年膝下猶空，民間迷信收養孩子會「招弟妹」。

　　3.晚婚，不願冒高齡產婦之危險。

　　4.夫婦只生一個孩子，再收養孩子來作伴。

　　5.出於愛心，收養破碎家庭或父母因變故而死亡的遺孤。

　　6.養大了好幫忙做家務，但這是以前較常見的情形，目前已少見了。


### 10.4-1　收養家庭的家庭教育

　　收養家庭跟重組家庭一樣，有一些必須克服的問題：

　　1.如果孩子的個性與養父母不合，他往往忽視其實生父母與親生子女之間也難免有摩擦，而將溝通不良歸咎於其收養而非親生關係，使得自然現象變成問題。

　　2.文藝作品或大眾傳播媒介塑造的養父母形象，也經常醜化了養父母，過分強調生育之情，而忽視養育之恩，孩子一旦對養父母不滿，就想去找生父母。

3.旁人對養父母有雙重標準，例如，責打親生的子女是管教，而責打養子女就是虐待；善待親生子女是慈愛，而善待養子女就是有企圖。使得養父母不容易以平常心來對待孩子。

養子女在以往的刻板印象裏大多是可憐兮兮的，而養父母則是兇狠無理的角色。但是如今人們因不同的原因而收養子女，通常也是經過許多考慮之後主動的選擇，這種有計畫的，出於愛心的收養通常不致造成問題。同樣的，社會應以鼓勵和支持的態度來對待收養家庭，而不是以幸災樂禍的心理，使養父母和孩子之間的關係無法正常化，往往過度縱容孩子，使孩子得不到合宜的管教。

血緣固然是親情的基礎，却不是必要的條件，例如曾有醫院把初生的嬰兒弄錯了，父母與沖沖的帶了「別人的孩子」回家，自己也不知道，後來發現真相，却已和「別人的孩子」產生濃厚而穩固的感情。想換回來，實在捨不得讓這一個離開，但是不換回來，自己的骨肉變成了別人家的孩子，因此造成極大的矛盾和掙扎。由此也可證明，親情需要靠培養，與血緣無絕對的關係，只是中國人傳統觀念較狹隘，在現代社會裏需要一番調適。

### 10.4-2　法律上之收養

收養就是指收養他人之子女為自己之子女，法律上視同親生子女。

民法第一千零七十九條「收養子女，應以書面為之。但自幼撫養為子女者，不在此限。」

民法第一千零七十四條「有配偶者，收養子女時，應與其配偶共同為之。」

民法第一千零七十五條「除前條規定外，一人不得同時為二人之

養子女。」

民法第一千零七十三條「收養者之年齡，應長於被收養者二十歲以上。」

民法第一千零七十六條 「有配偶者被收養時， 應得其配偶之同意。」

養子女與本生父母間之自然血親關係，絕不因收養而消滅，只是權利義務因收養而終止。

民法第一千零八十三條「養子女自收養關係終止時起，回復其本姓，並回復其與本生父母之關係。但第三者已取得之權利，並不因此而受影響。」

民法第一千零八十一條「養父母與養子女之一方，有下列各款情形之一者，法院因他方之請求得宣告終止其收養關係：

1.對於他方為虐待或重大侮辱時。

2.惡意遺棄他方時。

3.養子女被處二年以上之徒刑時。

4.養子女有浪費財產之情事時。

5.養子女生死不明已逾三年時。

6.有其他重大事由時。」

## 10.5　家 庭 暴 力

由於特殊的家庭常有暴力（violence）的問題， 因此在此大致介紹家庭暴力和虐待兒童的問題。

一般家庭的確很難維持完全的和樂相處，雖然基本上家人都願彼此關愛，互相扶持，但是大部分的家庭都難免有問題、有爭吵，某些

家庭甚至有暴力事件，祇是在過去，我們覺得「清官難斷家務事」，除非鬧出了人命，否則不管是夫妻或是親子之間的暴力事件，總是不張揚，也認為別人家的家務事，外人不便干擾，因此要研究臺灣的家庭暴力問題相當困難。

在美國，家庭暴力的研究也是近年的事，傑力思 (Gelles, 1980) (註17) 認為從一九七〇年開始，文化及社會因素促使家庭研究者對家庭暴力的問題產生興趣。首先是行為學家和社會大眾注意到，一九六〇年代的越戰、政府官員被暗殺、示威暴動、大都市的兇殺案件增加等等暴力現象。其次是女權運動的興起促使大眾注意到婦女被虐待的情形，尤其是毆妻事件。此外，雖有一些研究限制尚無法突破，但研究方法的進步已使研究結果更能深入。

### 10.5-1　家庭暴力的定義

到底如何才構成家庭暴力或虐待？傑力思認為虐待（abuse）通常是指對身體造成傷害的攻擊行為，或對個人造成傷害的非身體虐待。暴力（violence）則廣泛的包括合法與不合法的武力行為。但是史昭斯 (Straus, 1980) (註18) 認為在一般人心目中，有些家庭暴力是管教的一部分，有些父母相信「不打不成器」，因此如果是父母或長輩、老師，打孩子是為孩子好，是被允許的，不算是家庭暴力或虐待。不管怎麼樣，傑力思和史昭斯(Gelles and Straus, 1979) (註19) 仍然定義「暴力」為「一種有意的，或被認為有意的，對他人的身體傷害的行為」，包括打、推撞、揍、摑、拉扯等，也包括會造成心理傷害的行為。

家庭暴力的對象可能是成人，也可能是小孩，針對孩子的暴力通常稱為兒童虐待（child abuse）。雖然說「虎毒不食子」，但是虐待

兒童的事件在我們的社會裏仍時有所聞，毆妻案件也漸漸受到社會學者重視，毆夫事件則較少見，特別值得注意的是，子女虐待父母的情形有增加的趨勢。

### 10.5-2　兒童虐待的種類

虐待兒童的方式有許多種，歸納爲以下八類（Watkins and Bradbard, 1982）(註20)：

1.身體虐待：任何造成肉體痛苦的傷害，如燒傷、咬傷、割傷、打傷等。

2.性虐待：强迫兒童與大人發生性行爲。

3.身體疏忽：未能供給孩子日常生活之基本需要與環境。

4.醫藥疏忽：當孩子身體需要某種醫療時，未能提供醫藥或治療。

5.情緒虐待：以語言或動作破壞孩子的情緒健康及自尊，妨碍孩子的人格及社會發展。

6.情緒疏忽：不關心孩子和其活動情形。

7.遺棄：未能持續的督導孩子。

8.多重虐待：以上部分的綜合。

### 10.5-3　虐待兒童的父母的特質

虐待兒童的人，十之八九是他們的親生父母，而以母親居多，而感情未成熟是虐待兒童者的共同點，（左冠輝，1981）(註21)。通常他們本身都有很嚴重的問題，而不是孩子的問題。司蒂爾（Steele, 1975）歸納出一些虐待兒童的父母的特質 (註22)：

1.童年的經驗十分不愉快。

2.自己小時候也是被虐待的孩子。

3.自己的父母未能提供好的親職榜樣。

4.與家人、朋友、鄰居不太往來，很少與外界接觸。

5.自尊心很低，自認差勁、沒有人愛、無能、無價值。

6.不成熟，並依賴他人的供養。

7.生活中幾乎沒有歡笑和樂趣。

8.對孩子有一種扭曲的概念和不實際的期望。

9.很反對寵孩子，認為體罰會使孩子變好（棒下出孝子），很少疼孩子，只知打罵。

10.很缺乏同理心，尤其是對自己的孩子，也無法了解別人的感受。

至於被虐待的孩子，大多有行為問題：

1.他們可能完全從人羣中退縮，不信任別人。

2.自尊心和自我概念都很低。

3.對權威有不合理的反叛行為。

4.對別人的攻擊性很強。

5.很怕犯錯。

6.對於讚賞和獎勵無法領受。

7.與父母的溝通很差，親子關係惡劣。

### 10.5-4　家庭暴力的理論

探討家庭暴力問題的理論大致有四種(Gelles and Straus, 1979)
（註23）：

1.精神病模式（*Psychiatric model*）

認為這些虐待他人的成人是變態的、有病的，虐待的行為主要原

因是其人格特質。此派理論試着把人格類型或特性 (traits) 與虐待行爲的傾向或其他的行爲（如酗酒、吸毒、心理疾病）連結起來。

### 2.社會學模式（*Sociological model*）

強調社會對暴力的價值觀和態度，決定暴力行爲的形成。例如有些人認爲暴力可以解決紛爭和衝突，尤其是以責打來使孩子聽話似乎很有效，對低社經水準的父母來說，這種想法很普遍。家庭的結構和組織也會影響暴力行爲，太擁擠的生活空間、失業、經濟危機、被社會孤立，都會使親子關係的壓力增加，而造成虐待行爲。

### 3.社會心理學模式（*Social-psychological model*）

認爲人與人之間互動的型態、代代相傳的暴力行爲、環境壓力等，都是暴力行爲的主要動機，因此暴力是「有樣學樣」，是一種應付事情的手段。此外，虐待兒童是不一致的管教技巧的結果，也是體罰方法自然的發展。研究發現，孩子也可能是因，有些被虐待的孩子有身體缺陷，易使父母失望而生氣；而長子或長女也因父母比較沒經驗，不了解孩子，對孩子期望過高而落空，以致虐待。而兄弟姊妹之間若經常以暴力方式來解決紛爭，也使孩子習慣於以暴力解決問題。

### 4.生態學模式（*Ecological model*）

從一個較廣的角度來看，發展是個體在環境中進行的，是個體與環境的互相適應。因此周遭的環境會影響生活的品質，例如人口的、政治的、經濟的因素，對個體的行爲都有影響。以虐待兒童的情形來看，我們的社會環境尚允許成人對兒童使用暴力，使個體從自己年幼的經驗中，從工作中，從與人交往的經驗中，自然的培養暴力傾向。此外，家庭的支持系統不完備，家庭有困難時感到無助而惶恐。

### 10.5-5　民法上的懲戒權

父母對子女的懲戒權，是基於保護及教導之權利，因為子女難免有不守規矩，故民法賦予父母懲戒子女之權（民法第一千零八十五條）。但是如果逾越必要範圍，則為過度之懲戒，父母將受處罰，例如，採用傷害身體或危害生命之殘忍苛酷手段時，則為親權之濫用，不但會引起停止親權的惡果，有時也構成傷害罪。父母行使懲戒權之對象，以未成年子女為限，對於已成年的子女，父母已不能行使親權，故也無懲戒權。養子女則由養父母行使懲戒權，非婚生子女之懲戒權屬於生母（林菊枝，1980）。

民法第一千零八十五條「父母得於必要範圍內懲戒其子女。」

民法第一千零九十條「父母濫用其對於子女之權利時，其最近尊親屬或親屬會議，得糾正之。糾正無效時，得請求法院宣告停止其權利之全部或一部。」

### 10.5-6　家庭暴力的治療

法律只能提供懲罰，但是家庭暴力通常是社會或心理因素，需要的是治療。馬亭（Martin, 1980）（註24）建議幾種方法，以改善這些父母的親職行為：

1. 幫助父母學習欣賞孩子的行為或特點。
2. 幫助父母認清孩子是一個獨立的個體。
3. 幫助父母對孩子有合理的期望。
4. 幫助孩子減少容易引起父母失去耐心的舉動。
5. 幫助父母學着盡量忍受孩子的負向行為。
6. 幫助父母學着表達對孩子的正面感受。
7. 鼓勵父母擴大社交生活和興趣。

事實上，暴力是無能的人最後的辦法，也就是說，如果父母學得

其他的管教子女的方法，可以使他有效的達到管教的目的，他就會少用暴力，那種冤冤相報的惡性循環就會停止。

## 註　釋

註 1　徐良熙、林忠正 (1984). 家庭結構與社會變遷：　中美「單親家庭」的比較，**中國社會學刊**，**8**, 1-22.

註 2　吳秀碧 (1986). 正確認識與協助單親家庭的兒童。**輔導月刊**，23(1).

註 3　黃德祥 (1982). 如何幫助父母離婚的兒童。**輔導通訊**，**5**, 5-6.

註 4　同註 1.

註 5　徐良熙、張英陣 (1987). 臺灣的單親家庭：問題與展望。**中國社會學刊**，**11**, 121-153.

註 6　Weiss, R. (1979). *Going it alone: The family life and social situation of the single parent*. New York: Basic Books.

註 7　同註 5.

註 8　Orthner, D.; Brown, T.; and Ferguson, D. (1976). Single parent fatherhood: An emergent family life style. *Family Coordinator*, 26. 420-437.

註 9　Kalter, N., and Rembar, J. (1981). The significance of a child's age at the time of parental divorce. *American Journal of Orthopsychiatry*, 51. 85-100.

註10　沈靜 (1986). 正視單親家庭子女，**我們的雜誌**，**20**. 129-133.

註11　Cherlin, A. J. (1981). *Marriage, divorce, remarriage*. Cambridge, MA: Havard University Press.

註12　Duncan, G. J., and Hoffman, S. D. (1985). A reconsideration of the economic consequences of marital dissolution, *Demography*, 22(4), 485-497.

註13　Goetting, A. (1982). The six stations of remarriage: Developmental tasks of remarriage after divorce. *Family Relations, 31,* 213-222.

註14　Duberman, L. (1973). Step-kin relationships. *Journal of Marriage and the Family, 35,* 283-292.

註15　李棟明（1986）. 婚前懷孕、訂婚前懷孕與背景因素之關係，**公共衞生,** *13(2).*

註16　林菊枝（1980）. 婚姻與家庭（**臺三版**），臺北: 正中。

註17　Gelles, R. (1980). Violence in the family: A review of research in the seventies. *Journal of Marriage and the Family, 42,* 873-885.

註18　Straus, M. (1980) *Husbands and wives as victims and aggressors in marital violence.* Paper presented at the annual meeting of the American Association for the Advancement of Science.

註19　Gelles, R., and Straus, M. (1979). Determinants of violence in the family. In W. Burr et al., eds., *Contemporary theories about the family. Vol. 1.* New York: Free Press.

註20　Watkins, H. D., and Bradbard, M. R. (1982). Child maltreatment: An overview with suggestions for intervention and research. *Family Relations,* 31, 323-333.

註21　左冠輝（1981）. 救救受虐待的兒童，**讀者文摘（1981年8月）,** 39-42.

註22　Steele, N. (1975) *Working with abusive parents from a psychiatric point of view.* Washington, D. C.: U. S. Government Printing Office.

註23　同註**19.**

註24　Martin, H. (1980). Working with parents of abused and

neglected children. In R. Abidin, ed., *Parent education and intervention handbook.* Springfield, IL.: Charles C. Thomas.

# 第十一章

## ●特殊兒童的家庭教育●

　　特殊兒童，廣義的說，就是與他同年齡的兒童的發展或表現，有某種程度的不同的兒童。在過去，這些孩子的個別需要及其家庭所面臨的困境，很少被人重視，而且常由於欠缺了解，總是給予負面的批評和論斷，也未給予合適和公平的教育機會。直到最近，學者專家紛紛提出「天生我才必有用」及「因材施教」等觀念，呼籲社會大眾以更積極的態度對待特殊兒童，給他們良好的教育，發展成一個有用的人。

## 11.1　特殊教育的興起

　　雖然特殊教育（Special education）在我國是近年來才受到重視的，但我國法規有關特殊教育最早的規定為民國五十七年元月公布的「九年國民教育實施條例」第十條，該條下款文為：「對於體能殘缺、智能不足、及天才兒童，應施以特殊教育或予以適當就學機會。」

　　民國五十九年十月十七日，教育部公布「特殊教育推行辦法」，全文二十六條，對於特殊教育的實施有較詳細的規定。其中第二條特別提到特殊兒童的類別：「特殊教育之施教對象，除資賦優異者另訂辦法外，分下列各類：①智能不足者，②視覺障碍者，③聽覺障碍者，④言語障碍者，⑤肢體殘障者，⑥身體病弱者，⑦性格或行爲異常者。」

## 11.2　特殊兒童的特徵

　　以下將特殊兒童依其類別，簡述其特徵 (註1)：

　　**1 智能不足者 (mentally retarded)**

　　智能不足者指發展期間由於普通智力功能之發展遲滯，而導致適應困難者。在教育上，根據其受教育之可能性或學習潛能，粗略分爲三類：

　　⑴可教育性智能不足 (educable mental retardation)：其智齡發展期限約十二歲左右，智商範圍是75—50，對讀寫算等基本學科的學習較感困難，但若施予適當的補助教學，尚能學習日常事務。

　　⑵可訓練性智能不足 (trainable mental retardation)：其智齡發展極限約爲七歲，智商範圍是49—25，學習能力有限，在成人監督下只能學習簡單的生活習慣和技能。

　　⑶養護性智能不足 (custodial mental retardation)：其智齡發展極限爲三歲左右，智商在25以下，幾乎沒有學習能力，一切均需依賴他人之養育與保護。

　　**2 視覺障碍者 (vidually impaired)**

　　視覺障碍者是指由於先天或後天原因，導致視覺機構（眼球、視

神經、大腦視覺中樞）之構造或機能，發生部分或全部障碍，以致對外界事物無法或甚難作視覺性之辨識。

3.聽覺障碍者 (*hearing impaired*)

聽覺障碍包括重聽和耳聾。 前者指聽覺器官有缺陷， 但仍有功效；後者則指聽覺器官不產生日常生活的功用者，又可分爲先天和後天。

4.言語障碍者 (*speech-impaired*)

言語障碍者通常有下列的困難：

(1)不能發出聲音。

(2)由於結構變態而有不正常的高低音、音量、音質。

(3)口語表達的正常流動有中斷。

(4)學習口語有困難。

(5)語言學習遲滯。

5.肢體殘障者 (*physically handicapped*)

肢體殘障者是指由於先天或後天的發展缺陷、疾病、或傷害，以致軀幹或四肢的功能異常。一般可分爲五類：

(1)先天性殘障： 主要是由出生前或出生時的原因所導致，如腦性麻痺、骨骼形成不全症、血友病等。

(2)傳染性疾病： 如小兒麻痺、結核病、骨髓炎等。

(3)形態異常： 如肌肉萎縮、手足變形等。

(4)外傷性殘障： 主要是由意外事故所致， 如骨折、燒傷等。

(5)其他各種原因或原因不明者：如肌肉或骨骼的腫瘤、中央神經系統的硬化等。

6.情緒干擾者 (*emotionally disturbed*)

嚴重的情緒干擾，是指在發展上行爲不對勁，而有下列症狀者：

(1)無法學習，但無從分析其智力、感官、神經、或健康因素。

(2)無法與同伴或老師建立或維持良好的人際關係。

(3)在正常情況下，行爲或感覺不對勁或不成熟。

(4)一般最主要的心情是不快樂和沮喪。

(5)可能發展出身體的症狀，如痛、恐懼，伴隨個人或學校的問題。

這些症狀都有其相當的時間、頻率、和深度，以致損傷其學習能力。

### 7.學習缺陷者 (*learning disable*)

廣義的學習缺陷是包括一切足以妨碍正常的學習的困難問題或學習障碍，舉凡智能不足、盲、弱視、聾、重聽、自閉症、癲癇、腦性麻痺等等學習障碍，影響學習效果。狹義的學習缺陷則指因大腦輕微損傷或功能失常，導致知覺、概念、語言表達、注意力的控制、符號認知等方面的缺陷。

### 8.多重障碍者 (*multihandicapped*)

多重障碍者指一個人同時具有兩種或兩種以上的障碍或能力缺陷，例如，智能不足加上聽覺障碍。

### 9.資賦優異者 (*gifted*)

資賦優異是指具有極高智力或若干特出的專門表現才能，需要特殊的安排，以達充分發展之目的。通常這類的孩子才智卓越，有高度的創造力。吳武典 (1986) 指出資優兒的特徵是比較好奇、堅持、敏感、有自信，在人羣中常成爲領導者，對人對己都較具批判性，有幽默感、正義感，也較有反叛性。在認知方面，資優兒相當好問，容易了解原則，了解不同事物間的關係。單一的刺激就能夠引發他們很多的想像、聯想。資優兒對反覆練習的工作容易感到厭煩，但是對於有

興趣的工作却很有耐性，注意力也較持久。資優兒較能表達自己，辭彙也較豐富。

而資優兒童可分兩類：

(1)普通資優（gifted）： 指孩子的普通能力十分優異，特別是在智力測驗上的表現十分優異者。

(2)單項資優（talented）： 指孩子在某一方面有卓越表現（如：記憶、數字、推理、空間關係、語文理解、科學探究、歷史研究、創造發明、或社會領導能力等），而且有強烈的表現慾及動機者。

## 11.3 特殊兒童的父母

家有特殊兒童對父母來說，是很複雜的心情，除了資優兒童的父母以外，通常父母的心情包括了罪惡感、依賴、拒絕、焦慮。這些反應也因孩子特殊的方面、嚴重的程度、家庭社經水準、專業協助的獲得、以及家中是否有正常兒的情形而定（Canino and Reeve, 1980）(註2)。

無論如何，大部分的父母倘若生下殘障兒、或發生事故使孩子成為殘障，通常有幾種反應：首先，當父母一知道自己有個殘障兒時，會顯得悲哀和傷痛，可能會持續一年以上，才慢慢的接受這個事實。在這悲痛的過程中，父母先會拒絕這個事實，他們覺得孩子的問題可能是被誤診， 或者也許漸漸的長大了就會好起來， 有的會求神蹟治療，很多父母感到沮喪，不願與外界接觸，常常哭泣，感受很深的壓力。

其次，很多父母為孩子的殘障感到罪惡，加上原有的沮喪感，然後就開始感到憤怒，甚至表現其憤恨，責怪別人（或祖先）造成這樣

的事，或生氣專業人員沒有能力克服這樣的問題，或對家庭提供所需的協助。這種怨恨通常不會很快消失，有的甚至會轉變成對孩子口頭或身體的虐待，也不想去幫助孩子，而這些憤恨的行為會引起更多的罪惡感，使情況更惡化。卽使是很好的父母也會有矛盾心理，常在接納與拒絕之間掙扎，這種矛盾心理有時形成過度保護，也就是給孩子過多的醫療、訓練、以及補償。在此情形下，父母過度焦慮，子女也過度依賴父母，這種互相依賴往往使孩子更無法照顧自己，無法有獨立的表現。

有些父母在痛苦過後，終於能適應，以面對現實的態度來度過個人的挫折和衝突的危機，也就是能接納這個孩子及其特殊的需要，不覺得其異常，也不設法隱藏。自己仍恢復正常的社交生活、工作、興趣、夫妻關係，也能公平對待其他的孩子。

聖經裏面有一段話， 耶穌看到一個瞎眼的人， 門徒向耶穌說：「老師，這個人生來是瞎眼的，是誰犯了罪？是這個人呢？還是他的父母呢？」耶穌回答說： 「也不是這個人犯了罪，也不是他父母犯了罪，而是要在他身上顯出神的作為來。……」

殘障的孩子並不是他前世犯了什罪，今世才得到報應，也不是他的父母做了什麼傷天害理的事，連累他的孩子，他也是上帝的傑作，也是獨一無二的個體，只是他比一般所謂的「正常人」需要額外的幫助，才能學會生活的基本技能，而且越來有越多的發現，證明殘障的人雖然在某方面有缺陷，却往往在另方面比一般人靈巧，例如，失聰的人視覺特別敏銳，失明的人觸覺和聽覺特別敏銳，自閉兒有的在藝術方面堪稱天才而無愧，肢體殘障的不但在各方面表現傑出，甚至也可能成為運動健將。這樣的案例不勝枚舉，可見重視特殊教育並不是浪費，而是人才投資。

　　也由於世間有這些所謂「殘障者」，我們才承認人不是萬能的。嚴格說起來，每一個人或多或少都是殘障，有的人不會唱歌，有的人沒有數學細胞，有的人動作不太靈活，有的人表達能力很差，但是，我們都以其他方面的能力補助，在不足的方面，我們也是依賴他人。既然我們本身都是不很完全的，又能憑什麼認為殘障者是「異類」呢？

　　由殘障者身上，我們學著謙卑和感恩，也體會到人的尊嚴是在於其精神，不是在於軀殼。尤其是特殊兒童的父母必須有這種健康的心理，有了特殊的孩子，不是上天的懲罰，而是上天知道這些父母有充分的愛心，才給他們這樣的孩子，特殊兒童的父母付出比一般兒童的父母多，但是得到的喜悅和欣慰也會多於一般父母。

## 11.4　資優兒童的父母

　　資優兒童雖也是特殊兒童的一種，但其情形和父母一般所面臨的問題與其他方面的問題不同，故分開討論。

　　由於近年裏興起一陣資優風潮，很多父母看到自己的孩子有聰明的表現，就以為自己是「天才的老爹／老媽」，為了使孩子發揮潛能，十分掛慮。其實廣泛的說，大部分的孩子都是資優兒，都有他較特別較擅長的方面，也都有無限潛能待開發。但是嚴格的說，資優兒童並不等於天才或神童，由11.2節的定義和特徵裏，我們可以看出，「是資優兒却未被當做資優兒」或「不是資優兒却被當做資優兒」，對孩子來說都是可悲的。

　　不管是不是真的資優兒童，父母往往會產生兩種心情（鄭玉英，1986）（註3）；一種是「期望之心」，另一種是「比較之心」。父母對子女的期望是自然而必須的，被期許的孩子才有成就動機和努力意

顧，但是過度期望却常是親子雙方的痛苦來源。被過度期望的孩子可能有兩種反應，一是放棄努力，一是過分努力。而父母情不自禁的把孩子拿來跟別人比，造成自己的焦慮和孩子的壓力。

如果確定家有資優兒，父母就該留意幾件事：

1. 靜觀孩子的興趣取向，更細心地觀察。

2. 滿足孩子的求知慾望和特殊需要。

3. 尋求可能的資源教室，以便多得啓發與刺激。

4. 留心其他子女，有時家中有一個特優的孩子，會使其他平凡的兄弟姊妹飽受威脅，父母要非常留意。肯定其他孩子的價值和能力，給予不同的發展方向，不要把幾個子女用同一根尺去量，否則可能形成其他子女的自卑或傷害。

5. 保持平常心，勿揠苗助長，迫不及待地逼孩子學習，或未經觀察便自以爲是的替孩子決定學習方向。

6. 資優並不表示「每一方面」都比別人強，不要要求孩子十全十美。

最重要的，資優兒童通常較敏感，他也需要來自父母的愛、信任、和安全感，使他的學習能無後顧之憂，但是許多資優兒童在「身分」被確定後，就變成在特殊而不正常的環境裏成長，例如，父母的另眼相看、過度縱容、過度要求等等，很多人因爲看他聰明過人，就忘了他也只是個孩子，不是小成人，許多資優兒童在成人的「誤愛」中提前結束童年，這是很悲哀的事。

此外，資優兒童也與一般兒童一樣，需要各方面均衡發展，因爲人的發展是相輔相成的，強健的體魄、合羣的性格、安定的情緒，都有助於資優兒發揮其特殊的能力，就像一部車子，光是引擎好而輪子或車身不好，也是跑不了多遠的。

楊維哲（1987）(註4) 在談及資優生的教育問題時，以其本身的經驗，對家長有幾點中肯的建議：

1.讓孩子接受磨練，給予失敗的經驗。失敗是孩子的權利，從未有失敗經驗是很危險的。

2.每個孩子都是優秀的，不必計較年齡，名次也無多大用處，「成就」才是最重要的。名是虛的，成就才是實的。

3.不要讓孩子受到干擾，更不要揠苗助長。要常和孩子溝通，了解他的需要。

4.智力測驗只是測個大概，不必太在意。

5.學校與家庭過於干涉孩子的做法，皆在令孩子變笨；真正的資優，不必太干涉，他就會長得很好，讓孩子悠哉遊哉的學習。

6.對孩子的心理建設是最重要的。


## 11.5　特殊兒童對家庭的影響

特殊兒童的家庭如果沒得到好的指導和協助，容易產生下列問題：

1.父母的婚姻關係遭到破壞，因為情緒受到很大的威脅和打擊，特殊兒童的父母離婚率高於一般父母。

2.由於特殊兒童的需要與一般兒童很不相同，必須花額外的時間和心血，比較「難養」，如果父母失去耐心，較易受到肉體或心理虐待。

3.父母對特殊兒童，也許是因為實在不太知道怎麼做才對，容易過度的縱容，看起來好像是對他特別好，沒有要求、沒有規定、沒有期望，其實也算是一種拒絕，因為這表示孩子的缺陷並沒有真正被接

納，是已經被放棄的，沒有獨立的希望的。

　　4.如果特殊兒童占據父母太多的時間和心力，兄弟姊妹可能會受到情緒干擾。同時由於父母特別忙碌，其他的孩子要多分擔家務，或幫忙照顧這個特殊兒童，本身也得不到足夠的照顧，生活受到影響。如果特殊兒童的問題是先天的，其他的孩子心理上也感到恐懼。

　　然而，如果特殊兒童的父母對孩子的能力和限制了解越多，他們會修正對他的期望，司聰 (Strom, 1981) (註5) 等人做了一個研究，比較成功的父母和失敗的父母，他發現：

　　(1)大部分成功的父母接受了孩子的殘障，不否認事實；也就是說，終歸都認命了。

　　(2)成功的父母不過度保護孩子，但會感到自己無法提供合適的學習經驗給孩子，也怕做不好，反而幫不上忙。

　　(3)大部分成功的父母認為只要持之以恒，並用心觀察，不難看到孩子的進步。

　　(4)成功的父母很清楚孩子的能力，以評估學習的成敗。

　　許多特殊兒童的父母會盡快再懷孕，以證明自己沒有問題，是正常的父母，上一次只是運氣不好。但是太快懷孕也會造成其他問題，例如對這個特殊兒的照顧會受影響，而對下一個孩子可能也無法全心照顧。當然，如果生下一個正常的孩子，會使父母恢復信心，也不會把注意力完全放在特殊兒身上，可以有平衡心理的作用。但是萬一再生下來的又是特殊兒，那就更加辛苦了，因此必須與醫生好好的討論這個問題，才做決定。

## 11.6　特殊教育與家長參與

簡茂發（1986）(註6) 曾將教師喻為園丁，父母為苗圃的園主，園丁固然要精於栽植的技巧，但若無園主的同意及支持也是枉然。因此家長和教師是教育的伙伴，尤其對於特殊教育而言，更需要學校與家庭雙管齊下，方能收效。

家長參與（parent involvement）有許多優點 (註7)：

**1.就學校而言**

(1)父母參與能降低成人與兒童的比例，使每一個孩子得到更多照顧。

(2)父母以其特殊才能貢獻於教學，或幫忙蒐集教材教具，均有益於教學品質的提昇。

(3)學校的計畫更易獲得家長的共鳴及支持。

**2.就父母而言**

(1)藉著參與，學習和孩子相處的技巧，增進親子間的和諧關係。

(2)有機會看到與自己孩子同齡孩子的發展及活動情形，而對自己的孩子建立更正確更客觀的認識。

(3)有機會觀摩、學習教師的教育態度和方法，而修正自己的教養方式。

**3.就兒童而言**

(1)得到更周全的照顧，並能接觸多元的文化刺激。

(2)有助於孩子發展積極的自我概念，並提高其成就分數。

而家長參與的方式則有不同的層次和類型。例如：

1.父母以接受簡單的訊息為主，如電話連絡。

2.父母在家裏扮演教師的角色，協助教學計畫的完成。

3.父母參與計畫，但執行一般性的工作。

4.父母參與計畫，而執行專業性的工作。

5.父母參與決策的過程。

此外，　特殊兒童的父母也可以組織家長團體，　可以有以下功能
（註8）：

1.提出自己處理孩子問題的經驗和意見，集思廣益，將有助於問
題的解決。

2.把自己處理孩子問題的困難，向其他家長提出，徵詢有效的輔
導方式。

3.父母可以互相給予情緒上的支持，此乃輔導孩子邁向成功的原
動力。

4.利用集會，請學者專家演講，增進對學習的認識，以及學習更
好的輔導方式。

5.以開會結果，　送請教師做為教學方式的參考，　如涉及其他單
位，亦可尋求支援。


## 註　釋

註 1　郭爲藩、陳榮華等（1978）. **特殊兒童心理與教育**，（三版），臺北：中
　　　國行爲科學社。

註 2　Canino, F. J., and Reeve, R. E. (1980). General issues in working
　　　with parents of handicapped children. In R. Abibin, ed., *Parent
　　　education and intervention Hand book*. Springfield, IL.: Charles
　　　C. Thomas.

註 3　鄭玉英（1986）. 面對「資優風潮」父母如何安身立命。**資優教育季刊**，
　　　18, 3-7.

註 4　楊維哲(1987). 小家庭──圓。臺北：敦理。58-63.

註 5 Strom, R.; Rees, R.; Slaughter, J.; and Wurster, S. (1981). Child-rearing expectations of families with atypical children. *American Journal of Orthopsychiatry, 51.* 285-296.

註 6 簡茂發 (1986). 親職教育座談會，**教師研習簡訊，21.** 29

註 7 吳麗君 (1986). 以家長參與提昇資優教育的品質， **資優教育季刊，20.** 10-12.

註 8 黃志成 (1986). 學習障礙兒童教育之父母參與， **特殊教育季刊，19.** 16-18.

# 第十二章

# ●社會變遷中的家庭教育●

社會變遷非常快速是任何現代人都不會否認的事實。許多人在面對變遷時毫無心理準備，應變能力又不夠，難免十分慌張。尤其原本熟悉的事物漸漸從生活中消失，祖先傳下來的教訓和經驗似乎也只有參考價值而無實際價值，經過社會變遷的篩選和過濾，到底還有些什麼可以薪火相傳的？

在快速的變遷中，人類社會的最基本單位——家庭——該何去何從？總要對未來的情況有些了解，才比較清楚未來的成人——也就是今日的孩子——需要具備些什麼能力？家庭教育也才能落實。

而這種種的探討都必須藉着研究工作來達成，目前有關家庭的研究工作情形如何？又有那些方法可以使家庭教育的理想落實？

這些都是本章將討論的重點。

## 12.1 社會變遷對家庭的影響

歸納本書前述的一些觀念，我們可以看出在變遷快速的社會中，

家庭教育成爲相當複雜的過程。目前的家庭教育有幾個基本的影響因素：

1.在過去，生兒育女是結婚後必然的，而現在的人比較有選擇，或多或少可以自己決定是否要生育，何時生育，也因不同的理由而生育。

2.不管是過去或是現代，父母一直都是子女社會化的最主要、最基本的資源。

3.現代的理想父母要能具備兒童發展方面的知識，也要有輔導子女的情緒和社會發展的方法。

4.父母仍是兩性的社會角色，照顧子女的功能同多於異。

5.孩子的行爲和發展，對父母的親職風格和行爲有很大的影響。

6.孩子的發展需要是一直在改變的，而父母給他的教養和照顧也應隨着調整。

7.家庭的結構不僅影響整體的功能，也影響親子關係的本質。

8.爲人父母最大的挑戰是在於使孩子在未來的社會中能適應環境，並發揮才能。

### 12.1-1　史勾尼克的社會變遷研究

在變遷中，社會和文化所承受的壓力，家庭也經歷到了，史勾尼克（Skolnick, 1980）（註1）把社會變遷對家庭結構和功能的影響歸納如下幾點：

1.職業上的分工越來越精細複雜，也需要更長時間和更專門的訓練。

2.能源和資源有限，而消費却增加。

3.人力勞工漸被自動化的機器所取代。

4.貨物和服務的分配比其生產的問題更多。

5.郊區的發展增加。

6.世界性的傳播更多更快速而有效，促成「世界社區」（world community）的形成。

7.社會變遷快速。

8.學習和知識是成長的工業。

9.科學和科學的發展迅速地取代了現有的知識，代之以更新、更適切的資訊。

史勾尼克認爲社會的急速變遷對於未來的家庭生活有很大的影響，這一代的知識和觀念對下一代已經不適用，個人對於角色的揣摩及把握就更不容易了。在家庭裏，丈夫應該如何，妻子應該如何，父親應該如何，母親應該如何，子女又該如何，似乎沒有一定的公式，而教育子女更沒有一套「放諸四海皆準」的方法，需要每個人多運用智力，不斷地思考、觀察、體會，以前父母如何教導我們，如今也只能當做參考，無法依樣畫葫蘆。

史氏認爲父母面臨最大的問題，倒不在於如何將文化及現有的知識和技術傳遞給子女，現代父母最大的挑戰乃在於，如何不使過時的知識阻撓了必要的改變，以及如何以開放的心胸去面對並迎接人生的新知識及經驗。而最直接的方法可能就是：改變我們對「成人」的觀念，因爲我們通常一提到「成人」，就很理所當然的認爲他已長成（grown-up），所以再也沒有學習的必要和潛能，也沒有改變的機會了。但是在這急速變遷的時代中，這樣的人難免會被社會所淘汰，否則他就會限制、妨礙別人的發展。事實上，所謂的「成年期」，只是發展過程中的一個階段，跟兒童期、青少年期一樣，都是在「成長」（growing-up），有無限的潛能，停止成長，就等於死亡。

　　藉着談到家庭中的孩子的發展與父母的發展之間的互動，我們可以看到這種互動的力量刺激父母繼續不斷成長，史勾尼克認為，未來的親子關係最大的特色就是：每個人都分享其他人的發展。父母固然看着孩子漸漸長大，一點一滴的學習；孩子也看着父母隨着經驗的增多及歷鍊的加深，越來越散發成熟的風韻。很明顯的，「以不變應萬變」的態度已不能適用於今日及未來的家人關係及家庭生活了。

　　在教養孩子的過程中，父母不論以何種理念，以何種方法，均應朝向「平等」和「民主」的方向。並不是說，父母的權力會擾亂親子關係，而是說，有時父母太過分權威，無形中把自己的想法、價值觀、態度等，牢牢的灌輸在孩子身上，對孩子的影響及控制太大，使得孩子比較不能開放的去學習新的觀念和方法，對於改變的反應和彈性也較小。

### 12.1-2　艾爾金的家庭教育研究

　　心理學家艾爾金（Elkind, 1979）（註2）相信，社會變遷所帶來的父母對孩子的態度及教育觀念的改變，間接影響了孩子。他認為父母代表了社會的改變，但是有幾個錯誤的觀念，使得父母對於這種角色不太了解，而引起一些教育的問題：

　　1.很多父母認為現在的年輕人跟他們自己年輕時不太一樣了，造成他們對目前年輕人的獨特性（uniqueness）有了誇大和扭曲，艾氏將稱此為「時代的錯覺」（generational illusion）。

　　2.父母隨着年紀增長，對時間的看法和感覺改變了，回顧年輕時光，總覺得時間過得很快，所以當他們看到目前的一些社會問題，如環境污染、社會的不公平現象、核能威脅等，他們就深切的覺得這些問題非「立即」解決不可，而且他們「將心比心」，以為年輕人都該

跟他們一樣憂心忡忡。

　　艾爾金認為這是父母一廂情願的想法，事實上年輕人不會了解「歲月催人老」或「寸金難買寸光陰」，而「少壯不努力，老大徒傷悲」對他來說也太遙遠了，因為青春正是他的本錢，他有的是時間。即使他同意問題必須解決，但他不會有急迫的感覺。父母可以讓他知道有這些社會問題的存在，但不必強迫他有很強烈的使命感。艾氏稱此為「立即的錯覺」（immediacy illusion）。

　　3.父母以為「天下的年輕人都是一樣的」，以為同年齡的孩子就會有同樣的信仰、態度、和行為。其實這種刻板的印象很不實際，忽略了人的個別差異，常會把孩子比來比去，如果孩子比人好，就驕傲，比別人差，就認為他不夠努力。艾氏稱此為「同質的錯覺」（homogeneity illusion）。

　　這些錯誤的觀念說明了為什麼成人不了解社會變遷對孩子的影響，艾爾金相信，成人體驗的社會變遷比孩子直接，因此有較多的壓力、焦慮、關切、和挑戰。相反的，孩子對於社會變遷的感受，是來自父母的教養的方向，父母認為怎麼做才是對孩子好。他指出當今的父母對子女有三種態度，會影響子女對社會變遷的反應：

　　1.要求孩子提早具備某些能力。

　　2.要求孩子提前情緒獨立，不依賴。

　　3.對「明天會更好」失去信心。

　　首先，艾氏相信今日的父母比較不關心孩子的情緒的需要，但是比較熱衷於激發孩子的智力發展，這種心態反應在各種益智書刊的蓬勃，以及學校重視孩子的學業成就，而對個人的適應，強調智育，而忽視德育、體育、羣育、美育。艾氏指出，孩子感受到父母對其能力的要求的壓力，有好處也有壞處，孩子可能學會面對競爭，但也可能

無法對成功和失敗處以平常心，這會引起情緒問題，父母始料不及，也無法幫助孩子解決。

其次，以前的成人總是呵護孩子的，但是現代父母不但要顧及孩子的需要，也頗重視自己的需要，因此會要求孩子早些獨立，自己可以有多一點自由。社會學家文森 (Vincent, 1972) 曾預測到這種趨勢，他提醒我們，在二十世紀的前半段，養兒育女的觀念像鐘擺一樣，從「以孩子為中心」，到「以父母為中心」，然後又盪回去。文森說明從一九五〇年到一九七〇年，教養的觀念是以兒童為本位的，近年來則走向成人本位。

雖然他指的是美國的情形，但是在臺灣也有這種現象，那種「犧牲自己，完全為孩子着想」的父母，養育出來的孩子很容易比較自我中心，英文稱為 me-generation。因此在他們這一代長大而為人父母後，他們仍很注意自己的需要，這並不是說他們就不顧孩子的需要，而是他們認為「父母過得好」也是孩子的需要之一。而且他們也不一定認為父母對他們百依百順是對的。很可能在這種父母本位的觀念下教養出來的孩子，又會覺得父母的呵護不夠，會羨慕某些父母對孩子的全心付出，當他們為人父母後，又會以孩子為中心，以彌補自己幼年的缺憾。這個「觀念的鐘擺」在每個家庭中都一代一代的在更替，也許這也說明在某些情況下，隔代的觀念反而更容易溝通。

此外，艾爾金認為成人逐漸對過去被視為有效的解決社會問題的辦法，失去信心，不再相信理智和科技能使世界變得更好；相反的，對於目前科技帶來的污染、戰爭威脅、及環境問題，感到相當無奈，而有無力感。艾氏覺得孩子感同身受，會很想尋找一個穩固的力量，即是永久的，且又真又善又美。因此近年來，宗教活動或是玄秘事物，如魔術、玄學、巫術等等，很能吸引人，包括達官貴人和販夫走

卒。基本上，孩子的認同發展中很需要「相信」，相信一些人，相信一些事，但是變遷太快，到底什麼是永恒的，而非今天信了，明天又不能信的？對人生沒有信心，會失去上進的動力，使人陷入苦悶，這是世界共有的問題。

以上種種，似乎都顯示我們太重視過去的傳統，而太忽視對未來的期望。父母以過去或現在「成功的人」的典型來塑造目前的孩子，但是孩子是未來的成人，如此刻意塑造出來的孩子，將來長大後是否仍符合「當時」社會所要求的標準？很多父母都以爲父母有絕對的權利，按照「理想」去塑造孩子，給予「正確的教育」，就會使孩子長成「模範成人」。例如，父母若希望孩子成爲「某某人第二」，便會盡量在那方面栽培，以爲如法炮製便會如願以償，問題是，即使目標達成，孩子可能永遠都是一個「複製品」，走在別人的足跡裏，沒有自我實現的機會。

這種想法使得許多用心的父母都自問：「要發展成一個成功的人，孩子需要什麼？」這個問題就等於：「我希望我的孩子長大後，成爲什麼樣的人？」

雖然這樣的問題沒有一致的答案，但是凱根（Kagan, 1976）認爲孩子並不需要成人特別的行爲或行動，才能發展得好。他並不是說孩子不需要父母的照顧和關心，而是他強調，一般的育兒指南並不能保證一定會教人做成功的父母。例如，到底什麼時候該懲罰？如何懲罰？如何才是適度的鼓勵？等等，沒有配方，沒有公式。凱根相信孩子的確有心理需要，但是沒有人可以告訴父母，該怎麼做才能充分滿足自己的孩子的心理需要。父母必須運用智慧去判斷，去了解，去體會。

### 12.1-3  社會變遷中父母態度的改變

在美國曾做過一個綜合性的研究，探討在社會變遷中，父母態度的改變及所遭遇的挑戰，(General Mills', 1977) (註3)。此研究的樣本是從全美國抽樣的 1,230 個有十三歲以下的子女的家庭，主要的發現是：現代的父母可分爲兩種，一種相信傳統的價值，另一種相信新的價值，但是二者均認爲傳統的價值應該在養育的過程中傳遞給子女。

在此大規模的調查研究中，傳統型的父母佔全部的57％，他們管教子女較嚴格，對子女期望較高，雖然他們支持傳統的價值觀，多少也接受當前社會的新價值觀，例如，他們也認爲父母不必爲了孩子而勉強維持婚姻；他們也相信父母有權爲自己的生活着想，卽使如此一來就必須減少與孩子相處的時間。

而那些新型的父母佔43％，他們比較以成人爲本位，他們不認爲親職是社會責任，而是自己選擇的，他們懷疑爲了孩子而完全自我犧牲是否有意義，他們相信父母和子女的權利是平等的、民主的。

大部分的受訪父母（64％）對其家庭生活和問題的處理都還滿意，其餘的36％則不太確定他們是否爲好父母，尤其是職業婦女、單親、低收入的父母。他們認爲在目前社會裏，養育子女的困難主要是：

1. 犯罪和暴力的蔓延所帶來的社會壓力。
2. 通貨膨脹和物價上升的問題，還有廣告刺激孩子的購買慾望。
3. 新舊價值觀的衝突。
4. 職業婦女、單親、貧窮的父母所面臨的特殊需要。
5. 在管教的寬或嚴，爲孩子犧牲的太多或太少，對孩子要求的過

多或過少等等之間取得平衡。

　　雖然這些因素使得親職看似一份很困難的責任，但是90％的父母
仍願意有子女，不管在未來，父母會面臨什麼問題，我們確信，孩子
情緒的滿足和教養仍需靠父母。隨着社會變遷的鐘擺，也許我們不斷
會有新的答案：到底孩子應該學些什麼？父母需要知道些什麼？父母
能給孩子什麼？

●表12-1　父母的價值觀比較

| 新 一 代 的 父 母 | 傳 統 的 父 母 |
|---|---|
| 不重要的價值 | 很重要的價值 |
| ①婚姻制度 | ①婚姻制度 |
| ②宗教 | ②宗教 |
| ③存錢 | ③存錢 |
| ④愛國 | ④努力工作 |
| ⑤成功 | ⑤錢財保障 |
| 信念： | 信念： |
| ①父母自我本位，不打算為子女犧牲 | ①以子女為中心，願為子女犧牲 |
| ②不處罰子女 | ②希望子女傑出 |
| ③放任的態度，孩子應能自作主張 | ③喜歡干涉，替孩子作決定 |
| ④懷疑權威 | ④尊重權威 |
| ⑤縱容的 | ⑤不許縱容 |
| ⑥男孩女孩同樣的教養 | ⑥男孩女孩不同的教養 |
| ⑦子女對父母無未來責任 | ⑦相信舊式養育最好 |
| ⑧養育子女是選擇，非社會責任 | ⑧養育子女是很重要的價值 |

## 12.2 家庭的未來與未來的家庭

俗語說：「人無遠慮，必有近憂。」在我們這一世代的人還爲了社會的快速變遷而七葷八素時，仍需睜眼看一看我們往哪裏去。對於「過去」，我們都曾聽過、看過、或經過，而「現在」就在眼前，因此討論過去和現在都不算太困難，但是要談「未來」，只能用推測和想像力，似乎一般人力有未逮。

無論如何，人們對未來總是有興趣、好奇、和關心。因此，自古以來，占卜的行業就存在，至今雖科技發達，人類早已登上月球，却仍有許多人相信算命卜卦，由相士來指點他們的迷惑。然而若是以社會科學的角度來看，「鑑往知來」是可能的，社會學家蒐集許多資料，歸納分析，可以預見未來的光景。

### 12.2-1 第三波的家庭

美國社會學家托弗勒（Alvin Toffler）所著的「第三波」（The Third Wave）(註4) 裏，有一章專門談到未來的家庭。

1.非核心的生活型態

托弗勒認爲核心家庭是工業革命之後的產物，是爲了適應工業社會而形成的，但是核心家庭已不再是第三波社會的理想型態了，其他的家庭型態迅速繁衍。例如，單身者、同居者都迅速增加，而且已不以爲怪。

2.沒有孩子的文化

一部分人刻意選擇沒有孩子的生活方式，我們卽將由「以孩子爲中心」的家庭轉爲「以成人爲中心」的家庭。單親家庭增加的速度驚

人，在美國有七分之一的孩子是由單親撫養，都市地區更高。而合成家庭（由兩個離婚有孩子的人再結婚，把雙方的孩子帶入新家庭）可能會成爲明日家庭型態的主流。在第三波時代，家庭制度會趨於多樣化。

３.熱烈的關係

由於電子住宅的出現，在家裏工作將會普遍化，這意味着個人的工作和生活幾乎不可能完全分開，在這些家庭裏，不論雙方分擔幾分工作，都必須向對方學習，共同解決問題，互通有無，雙方的關係會越來越親密。

４.愛情加法

電子住宅使得配偶在家中一起工作成爲可能，而人們在擇偶時，很可能不單單考慮性和心理的滿足，連帶要考慮社會地位。他們會强調「愛情加法」——性和心理的滿足加上大腦，愛情加上理智、責任感、自制力、和其他工作上必須的德行，家庭成爲多目標的社會單位。

５.支持童工運動

在電子住宅裏，孩子不僅可以觀察父母的工作情形，而且到了某個年齡之後，還可以參與工作。可能會出現一些專爲年輕人設計的工作，而且與教育合併進行。使年輕人也能扮演生產性的角色，解決失業問題。同時支持童工運動，呼籲以適當的措施來保護童工，使他們不致受到嚴重的剝削。

６.電子大家庭

明日的家庭裏可能會有一兩位外人，如同事或鄰居，這種組合方式下產生的家庭會受到特別法律的保護，成爲聚居的合夥企業，這類的住家將成爲電子大家庭。可能還會有許多大家庭連成一個網狀系

統，可以提供必需的商業和社會服務，聯合推銷其勞務，或者成立自己的貿易協會。電子大家庭的興起對社區生活、愛情和婚姻型態、友誼的重建、經濟和消費市場，以及我們的心理和個性，在在都具有重大意義。

7.父母失職

任何家庭結構的改變均會改變我們所扮演的角色，一旦核心家庭面臨考驗，其相關角色亦告瓦解，使家中的人備受折磨，角色必須重新劃分。

托弗勒認為第三波已是無法抵擋的，第三波的家庭型態和個人角色是多變的，　多樣化的家庭為個人提供了許多新的選擇機會，　第三波的文明並不拼命把每一個人塞進單一的家庭型態，在新的家庭制度下，我們可以選擇或者創造一種最適合個人需要的家庭型態。

然而在新舊交替時，人們因選擇過多而感到痛苦、憂慮、孤獨，為了讓新制度順利運行，必須在各方面進行改變：

1.在價值觀方面，要袪除隨着家庭破碎和重建而來的無謂的罪惡感，不要增加不必要的痛苦，對於核心家庭以外的家庭型態要容忍，甚至鼓勵。

2.在經濟和社會生活方面，法律、稅則、福利制度、學校安排、住宅規定、建築形式等，都應考慮到各種特殊的需要。為了提高管理家務工作的地位——不論是由男人或女人負責，也不論由個人或團體執行，都應該支薪，或承認其經濟價值。同時，放寬工作年齡限制、實施彈性上班時間、開放工作半天的機會，這些措施都可使生產工作更合乎人情，同時也能配合多樣化家庭型態的需要。

托弗勒認為適當的措施可以減少轉型期間家人的痛苦，幫助我們順利邁入明日世界。

### 12.2-2　第三波的孩子

托弗勒推測第三波社會對孩子的教育態度與方式，他認為這不同的一代可能會有這些情況：

1. 明日的孩子可能會在一個托兒中心較少的社會裏長大。

2. 大衆會更注意老年人的需要，而減少對年輕人的關切。

3. 婦女在工作和事業上的發展，使他們不再將全副精力投入傳統的母職。

4. 明日出生的嬰兒可能會發現，這個世界不再重視孩童的需要、期望、心理發展和滿足感，甚至抱着冷淡的態度。

5. 青少年期也不會像現在這麼漫長、痛苦，也得不到現在這種富裕和從容的享受。

6. 孩子會在電子住宅或工作家庭中長大，很早就負起生活責任，生產力較以往大。

7. 孩子比較不會感受到同輩朋友的壓力，將來可能更有成就。

8. 教育方式轉變，在教室外學到的知識比教室內還多。義務教育的年限會縮短，而非延長。

9. 未來的年輕人將具有不同的個性，不在乎同輩朋友、不以消費為目的、不沉溺於個人的享樂。

第三波社會的孩子成長的過程和以往不相同，所形成的人格自然也有所差異。托弗勒相信家庭會在第三波文明中擔當一個重要的角色，在其教育功能方面，托氏認為家庭應該負起更大的教育責任。願意自己在家裏教育孩子的父母，學校應該支持他們，不要把他們視為怪物和違法之徒，而且家長對學校應該有更大的影響力。未來的社會是個以家庭為主的社會。

### 12.2-3 第三波的家庭生活

第三波中提到電子住宅，當一般人還覺得電子住宅好像只能存在於科幻故事中時，已有許多人從事智慧家庭的研究，以下轉錄一篇文章，是黃囔摘譯自1986年11月 3 日的新聞週刊 (註5)。

---

## 我的家庭真「聰明」

### 住宅能做烹調晚餐照顧病童等一切家務

「哈囉，我是你的『住宅』。謝謝你打電話來。門戶已經鎖好，暖氣已經打開，二十分鐘內打開烤箱開關。孩子們還沒有回家，自動回答器裏記錄三個電話。要不要在錄影機裏裝好錄影帶？不要？那麼我就要說再見了。雪奧。」

從「美國電話及電報公司」到「通用電氣公司」等一批工業技術業和家庭電器大公司，本週將在達拉斯集會討論電腦革命中留下來的最大的未開發領域：「智慧」家庭。這一次會議中將建立標準，使電視機、洗碗機、烤箱、空調機、盜警器、電話機和大門都能互相連結，並且用電腦控制。目標在把住宅本身變成一個僕役，能夠做從烹調晚餐到照顧病童等一切家務。自動家庭公司董事長朱里遜說：「上一次家庭裏有這樣深遠的改變，是在電力出現的時候。」

朱里遜應該知道：他已經建造了一棟可能是地球上最聰明的住宅。這棟座落在達拉斯市希廸漢旁的「智慧住宅」裏，共有十二座電腦，長約十三公里的電線和足夠的電視螢光幕，構成一個電視網，實驗家庭自動化的可能性。朱里遜打電話到家裏的時候，他的家會以愉快的人造聲音回答。在他說出密碼（防止電腦賊闖門）以後，他可以查問家裏的一切情形，從地下層的溫度到樓上有沒人走路，都能得到

正確的回答。他最喜歡的用途：回家前叫智慧住宅燒洗澡水。

　　智慧住宅能發揮調整燈光和暖氣，產生最高效率等基本功能，也能防火防盜，在必要時打電話給消防隊或警察局。還能閃動房間裏的燈光，顯示甚麼地方有問題。此外，家庭裏的每一個人都有開啓前門電動鎖的密碼；如果有人按門鈴而家裏沒有人，住宅的錄影帶會錄下他們的形象，以供參考。

　　晚上有奇異的噪音？臥室電視幕上展示一幅住宅地板平面圖，顯示那一扇窗門已經打開，那一個房間裏有人走動。游泳池熱水機閃動燈光？智慧住宅立刻感到問題，自動打電話給修理匠。如果修理匠到達時家裏沒有人，智慧住宅會給他一個臨時密碼，打開前門門鎖，讓他進門，然後行動感覺器追踪他的行動。如果他離開游泳池區域走進臥室，智慧住宅立刻打電話報警。兒童的密碼也能加以限制。例如，兒童可以打開前門，卻打不開酒櫃門。

　　使「智慧住宅」「知道」家裏的人在甚麼地方的「行動感覺器」，是很實用的裝置。電話打進來的時候，只在有人的房間裏響起鈴聲，住宅自動把沒有人的房間裏的電燈關了。行動感覺器還可以安排程式，隨時查明房間裏的老年人或嬰兒是不是在活動。萬一發生問題，住宅會叫人來幫忙，或打電話給醫師。停電的時候，「智慧住宅」裏有備用電力。所有重要系統在必要時都可以用人力操作。

　　「智慧住宅」的電子裝備，成本約五十萬美元。但是普通屋主可以購買便宜得多的裝備來發揮「智慧住宅」的許多功能。例如，屋主可以使用住宅裏現有的電力線路來傳送控制信號，不必另裝新線路。又如，要控制一盞地板燈，只消把燈線插進一具小型塑膠控制器，然後，把控制器插在任何一個牆壁插座上。所用的控制器，可能只是一個偵測盜警的定時計，或一具裝有軟體的電腦，經電力線傳送信號，開燈或關燈。類似的裝置可以控制家用電器和自動調溫器。目前裝置新澤西州一家公司所生產的X—10管制系統的美國家庭，已有大約一

百萬家。每個X—10系統的售價在一百美元以下。據說，有一個電視界名人已經在他的洛杉磯家裏裝置控制器五百五十具。

　　參加由電子工業協會（EIA）資助的達拉斯會議的各人公司，將在未來幾年內製造控制各種新電器的類似控制器。這些新電器除了接受命令以外，還能把信號傳回中央控制器或傳到另一個電器。例如，微波爐在煮好早餐以後，可以使臥室裏的音響發出嗶嗶的聲音。一具洗碗機可以把信號傳給熱水機，叫它提高水溫，洗碗後，再通知它降低溫度。電話鈴響的時候，電話機可以自動通知附近的電視機或立體音響降低音量。

　　日本目前已經有一千多家「智慧住宅」。日本製造商打算在明年進入美國市場。　目前市場太小的原因是售價還太貴。　大多數家庭在「智慧住宅」上所花的費用，足够僱一個傭人。但是，如果工業技術專家有辦法，將來的傭人可能都居住在電腦磁碟上，靠交流電維持生命。（摘譯十一月三日「新聞週刊」）


## 12.2-4　明日世界

　　第三波在我國也是不可抗拒的潮流，以臺灣目前的情況來看，我們會面臨一個什麼樣的明日世界呢？柴松林（1985）（註6）認爲明日世界將有幾項重大的改變：

　1.人口結構與經濟型態

　(1)人口結構塔型式改變，年輕人比例減少，老年人愈來愈多。

　(2)教育支出不斷增多。

　(3)老年時間增長，過幾年將逐漸步入老年國。

　(4)人生的風險加大，現代人會變得小氣。

　(5)投資儲蓄行業看好。

2.社會制度與兩代關係

(1)社會安全制度要求升高，兩代觀念產生巨大差異。

(2)兩代同住的問題因觀念差距而無法解決。

(3)痛苦地「享受」挫折感，在升學機會有限的情況下，只有三分之一的父母能達到期望。

(4)未來的世界以單身為主。

(5)單親家庭增加。

(6)離婚率上升並不表示世風日下，人心不古。

(7)同性家庭。

(8)組合家庭，由若干男女構成一個家庭。

3.休閒生活與流行觀念的改變

(1)個人活動增加，團體活動減少，產品設計要多樣化。

(2)流行觀念改變，要具創造力與想像力才能生存，產品要個別化，因此生產方式不要大量生產標準化的產品，而是要改變為彈性自動化制度，按顧客願望生產各種不相同的東西。

4.人口密度與人情味成反比

人口愈來愈密集，易於養成競爭性格，也愈貪得無饜。

5.生活空間與生活時間的再開發

(1)生活領域越來越小，必須創造時間和空間。

(2)日用品的設計要節省空間，即生活空間再開發。

(3)生活時間的再開發，採取彈性工作制、部分分工的方法、及全時數，以分散擁擠的時間。

(4)傳播媒介逐漸縮小，小眾媒介逐漸發達。

6.主動的積極貢獻取代被動的獨善其身

(1)人們希望不要再被別人控制，自己動手做的時代來臨。

(2)道德觀改變很少，不自私、與人分享，爲別人着想。

(3)以更大的包容面對未來。

## 12.3　有關於家庭的研究

### 12.3-1　家庭研究發展簡史（註7）

在十九世紀以前，有關家庭的問題，只出現在小說、詩歌、和戲劇裏面。然而文學作品難免是主觀的描述，在研究上較無參考價值。科學的探討家庭問題大約起源於十九世紀，當時社會達爾文主義（Social Darwinism）幾乎支配了這個研究範疇的興趣，主要論題是初民社會的婚姻制度和家庭系制。如 Morgan（1870）、Engels（1884）等學者應用歷史資料、民俗、和神話，來討論人類家庭的起源和發展，或直接比較研究某些現存的初民社會之家庭生活。雖然家庭研究之領域已被學者所開拓，然而問題分析的觀點與方法爭論尚多。

隨着社會變遷加劇，學者開始注意到當代家庭貧窮問題，因而針對城市的家庭勞力和經濟結構做研究，如 Le Play（1855）之歐洲勞工研究可爲代表。此時期家庭研究的缺點在於研究對象太集中於低階層家庭之經濟情況，而對中上階層家庭的了解甚爲缺乏，尤其忽略了家庭與其周遭環境、社會和文化的關係。

二十世紀初期，個人主義盛行，婦女勞動參與力提高，離婚和分居增加，生育率降低等問題層出不窮，且持續於家庭體系內，導致家庭研究轉向這些主題的探討，視家庭爲一羣互動人格的整體，以分析其個體化（individualization）的過程，並採用統計資料加以討論、

說明， 但是此階段的家庭研究過度重視個人態度之探討， 而降低了社會結構對家庭影響的重要性，於統計分析上亦未能作深入系統的研究。

一九二九年世界性的經濟不景氣，緊接着第二次世界大戰發生，家庭社會學的研究亦受影響，發展出一套更廣泛的觀點，滙集研究焦點於家庭與外在社會體系的密切關係上，試圖發現和說明當外在社會體系發生某種變動時， 家庭對此種變動的反應及其所受的影響。 如Bell和Vogel(1960)研究經濟不景氣、流行病和戰爭等事故對家庭的影響，以及家庭的反應如何。可惜這種探究法到目前為止尚缺乏一套理論體系，其個別的或特殊的描寫並未能有助於整個問題的了解。

在此時期內，有三種研究方式值得參考：

1.人格互動法（The Personality-Interaction Approach）：偏向心理學觀點與技巧。

2.記錄連鎖法（The Method of Record Linkage）：偏向統計文獻法，較適合當輔助資料。

3.直接觀察法：偏向人類學田園參與觀察法。

最近的家庭社會學者試圖發展出一套更新、更普遍的家庭研究的概念架構與研究方法， 將家庭視為一種社會體系， 一方面著重於家庭的結構和功能對外在體系的關係，另方面也注意到個人與家庭的關係。

歸納以上的家庭研究，可知西方學者大多基於兩種觀點：一是將家庭視為一種社會制度，以分析其社會所範定的行為模式和社會所賦予的價值，因此家庭研究的主題,在於分析家庭過去和目前在社會所擔負的功能及其變遷；另一觀點是將家庭視為一種社會團體，而著重於家庭和其分子間的動態關係，亦卽研究分析家庭分子間的互動情形。

　　至於我國的家庭研究，大約興起於五四運動時期，當時是對社會問題的注意而引來興趣，易家鉞與羅敦偉（1922）合著的「中國家庭問題」（註8），爲我國學者鑽研本國家庭問題的第一本書。此時期的家庭研究缺乏理論的探討，對實際問題的討論缺乏客觀性。

　　五四運動的熱潮減退及北伐全國統一後，對家庭的討論才逐漸地客觀和科學化，學者對舊有的家庭，不再是一味的攻擊，而代之以正確而適當的評價，一方面試圖從歷史的觀點來探討家庭功能的變遷，並以此做爲討論當代家庭的依據，如陳東原（1928）的中國婦女生活史，呂誠（1935）的中國宗族制度史、中國婚姻史等都是對於中國家族制度史的分析。另一方面鄉村社會學的學者更以實地研究，描寫農村社會的日常生活和其對社區的功能，如楊懋春、楊慶堃、許烺光等人的研究。這時期的學者大多把家庭當做一種社會制度來研究，很少注意到家庭動態關係的分析。

　　大陸淪陷後，從民國五十年起，有關家庭的研究才重新在臺灣蓬勃起來，理論與實際並重，鄉村與都市兼顧，科學態度與方法更是廣泛的被應用，並注意到家庭生活和家庭分子關係的研究。

　　綜觀臺灣的家庭研究，可知三個演進過程，最初是將近代臺灣家庭與傳統中國家庭做比較，進而注意到家庭動態關係的研究，最近更重視社會體系的變遷對家庭組織和結構的影響。尤其重要的是學者對方法論的探討，使家庭研究的誤差減少，促進了家庭社會學領域之正確科學研究。

### 12.3-2　家庭研究概念架構

　　理論必須有研究做爲基礎，而研究也需要理論爲指引。有關於家庭的理論和研究目前還不是很有系統。希爾和漢生（Hill　and

Hansen, 1960) 提出家庭研究的概念架構 (Conceptual Framework for Family Study)，有五種家庭探究法，分述如下 (註9)：

### 1.互動探究法 (*The Interactional Aproach*)

家庭互動探究肇始於社會學和社會心理學，從米德 (Mead) 和柏吉斯 (Burgess) 的著作中發展而成。米德在其「心理、自我與社會」(Mind, Self and Society) 一書中，謂人所具有之理性和自我均爲社會之產物，換言之，人的自我是在社會互動及溝通的過程中發展而成，並非先於社會而存在。人藉着角色扮演及設身處地，學習他人對某種行爲或環境的態度，來控制自己的行爲，故自我概念乃從「概化他人」(generalized other) 的想像中，獲得更充分的發展。

柏吉斯認爲家庭是諸互動人格的整合體(an interacting unity)，而非集合體 (collection)，因爲一般人對自己以及其他家人在家庭內所扮演的角色均有相當的了解，所以夫妻、父母、子女、兄弟姊妹這些角色，交相決定彼此在家庭中的地位與互動情形，於溝通過程中，家庭各成員的價值與態度相互融和，使家庭成爲一個整合體。

互動探究法視家庭爲一初級團體，其焦點集中於角色的分析、地位間的關係、溝通、衝突、問題解決、決策形成和緊張反應之種種過程，因此只注重家庭內部各方面，只能適用於個別家庭或特殊團體的家庭。

### 2.結構功能探究法 (*The Structure-Function Approach*)

此探究法用於家庭的許多方面，從廣度鉅型分析 (Broad Macroanalysis) 到深度微型分析 (Intensive Microanalysis) 都有。視家庭爲整個社會系統的許多組成單位之一，家庭又分爲內、外二系統，內部系統是管制家庭以內的種種關係，外在系統是處理家庭與非家庭單位及事務的種種關係。

結構功能探究法認定家庭對家庭以外的事件和影響是開放的，將家庭看爲一個維持其本身範圍的系統，視家庭個別成員爲被動的行爲反應者，而非主動的行爲發動者。家庭本身是在適應社會系統，而不是變遷的動因。換言之，本法重視靜態的結構，較不重視動態變遷。

3.情境探究法 (*The Situational Approach*)

波沙德 (Bossard, 1943) 首先以情境概念來探究家庭，將社會情境定義爲「存在於有機體之外的一些刺激，它們對有機體定會發生影響，且彼此交相關聯，以刺激有關之特殊有機體。」情境論者將家庭看爲行爲的社會情境，家庭是其成員的刺激單位，但不是刺激的唯一來源。家庭是個人或團體的即時情境 (immediate situation)，是整個情境範圍的一部分，而情境之非家庭部分則爲邊緣部分，在研究中當爲自變數來分析。

4.制度探究法 (*The Institutional Approach*)

制度探究法視社會系統爲一個有機整體，由諸構成單位所維繫，制度只是其中的一部分。强調家庭是一個社會單位，研究家庭成員和社會文化之價值。家庭制度由個別家庭系統所組成，而個別家庭系統是在普遍的文化環境中形成，文化環境之籠罩家庭，是以文化價值結叢或文化全形 (cultural configuration) 的姿態出現。

5.發展探究法 (*The Developmental Approach*)

家庭發展探究法跨越數種探究法的領域，將其不衝突的部分融和爲統一的架構，此探究法認爲個人由幼而少、而壯、而老、而死亡，形成一個「個人生命循環」(Individual Life Cycle)，家庭的發展也是如此，由形成 (formation)、而發展 (development)、而擴大 (augmentation)、而衰落 (decline)，成爲「家庭生命循環」(Family Life Cycle)。隨着家庭生命循環的改變，每個階段之變

化各具不同的特性,而且在此家庭發展過程中,許多事件對家庭都是重要而且有意義的,而相互影響家庭成員的角色關係。

至於階段的劃分,有兩種方法:一是以個人出生為起點,一是以結婚為起點(註: 本書採用的是後者)。 發展探究法以家庭生命循環為其研究時距(time span),以各階段為基本時間單位,分析在此時距內之家庭互動與變遷,亦卽對家庭內部發展做長期縱貫的研究。

●表12-2 家庭探究法的比較

| 探 究 法 | 家 庭 的 角 色 |
|---|---|
| 互 動 探 究 法 | 成員角色互動的整合體 |
| 結構功能探究法 | 整個社會系統的靜態結構 |
| 情 境 探 究 法 | 刺激其成員之行為的社會情境 |
| 制 度 探 究 法 | 社會有機系統的組成單位 |
| 發 展 探 究 法 | 生命循環過程 |

### 12.3-3 家庭研究的類型

家庭是生活的實驗室, 是 各 種理論和課程計劃的很重要的試驗場, 很多學科都可以從不同的角度來研究它。 例如, 生物學研究基因、 生育等等; 醫學和藥學也可以針對家庭的環境與家人健康做研究;建築學可以研究家庭的居住問題;營養學研究家人飲食習慣;凡此種種,都是為了改善人類的家庭生活。

但是就行為科學和學科方面,杜弗(Duvall, 1977) (註10) 曾列一表(如表 12-3 ), 列舉十五種社會科學在家庭生活方面所做的研究。

●表12-3　有關家庭研究的學科

| 學　　科 | 研　　究　　的　　例　　子 |
|---|---|
| 人類學<br>　文化人類學<br>　社會人類學<br>　人　種　學 | 文化的和次文化的家庭型態和功能<br>泛文化的比較家庭型態<br>人種的、種族的和社會地位的家庭的差異<br>原始的、發展中的、工業社會的家庭 |
| 諮　　商<br>　諮商理論<br>　臨床實習 | 婚姻與家庭人際關係的動力學<br>個別、婚姻、和家庭諮商的方法和結果 |
| 人　口　學 | 家庭生活各方面的人口調查和生命統計<br>泛區域的、縱貫的、記錄連鎖的調查<br>差別的生育率<br>家庭計畫和人口控制 |
| 經　濟　學 | 消費行為、市場學、和動機研究<br>家庭的保險、津貼、和福利需要<br>生活水準、薪資等級、社經地位 |
| 教　　育<br>　學　　前<br>　小　　學<br>　中　　學<br>　大學、專科<br>　親　　職 | 養育孩子的方法<br>發展的型態<br>教育方法和評量<br>家庭生活教育<br>動機和學習<br>婚前準備 |

| 專　　業 | 性教育 |
|---|---|
| 歷史學 | 現代家庭的歷史根基<br>家庭型態的起源<br>未來家庭的預測<br>社會對家庭的影響<br>社會趨勢和調適 |
| 家政學<br>　家人關係<br>　家政教育<br>　家庭管理營養 | 實習的評量和教育結果的測量<br>家庭飲食習慣和營養<br>家庭管理實習<br>家庭成員的關係 |
| 人類發展<br>　兒童發展<br>　青少年發展<br>　中年和老年 | 性格發展<br>兒童成長和發展<br>發展的標準和差異<br>認知學習的本質<br>泛文化的變化<br>人格發展<br>老年人的社會角色 |
| 法　　律 | 領養和兒童保護<br>兒童保育和福利<br>婚姻和家庭法<br>離婚和解除婚姻<br>性的控制和行為 |

| | 親權和責任 |
|---|---|
| 精神分析 | 異常和正常的行爲<br>臨床診斷和治療<br>人格的基礎<br>發展的階段<br>心理疾病的治療 |
| 心理學<br>　臨床心理學<br>　發展心理學<br>　社會心理學 | 自我概念和渴望<br>衝動、需要、和慾望<br>人際交互作用的動力學<br>學習理論<br>心理衛生 |
| 公共衞生學 | 傳染病學和免疫學<br>家庭保健和預防醫藥<br>母親和嬰兒的健康<br>有毒的物品研究<br>小兒科的衞生教育<br>性病 |
| 宗教 | 教會對婚姻和家庭的政策<br>不同宗教的家庭<br>不同教派間的婚姻<br>宗教中的愛、性、婚姻、離婚、和家庭 |

| 社會工作 | 評價家庭的需要 |
| 　家庭個案 | 設計幫助家庭的建設性計畫 |
| 　團體工作 | 測量家庭功能 |
| 　社會福利 | |
| 社會學 | 求偶和擇偶 |
| | 家庭的形成和功能 |
| | 社會變遷對家庭的影響 |
| | 家庭危機和解體 |
| | 家庭成功的預測 |
| | 社會階層對家庭的影響 |

## 12.4　家庭教育的實施

　　家庭教育必須配合親職教育的實施，才能落實 在家庭中 及生活中，而使家庭裏的每一個人都蒙福。而教育的推廣與實施，若有政府的啓蒙創導，喚起社會的關注與重視，並以前瞻性的規劃，結合整體的力量，使人人循溫馨甜美的家庭生活，邁向安和樂利的社會，則必能導引全民的投入與參與，持續不斷的推展。

　　中華民國行政院爲預防青少年犯罪，引導青少年走上正途，於民國七十五年三月十日頒布「加強家庭教育、促進社會和諧五年計畫實施方案暨修正計畫」，希望透過民間社團、大衆傳播、學校教育及專業輔導等四方面的努力，喚起社會大衆重視家庭教育，以強化親職功能，加強倫理觀念，以促進青少年身心健全發展，增進社會整體和諧爲

目標。以具體的家庭生活內涵為核心，透過倫理親情與音樂、美術、戲劇、體育、傳統技藝、民俗童玩、親子遊戲等，藉着父母與子女互動的過程，教導子女行為法則，甚至進一步，經由親子共同參與志願服務，服務社區鄰里，傳遞積極的服務人生觀與互助行為典範，使子女於融和的家庭與社區生活中，獲得身心健全的發展。

內政部社會司也提出十種意念構想：

1.理論實際化

將有關家庭教育、親子教育的理論與學說，以簡明的文字、生動活潑的圖片，配合實際生活的需要，加以闡述說明，使為人父母者，於體悟認識中實施。

2.故事現代化

以我國歷史上的忠孝節義故事、民間傳說為主，旁及歐美童話故事的資料，灌輸子女正確人生觀與行為典範於親情趣談中。

3.音樂家庭化

將較通俗的詩辭或童謠譜成歌曲，供父母子女合唱或齊唱，以陶冶子女性格，使家庭生活在天韻歌聲中充滿和悅。

4.美術普遍化

以繽紛的色彩，柔美阿娜的線條，表達骨肉恩深、手足情濃，在構圖中顯現家庭親情，間亦可做成拼圖遊戲，讓家長子弟耳濡目染融入圖片中。

5.戲劇實用化

用心理學「心理劇」的觀點，以家庭生活中可能發生的衝突或親情倫理為主題，運用戲劇的手法，編成劇本，透過角色的扮演，表達相互的要求與需要，達到親子相互了解的目的，避免親子或家庭成員不必要衝突的發生，以促進家庭的和樂。

### 6.民俗童玩趣味化

將傳統的中國童玩，如七巧板、翻鼓、摺紙、手影等加以整理、編印，提供家庭選探，在父女同樂、母子聯歡中獲得更多的生活樂趣，在歡愉的環境中成長。

### 7.傳統技藝生活化

將傳統技藝如剪紙、紮燈籠、中國結，烹煮才藝、養栽技能等做爲家庭的副業，培養子女勤儉美德，並可配合民俗節慶，融於日常生活中，如春節剪紙、元宵提燈等，使家庭生活更具有中華文化的特色，亦可親子一起編「中國結」美化家庭，從而顯出家庭的溫馨。

### 8.親子遊戲教育化

設計各種的親子遊戲，提供家長做親子遊戲的素材，從遊戲中增進親子的關係，讓子女們「從遊戲中學習」，於無形中達成家庭教育的目標。

### 9.志願服務直接化

經由社區或志願服務團體的規劃，率同子女參與志願服務，在關心別人，服務社會中，培養子女從爲己到爲人，將血緣關係擴大到地緣關係。

### 10.機構服務多元化

強化各地社福中心，青少年福利服務中心的功能，擴充設施設備，供給青少年活動的場所，建立一個「青少年所有、青少年所治、青少年所享」的天地，形成益於青少年成長的大環境。更進者，提供以家庭爲主的綜合性福利服務，以在宅服務、媽媽教室、諮詢服務等予各年齡家庭成員參與，在舒展身心中，落實並弘揚家庭教育功能。

而其推行管道則包括五個方面：

### 1.學校方面

學校正規教育雖以學生爲對象，但亦應負起家庭教育的推廣責任，除應依「推行家庭教育辦法」辦理外，更應加強與家長聯繫，提供家長具體易於實施的方式，亦可運用家長會之時機，宣介上述的十種方式，由家長參採運用。

2.托兒所方面

以「家庭教育」設計教學單元，或教學活動，運用前述十種方式，做爲教材資源，直接傳遞給幼兒，並由幼兒帶入家庭生活中，發揮其功能。

3.社區方面

運用現有的「媽媽教室」、各類班隊，由母親帶入家庭。又不妨擴大媽媽教室的功能，使爸爸、子女亦能加入，而成爲社區內家庭的「資源教室」。

4.社團方面

社團可依其不同的宗旨與特性參與設計製作，或舉辦有關家庭教育的活動。各個社團亦可依其職緣、血緣、趣緣等與會員的特殊關係，利用各種時機加以宣介，而由會員帶入家庭。

5.社會福利機構方面

以統合性的功能爲主，補足學校、托兒所、社區、社團等管道網絡之不足，由社工員直接帶入家庭，並可針對服務區域內特殊家庭的個別需要，提供專業性的服務。

希望能透過家庭成員在社會中各種不同的角色，運用各種機構的特色與現有管道，將十種方式深植於家庭之中，並藉下圖，願更能清楚地將構想表達出來。

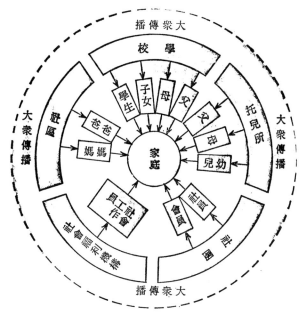

● 圖 12-1　推行管道圖

## 註　釋

註 1　Skolnick, A., and Skolnick, J. (1980). *Family in transition. 3rd ed.* Boston: Little, Brown, & Co.

註 2　Elkind, D. (1979). Culture, change, and children. In D. Elkind, ed., *The child and society.* New York: Oxford University Press.

註 3　——(1977). *Raising children in a changing society.* Minneapolis, Minn.: General Mills.

註 4　黃明堅譯 (1981). 第三波。臺北: 經濟日報社。

註 5　黃驤譯 (1986). 我的家庭眞「聰明」，國語日報，(11月5日、6日)。

註 6　柴松林 (1985). 明日世界，婦女與家庭，38.

註 7　林麗莉 (1983). 現代化過程與家庭價值觀變遷，東吳大學社會研究所社會理論組碩士論文。

註 8　易家鉞、羅敦偉(1922). 中國家庭問題，臺北：水牛，(1978年，臺版)。

註 9　Hill, R., and Hansen, D. A. (1960). The identification of conceptual frameworks utilized in family study. *Marriage and Family Living*, 42, 729-741.

註10　Duvall, E. M. (1977)· *Marriage and Family Development*, 5th ed. Philadelphia: J. B. Lippincott.

# 附錄一　　一位父親的祈禱詞

### ●麥克阿瑟將軍

本文是麥克阿瑟將軍留給他的愛子亞瑟一筆最珍貴的遺產。這篇祈禱詞
是他在南太平洋戰爭初期最絕望的日子裏寫下的。從這篇祈禱詞裏可以
看出麥帥信仰的虔誠，感情的眞摯，以及文章的優美，令人百讀不厭，
是千古不朽之作。

「主阿，敎導我兒子在輭弱時能够堅強不屈，在懼怕時能够勇敢
自持，在誠實的失敗中毫不氣餒，在光明的勝利中仍能保持謙遜溫
和。

敎導我兒子篤實力行而不從事空想；使他認識你——同時也認識
他自己，這才是一切知識的開端。

我祈求你，不要將他引上逸樂之途，而將他置於困難及挑戰的磨
練與刺激之下。使他學着在風暴中站立起來，而又由此學着同情那些
跌倒的人。

求你讓他有一顆純潔的心，有一個高尚的目標，在學習指揮別人
之前，先學會自制；在邁向未來之時，而不遺忘過去。

主阿，在他有了這些美德之後，我還要祈求你賜給他充份的幽
默感，以免他過份嚴肅；賜給他謙虛，才能使他永遠記着真正的偉大
是單純，真正的智慧是坦率，真正的力量是溫和。

然後，作為父親的我，才敢輕聲地說：『我總算這輩子沒有白
活』。阿門！」

# 附錄二　推行家庭教育辦法

中華民國三十四年八月十七日教育部第四〇五二五號令公布
中華民國五十七年十月十六日教育部臺(57)參字第二三七二〇號令修正公布

第 一 條　為加強倫理道德教育，改進國民生活，以期建立現代化家庭，特訂定本辦法。

第 二 條　各級主管教育行政機關應督導所屬各級學校社會教育機構及輔導文教團體、婦女團體，積極推行家庭教育。

第 三 條　各省市教育廳局應在社會教育科內指定專人辦理家庭教育事宜。

第 四 條　各縣市推行家庭教育由各該縣市主管教育行政機關辦理。

第 五 條　各縣市所屬區鄉鎮市公所及里辦公處，應分別責成文化股主任及文化幹事等，協同當地教育機關團體推行家庭教育。

第 六 條　各級學校推行家庭教育，中等以上學校由各校社會教育推行委員會主持辦理，國民小學及私立小學指定訓導人員辦理，經指定負責實驗家庭教育工作之學校如係小學，得另組家庭教育推行委員會主持辦理，各級社會教育機構推行家庭教育，指定有關單位辦理之。

第 七 條　各級學校及社會教育機構推行家庭教育，各該學校及社教機構全體員生均應參加。

第 八 條　高級中等以上學校除各級師範學校及設有教育科系之大學或獨立學院最少應辦理下列事項兩種以上外，其他各級學校得就性質就近酌量辦理：

　　　　　㈠專科以上學校辦理下列事項：

　　　　　　1.家庭教育指導人員之訓練。

　　　　　　2.家庭教育公開講演。

　　　　　　3.孝親事長和姻睦鄰之指導。

　　　　4.尊師重道敬老尊賢之指導。

　　　　5.家事技術之指導。

　　　　6.家庭教育問題之研究與指導。

　　　　7.家庭教育圖書雜誌之編譯。

　　　　8.其他。

　　㈡高級中等學校辦理下列事項:

　　　　1.家政管理指導。

　　　　2.孝親事長和姻睦鄰之指導。

　　　　3.尊師重道敬老尊賢之指導。

　　　　4.家庭醫藥衞生指導。

　　　　5.家庭副業及職業技能指導。

　　　　6.家庭實行新生活指導。

　　　　7.體育及康樂活動指導。

　　　　8.美化環境及庭園佈置指導。

　　　　9.兒童教育指導。

　　　　10.育嬰指導。

　　　　11.家庭教育問題之指導。

　　　　12.家庭教育講習會。

　　　　13.家庭教育公開講演。

　　　　14.各項家事比賽。

　　　　15.懇親會。

　　　　16.其他。

第 九 條　國民中學及國民小學應在各該校之學區內辦理下列事項四

　　　　級補習學校及私立小學得就下列事項酌量辦理:

　　　　1.家政管理指導。

　　　　2.孝親事長和姻睦鄰之指導。

　　　　3.尊師重道敬老尊賢之指導。

4.家庭醫藥衞生指導。

5.家庭副業及職業技能指導。

6.家庭實行新生活指導。

7.體育及康樂活動指導。

8.兒童教育指導。

9.育嬰指導。

10.婚姻指導。

11.禮俗改良指導。

12.美化環境及庭園佈置指導。

13.選拔並介紹模範家庭。

14.各項家事比賽。

15.家庭訪問。

16.懇親會。

17.母姐會。

18.其他。

第一〇條　國民中小學推行家庭教育，應以學生家庭爲主要對象，並與訓導工作密切配合，以期發揮家庭教育與學校教育之綜合效果。

第一一條　各級社會教育館應以推行家庭教育列爲重要工作，並分別按照第八、九條所列各事項辦理三種以上，其他各級社會教育機構均應各就所長推行家庭教育，並分別按照第八、九條所列各事項辦理兩種以上。

第一二條　各級學校及社會教育機構於年度開始時，應將推行家庭教育計畫分別編列各該學校社教機構之工作計畫內，呈報主管教育行政機關核准，施行年度終了時，應將辦理情形呈報備查。

第一三條　各級學校及社會教育機構推行家庭教育所需經費，應由各該學校社教機構機編入預算。

第一四條　各文教團體及婦女團體推行家庭教育，應參照本辦法之規定，商承各級主管教育行政機關單獨辦理各項工作，或與各級學校及社會教育機

構協同辦理。

第一五條　本辦法自公布日施行。

## 「加強家庭教育，促進社會和諧」五年計畫實施方案（核定本）

### 壹、依　　據

七十三年十月四日本院第一九〇四次會議，法務部提報七十三年一至六月「防制青少年犯罪方案」執行績效報告提要及「青少年犯罪狀況及其分析」，院長即提示：「請本院研考會會同教育部研究發動一項社會運動，促請家長重視家庭教育。」會議並決定「家庭教育為國民教育之啟蒙及核心，必須促請國人予以重視，請研考會會同教育部研擬如何提醒家長加強注意管教子弟，引導青少年走入正途。」

### 貳、現況檢討

近年來我國青少年犯罪人數日漸增高，犯罪年齡亦有下降。根據學者專家發現，家庭因素如經濟情況、職業類別、溝通型態、管教方式、家庭完整性、父母相處情形及教育程度等，均對青少年生活行為產生深鉅影響。惟目前我國推行家庭教育之相關方案與措施仍較不足，除「防制青少年犯罪方案」中訂有「強化親職教育功能」一項外，相關者僅有教育部的「推行家庭教育辦法」（六十七年制訂），顯見目前我國推行家庭教育的工作尚待加強。至於民間社團方面，除救國團「張老師」的投入較具規模外，其餘社團的活動內容多較缺乏整體規劃和聯繫功能。鑑於工業社會中夫妻同時外出工作的情形極為普遍，易造成親子關係的疏離。如何鼓勵國內目前已有的社會團體和志願服務機構，集中活動重點，共同投入推動家庭親職教育的社會運動，將有助於防範青少年誤陷歧途的現象。

### 叁、目　　標

強化親職教育功能，透過民間社團、大眾傳播、學校教育、及專業輔導四方面的共同努力，加強家庭倫理觀念，以推動社會運動的方式協助父母親扮演良好角色，引導青少年身心之健全發展，增進社會整體和諧。

### 肆、執行策略

　　本方案擬由教育部主辦，法務部、新聞局及內政部等協辦，玆說明各項工作推動重點如下：

| 工　作　推　動　重　點 | 主（協）辦機　　　關 | 執行起訖時　　間 |
|---|---|---|
| 一、民間組織 | | |
| 　(一)鼓勵各地區婦女團體、宗教團體及公益性團體舉辦家庭教育活動。 | 內政部 | 按年度辦理 |
| 　(二)獎勵推行家庭教育之優良團體，並配合電視與報紙予以宣傳。 | 內政部 | 按年度辦理 |
| 　(三)酌予人民團體有關家庭教育與輔導青少年活動之優良計畫專案補助經費。 | 教育部 | 按年度辦理 |
| 　(四)鼓勵企業機構成立以服務社會和熱心親職教育為宗旨之基金會；政府可就其支出經費予以減稅優待。 | 內政部（教育部） | 不定期辦理 |
| 　(五)鼓勵社會民間團體共同舉辦以家庭為單位的休閒活動，並興建以青少年為對象的活動設備和場所。 | 內政部（教育部） | 定期辦理 |
| 二、大眾傳播 | | |
| 　(一)運用公共電視節目並協調其他大眾傳播媒體配合宣導家庭教育。 | 新聞局 | 按年度辦理 |
| 　(二)加強製作家庭教育與輔導青少年生活之電視短片與廣播節目，並經常播映。 | 新聞局 | 按年度辦理 |
| 　(三)對青少年身心有不良影響的傳播媒體予以適當限制。 | 新聞局（內政部） | 按年度辦理 |

| | | |
|---|---|---|
| 四發行通俗性之畫刊，透過社會工作人員、村里幹事及教育人員，以大量贈閱方式深入社會各階層家庭。 | 教育部<br>（內政部） | 按年度辦理 |

### 三、學校教育

| | | |
|---|---|---|
| ㈠全面規劃編訂有關家庭教育與輔導青少年生活之教材與資料（應包括錄音帶、錄影帶及幻燈片等媒體）。 | 教育部 | 74.8～77.7 |
| ㈡加強中、小學校、幼教機構與家庭之聯繫，改善家長會情況，重點式探訪學生家庭，主動提供父母教育子女之方法。 | 教育部 | 按年度辦理 |
| ㈢積極辦理中、小學導師及訓育人員輔導研習會，以充實其推廣家庭教育之工作能力。 | 教育部 | 按年度辦理 |
| ㈣積極推展中、小學生之法律教育，使有犯罪傾向者有所警惕，守法者珍惜自己的行為，不致誤陷罪行。 | 教育部<br>（法務部） | 按年度辦理 |
| ㈤各級中、小學校就現有訓育人員、輔導人員及導師、生活倫理、家政教師，組成專案小組，統籌推動全校家庭教育工作，並在實施期間每年予以考評。 | 教育部 | 按年度辦理 |

### 四、專業輔導

| | | |
|---|---|---|
| ㈠辦理在職訓練培養輔導人員有關親職 | 教育部 | 按年度辦理 |

| 教育的專業知識和推動方法。 | （內政部） | |
|---|---|---|
| (二)加強辦理觀護人員研習訓練。 | 法務部 | 經常辦理 |
| (三)充實「媽媽教育」、「親職教育諮詢中心」及中等學校輔導室等之經費、設備與專業工作人員。 | 教育部<br>省、市政府<br>（內政部） | 按年度辦理 |

**伍、實施時程**

本方案為五年（自民國七十五年度至七十九年度）中程計畫，由主辦機關、教育部協調有關機關團體，訂定年度執行計畫實施。

**陸、經費預算**

各主辦機關應就各項計畫所需經費加以估列，分年度預算和五年計畫總預算方式編列。

**柒、管制考核**

本方案各項目執行情形由各主辦機關每半年檢討乙次，並由研考會列管。

**捌、附　　則**

本方案五年實施期滿後，再行檢討是否繼續執行。

| 加強家庭教育促進社會和諧五年計畫實施方案修正計畫 | | | | | |
|---|---|---|---|---|---|
| 加強家庭教育促進社會和諧 | 計畫名稱 | 計　畫　目　標 | 執　行　要　領 | 預　算　經　費 | 主辦機關 |
| | 獎勵推行家庭教育之優良團體 | 1.因民間團體之帶頭作用，使家庭教育普遍深入民間，促使家庭教育更 | 1.邀請學者專家組成審查小組。<br>2.各級政府推薦著有績效 | 1.審核小組一〇萬元。<br>2.每團體一〇～二〇萬元。 | 內政部 |

| 五年計畫實施方案 | | | | | |
|---|---|---|---|---|---|
| 五年計畫實施方案 | | 加落實。<br>2.激發民間參與家庭教育之意願，減輕政府負擔，負起社會責任。<br>3.針對地方特性予最適當之推行方式，以收事半功倍之效。 | 之地方性及全國性民間團體。<br>3.審核小組評定5～10個團體頒獎並發布新聞。<br>4.檢討獎勵標準及評估獎勵方式和成效。 | 3.按年度辦理，每年一〇〇萬元。 | |
| | 獎勵辦理青少年育樂休閒活動之優良團體 | 1.鼓勵民間和企業界興建以青少年為對象之活動設備與場所。<br>2.促使青少年有更多之正當育樂場所，以防誤入歧途。 | 1.2.項同右。<br>3.審核小組評定十個團體並頒發獎狀。<br>4.檢討獎勵標準及評估獎勵方式和成效。 | 1.審核小組經費併入右項。<br>2.每團體五〇～一〇〇萬元。<br>3.按年度辦理，每年七四〇萬元。 | 內政部 |
| | 補助優良人民團體 | 加强家庭教育和輔導青少年。 | 補助中國家庭教育協進會辦理家庭教育活 | 按年度辦理，每年一〇萬元。 | 教育部 |

| | | 動之經費。 | | |
|---|---|---|---|---|
| 發行通俗性畫刊 | 使家庭教育和親職教育深入社會各階層家庭。 | 1.編印家庭教育、親職教育漫畫手冊及海報。<br>2.透過社工員、村里幹事及教員，大量贈閱。 | 七十七年度辦理，經費五〇萬元。 | 教育部 |
| 規劃編訂家庭教育與輔導青少年生活教材與資料 | 1.提高青少年對家庭的認同感。<br>2.提高青少年學生學習興趣，激發愛國家愛民族之情操。<br>3.勉勵青少年立定志向修養品德。 | 1.編印「快樂的家庭」分送學校及社教機構。<br>2.編印家庭教育廣播講座彙編。<br>3.製作或購置公民教育視聽教材。<br>4.辦理「青少年勵志與修養」廣播講座。 | 1.「快樂的家庭」於七十五年度辦理，經費五〇萬元。<br>2.廣播講座於七十六年度辦理，經費四〇萬元。<br>3.其他各項納入教育部年度預算。 | 教育部 |

| | | | |
|---|---|---|---|
| 推展中小學生法律教育 | 1.使有犯罪傾向者有所警惕。<br>2.使守法者珍惜自己的行爲，不致誤陷罪行。 | 1.辦理法律教育廣播講座，分發學校和社教機構。<br>2.督導所屬辦理國中學生法律常識講座。<br>3.督導所屬辦理公民教育有關之各項比賽。 | 1.廣播講座於七十八年度辦理，經費四〇萬元。<br>2.其他各項納入教育部年度預算。 | 教育部 |
| 充實學校輔導室 | 1.提供解答諮詢服務。<br>2.協助父母與子女的溝通。<br>3.改進父母與子女的關係。 | 1.輔助及設置「親職教育諮詢服務中心」。<br>2.推動各項有關青少年及家庭服務工作。<br>3.購置視聽教材配合做心理輔導。 | 七十五年度四〇萬元<br>七十六年度五〇萬元<br>七十七年度四〇萬元<br>七十八年度五〇萬元<br>七十九年度九〇萬元。 | 教育部 |

| 編印中小學法律常識書籍 | 1.使有犯罪傾向者有所警惕，守法者珍惜自己的行為，不致誤蹈法網。<br>2.普及全民法律知識，養成守法習慣，促進社會安和樂利。 | 1.增印「法律知識」、「高中生法律常識」。<br>2.撰寫及編印「婦女法律常識」。<br>3.分贈各教育機構。 | 1.每編印一萬冊，每冊四五元。<br>2.按年度辦理，每年四五萬元。 | 法務部 |
|---|---|---|---|---|
| 觀護人員訓練研習會 | 1.提高各地方法院檢察處觀護人之輔導技能和工作績效。<br>2.使觀護人交換工作心得，相互切磋琢磨。 | 1.擬就研習會計畫。<br>2.商請主講人及研究開會地點。<br>3.召集會議，函送會議紀錄給有關機構。 | 1.業務費一〇萬元，旅運費二萬元。<br>2.按年度辦理，每年十二萬元。 | 法務部 |
| 製作社教電視節目 | 1.推動家庭親職教育，輔導青少年心理健全發展。<br>2.防制青少年犯 | 1.策劃並製作青少年心理輔導及加強親職教育之公共電視節 | 按年度辦理，以公共電視經費預算中支付。 | 行政院新聞局 |

| | | 罪，強化親職教育之功能。 | 目。<br>2.安排適當時段播映，以爭取廣大收視率。<br>3.邀請學者專家對節目做專業之輔導與評鑑。 | | |
|---|---|---|---|---|---|

## 附錄三　A Chronological Listing of College Level Marriage and Family Texts

Prepared by
David M. Klein
Brent C. Miller
Kenneth H. Cannon

| Title | Year of Publication and Revision |
|---|---|
| Thwing, Charles Franklin, and Thwing, Carrie F. Butler. *The Family: An Historical and Social Study*, Boston: Lothrop, Lee & Shepard. | 1887<br>1913 |
| Hagar, Frank N. *The American Family: A Sociological Problem*, New York: University Publishing Society. | 1905 |
| Bosanquet, Helen Dendy. *The Family*, London: MacMillan. | 1906<br>1915 |
| Parsons, Elsie Clew. *The Family*, New York: Putnam & Sons. | 1906 |
| Dealey, James Quayle. *The Family in its Sociological Aspects*, Cambridge, Mass.: Houghton-Mifflin. | 1912 |
| Gillette, John M. *The Family and Society*, Chicago: A. C. McClurg and Company. | 1914 |
| Goodsell, Willystine. *A History of the Family as a Social Educational Institution*, New York: MacMillan. (note: title changed to *A History of* | 1915<br>1934 |

*Marriage and the Family* in second edition).

Spencer, Anna Garlin. *The Family and It's Members,*　1923
Philadelphia: Lippincott.

Groves, Ernest R., and Groves, Gladys H. *Social*　1927
*Problems of the Family,* Philadelphia: Lippincott.　1934
(note: G. H. Groves added for third edition; title　1947
changed to *The American Family* in second edition
and to *The Contemporary American Family* in
third edition).

Mowrer, Ernest R. *Family Disorganization: An*　1927
*Introduction to a Sociological Analysis,* Chicago:　1939
University of Chicago Press.

Goodsell, Willystine. *Problems of the Family,* New　1928
York: Appleton-Century.　1936

Groves, Ernest R., and Ogburn, William, F. *American*　1928
*Marriage and Family Relationships,* New York:
H. Holt.

Reed, Ruth. *The Modern Family,* New York: Knopf.　1929

Elmer, Manuel C. *Family Adjustment and Social*　1932
*Change,* New York: Long & Smith.

Groves, Ernest R. *Marriage,* New York: Holt.　1933
　1941

Folsom, Joseph Kirk. *The Family and Democratic*　1934
*Society,* New York: Wiley. (note: first edition　1943
titled *The Family: It's Sociology and Social*
*Psychiatry*).

Mowrer, Ernest R. *The Family: It's Organization*　1932

*and Disorganization,* Chicago: University of Chicago Press.

Nimkoff, Meyer F. *The Family* Boston: Houghton-Mifflin. — 1934

Myers, Gary C. *The Modern Family,* New York: Greenberg. — 1934

Hart, Hornell N. & Hart, Ella B. *Personality and the Family,* Boston: Heath. — 1935 1941

Cunningham, Bess V. *Family Behavior: A Study of Human Relations,* Philadelphia: W. B. Saunders. — 1936 1940

Sait, U. B. *New Horizons for the Family,* New York: MacMillan. — 1938

Waller, Willard Walter & Hill, Reuben. *The Family: A Dynamic Interpretation,* New York: Dryden Press. (note: R. Hill added for secon edition; originally published by Cordon). — 1938 1951

Baber, Ray Erwin. *Marriage and the Family,* New York: McGraw-Hill. — 1939 1953

Groves, Ernest R. *The Family and It's Social Functions,* Chicago: Lippincott. — 1940

Himes, Norman E. & Taylor, Donald L. *Your Marriage: A Guide to Happiness,* New York: Rinehart. — 1940 1955

Arlitt, Ada H. *Family Relationships,* New York: McGraw-Hill. — 1942

Bernard, Jessie S. *American Family Behavior,* New York: Harper. — 1942

| | |
|---|---|
| Bowman, Henry A. & Spanier, Graham B. *Marriage for Moderns*, New York: McGraw-Hill. (note: G. B. Spanier added and changed title to *Modern Marriage* for eighth edition). | 1942 |
| | 1948 |
| | 1954 |
| | 1960 |
| | 1965 |
| | 1970 |
| | 1974 |
| | 1978 |
| Cavan, Ruth Shonle. *The American Family*, New York: Thomas Y. Crowell. (note: titled *The Family* in first edition). | 1942 |
| | 1953 |
| | 1963 |
| | 1969 |
| Foster, Robert G. *Marriage and Family Relationships*, New York: MacMillan. | 1944 |
| | 1950 |
| Burgess, Ernest W., Locke,Harvey J. & Thomes, Mary M. *The Family: From Institution to Companionship*, New York: American Book Co. (note: M. M. Thomes added in 1963 edition). | 1945 |
| | 1950 |
| | 1953 |
| | 1960 |
| | 1963 |
| | 1971 |
| Elmer, Manuel C. *The Sociology of the Family*, Boston: Ginn. | 1945 |
| Duvall, E. M. & Hill, Reuben. *When You Marry*, Boston: Heath. | 1945 |
| | 1953 |
| Nimkoff, Meyer F. *Marriage and the Family*, Boston: Houghton-Mifflin. | 1947 |
| Truxal, Andrew G. & Merrill, Francis E. *Marriage* | 1947 |

and the Family in American Culture, New York:    1953
Prentice-Hall. (note: title changed from The Family
in American Culture in first edition).

Landis, Judson T. & Landis, Mary G. Building a    1948
Successful Marriage, Englewood Cliffs, New    1953
Jersey: Prentice-Hall.    1958
   1963
   1968
   1973
   1977

Magoun, F. Alexander. Love and Marriage, New    1948
York: Harper.    1956

Merrill, F. E. Courtship and Marriage: A Study in    1949
Social Relationships, New York: William Sloane    1959
Associates.

Christensen, Harold T. & Johnsen, Kathryn P.    1950
Marriage and the Family, New York: Ronald    1958
Press. (note: Marriage Analysis: Foundations for    1971
Successful Family Life was title in first two
editions; K. P. Johnsen added in third edition).

Skidmore, Rex A. & Cannon, Anthon S. Building    1951
Your Marriage, New York: Harper.    1958

Queen, Stewart A., Adams, John B. & Habenstein,    1952
Robert W. The Family in Various Cultures,    1961
Chicago: Lippincott. (note: R.W. Habenstein added    1967
in second edition and J.B. Adams dropped in third    1974
edition).

Winch, Robert F. *The Modern Family*, New York:     1952
    Holt.                                   1963

                                            1971

Koos, Earl L. *Marriage*, New York: Holt.     1953

                                            1957

Smart, Mollie & Smart, Russell. *An Introduction to*     1953
    *Family Relationships*, Philadelphia: W.B. Saunders.

Blood, Robert O. Jr. & Blood, Margaret. *Anticipating*     1955
    *Your Marriage*, Glencoe, Ill.: Free Press. (note:     1962
    title changed to *Marriage* in 1962 edition and M.     1969
    Blood added in 1978 edition).               1978

Kirkpatrick, Clifford. *The Family: As Process and*     1955
    *Institution*, New York: Ronald Press.        1963

                                            1970

Landis, Paul H. *Making the Most of Your Marriage*,     1955
    New York: Appleton-Century-Crofts.(note: publisher     1960
    changed to Prentice-Hall in fifth edition).     1965

                                            1970

                                          1975

Butterfield, Oliver M. *Planning* for Marriage, Prin-     1956
    ceton, N. J.: Van Nostrand.

Hirning, Jacob L. & Hirning, Alma L. *Marriage*     1956
    *Adjustment*, New York: American Book.

Peterson, James A. *Education for Marriage*, New     1956
    York: Scribner.                             1964

Zimmerman, Carle C. & Cervantes, Lucius F. *Mar-*     1956
    *riage and the Family: A Text for Moderns*,

Chicago: H. Regnery Co.

Le Master, Ersel E. *Modern Courtship and Marriage*,    1957
New York: MacMillan.

Duvall, Evelyn M. *Family Development*, Philadelphia:    1957
Lippincott. (note: title changed to *Marriage and*    1962
*Family Development* in fifth edition).    1967
   1971
   1977

Bernard, Jessie S., Buchanan, Helen E. & Smith,    1958
William M., Jr. *Dating, Mating and Marriage*: *A*
*Documentary Case Approach*, Cleveland: H. Allen.

Bee, Lawrence S. *Marriage and Family Relations*:    1959
*An Interdisciplinary Approach*, New York: Harper.

Cavan, Ruth S. *American Marriage*: *A Way of*    1959
*Life*, New York: Crowell.

Woods, Frances J. *The American Family System*,    1959
New York: Harper.

Duvall, Evelyn R. & Hill, Reuben. *Being Married*,    1960
Boston: D. C. Health.

Kenkel, William. *The Family in Perspective*, New    1960
York: Appleton-Century-Crofts.    1966
   1973
   1977

Martinson, Floyd M. *Marriage and the American*    1960
*Ideal*, New York: Dodd, Mead.

Peterson, James A. *Toward a Successful Marriage*,    1960
New York: Scribner.

Simpson, George. *People in Families: Sociology, Psychoanalysis and the American Family*, New York: Crowell.                     1960

Kephart, William M. *The Family, Society and the Individual*, Boston: Houghton-Mifflin.

1961
1966
1972
1977
1981

Lee, Alfred M. & Lee, Elizabeth B. *Marriage and the Family*, New York: Barnes & Noble.                     1961

Lantz, Herman R. & Snyder, Eloise C. *Marriage: An Examination of the Man-Woman Relationship*, New York: Wiley.

1962
1969

Bell, Robert R. *Marriage and Family Interaction*, Homewood, Ill.: Dorsey Press.

1963
1967
1971
1975
1979

Stephens, William N. *The Family in Cross-Cultural Perspective*, New York: Rinehart & Winston.                     1963

Goode, William J. *The Family*, Englewood Cliffs, NJ: Prentice-Hall.                     1964

Farber, Barnard. *Family: Organization and Interaction*, San Francisco: Chandler.                     1964

Oliver, Bernard J. Jr. *Marriage and You; A Sociological and Psychological Study of American Marriage and Family Life.* New Haven, Conn.:                     1964

College & University Press.

Boalt, Gunner *Family and Marriage,* New York: 1965
McKay.

Udry, J. Richard. *The Social Context of Marriage,* 1966
Philadelphia: Lippincott. 1971

1974

Williamson, Robert C. *Marriage and Family Relat-* 1966
*ions,* New York: John Wiley. 1972

Womble, Dale L. *Foundations for Marriage and* 1966
*Family Relations,* New York: MacMillan.

Leslie, Gerald R. *The Family in Social Context,* 1967
New York: Oxford University Press. 1973

1976

1979

1982

Saxton, Lloyd. *The Individual, Marriage and the* 1968
*Family,* Belmont, California: Wadsworth Pub. 1972

1977

1980

Harris, C. C. *The Family: An Introduction,* New 1969
York: Praeger.

Kelley, Robert K. *Courtship Marriage and the* 1969
*Family,* New York: Harcourt, Brace, Jovanovich. 1974

1979

Folkman, Jerome D. & Clatworthy, Nancs W. K.
*Marriage Has Many Faces,* Columbus, Ohio: 1970
Merrill.

Klemer, Richard J. & Smith, Rebecca M. *Marriage and Family Relationship*, New York: Harper & Row. (note: R. M. Smith added in second edition).　1970　1975

LeMasters, Ersel E. *Parents in Modern America.* Homewood, Ill.: Dorsey Press.　1970

Martinson, Floyd M. *Family in Society*, New York: Dodd, Mead.　1970

Turner, Ralph H. *Family Interaction*, New York: Wiley.　1970

Adams, Bert N. *The Family: A Sociological Interpretation*, Chicago: Rand-McNally.(note: originally published by Markham).　1971　1975　1980

Benson, Leonard G. *The Family Bond: Marriage, Love, and Sex in America*, New York: Random House.　1971

Reiss, Ira L. *Family Systems in America*, New York: Holt, Rinehart and Winston. (note: first edition titled *The Family System in America*).　1971　1976　1980

Blood, Robert O. *The Family*, New York: Free Press.　1972

Fullerton Gail P. *Survival in Marriage: Introduction to Family Interaction, Conflicts, and Alternatives*, New York: Holt, Rinehart, and Winston.　1972　1977

Schulz, David A. *The Changing Family: Its Function and Future*, Englewood Cliffs, New Jersey: Prentice-Hall.　1972　1976　1982

Somerville, Rose M. *Introduction to Family Life*　1972

*and Sex Education*, Englewood Cliffs, N. J.: Prentice-Hall.

Nye, F. Ivan & Berardo, Felix M. *The Family: It's Structure and Interaction*, New York: MacMillan.　1973

Skolnick, Arlene. *The Intimate Environment: Exploring Marriage and the Family*, Boston: Little, Brown & Co.　1973　1978

Eshleman, J. Ross. *The Family: An Introduction*, Boston: Allyn and Bacon.　1974　1978　1981

Kieran, Diane, Henton, June & Marotz, Ramona. *Hers & His: A Problem Solving Approach to Marriage*, Hinsdale, Ill.: Drydan Press.　1974

Koller, Marvin R. *Families: A Multigenerational Approach*, New York: McGraw-Hill.　1974

Knox, David. *Marriage, Who? When? Why?* Englewood Cliffs, N. J.: Prentice-Hall.　1975

Clayton, Richard R. *The Family, Marriage and Social Change*, Lexington, Mass.: Health.　1975　1979

McCary, James L. *Freedom and Growth in Marriage*, New York: Wiley.　1975　1980

Schulz, David A. & Rodgers, Stanley R. *Marriage, the Family and Personal Fulfillment*, Englewood Cliffs, N. J.: Prentice-Hall.　1975　1980

Burr, Wesley R. *Successful Marriage: A Principals Approach*, Homewood, Ill.: Dorsey Press.　1976

McGinnis, Thomas C. & Finnegan, Dana G. *Open*　1976

*Family and Marriage: A Guide to Personal Growth*, St. Louis: Mosby.

Scanzoni, Letha & Scanzoni, John. *Men, Women, and Change: A Sociology of Marriage and the Family*, New York: McGraw-Hill.　1976　1981

Smart, Mollie & Smart, Laura S. *Families: Developing Relationships*, New York: MacMillan.　1976　1980

Windemiller, Duane. *Sexuality, Pairing, and Family Forms*, Cambridge, Mass.: Winthrop.　1976

Leslie, Gerald R. & Leslie Elizabeth M. *Marriage in a Changing World*, New York: Wiley.　1977　1980

Lee, Gary R. *Family Structure and Interaction: A Comparative Analysis*, Philadelphia: Lippincott.　1977

Melville, Keith. *Marriage and Family Today*, New York: Random House.　1977　1980

Perry, John A. & Perry, Erna. *Pairing and Parenthood: An Introduction to Marriage and the Family*, San Francisco: Canfield Press.　1977

Stinnett, Nick & Walters, James. *Relationships in Marriage and Family*, New York: MacMillan.　1977

Aldous, Joan. *Family Careers: Developmental Change in Families*, New York: Wiley.　1978

Cox, Frank D. *Human Intimacy: Marriage, the Family and I'ts Meaning*, St. Paul: West.　1978　1981

Kando, Thomas M. *Sexual Behavior and Family Life in Transition*, New York: Elsevier.　1978

Gagnon, John J. & Greenblat, Cathy S. *Life Designs*:　1978

*Individuals, Marriages, and Families,* Glencoe, Ill.: Scott, Foresman.

Gordon, Michael. *The American Family: Past, Present, and Future,* New York: Random House. 1978

Green, Ernest J. *Personal Relationships: An Approach to Marriage and Family,* New York: McGraw-Hill. 1978

Hoult, Thomas F., Henze, Laura F. & Hudson, John W. *Courtship and Marriage in America: A Text with Adapted Readings,* Boston: Little, Brown & Co. 1978

Nass, Gilbert D. *Marriage and the Family,* Reading, Mass.: Addison-Wesley. (note: G. McDonald added as second author in second edition). 1982

Broderick, Carl B. *Marriage and the Family,* Englewood Cliffs, N. J.: Prentice-Hall. 1979

Butler, Edgar W. *Traditional Marriage and Emerging Alternatives,* New York: Harper and Row. 1979

Dyer, Everett D. *The American Family: Variety and Change,* New York: McGraw-Hill. 1979

Knox, David. *Exploring Marriage and the Family,* Glenview, Ill.: Scott-Foresman. 1979

Strong, Bryan, Reynolds, Rebecca, Suid, Murray, & Dabaghian, Jane. *The Marriage and Family Experience,* St. Paul: West. 1979

Rice, F. Philip. *Marriage and Parenthood,* Boston: Mass.: Allyn and Bacon. 1979

Belkin, Gary S. & Goodman, Norman. *Marriage,* 1980
*Family, and Intimate Relationships*, Chicago: Rand
McNally.

Hutter, Mark. *The Family and Social Change:* 1981
*Comparative Perspectives*, New York: Wiley.

Lamanna, Mary Ann & Riedmann, Agnes. *Marriages* 1981
*and Families: Making Choices throughout the*
*Life Cycle*, Belmont, CA: Wadsworth.

Orthner, Dennis. *Intimate Relationships: An Intro-* 1981
*duction to Marriage and Family*, Reading, Mass.:
Addison-Wesley.

# 參 考 書 目

(1977) Raising children in a changing society. Minneapolis, MN: General Mills.

Adams, G. R., and Munro, G. (1979) Portrait of the North American runaway: A critical review. Journalk of Youth and Adolescence 8: 359-373.

Alwin, D. F. (1948) Trends in parental socialization values: Detroit. 1958-1983. American Journal of Sociology. 90:359-382.

Asher, K. N., and Erickson, M. (1979) Effects of varying child-teacher ratio and group size on day care children's and teacher's behavior. American Journal of Orthopsychiatry. 49: 518-521.

Auerback-Fink, S. (1977) Mother's expectations of child care. Young Children. 32: 12-21.

Barber, C. E. (1980) Gender differences in experiencing the transition to the empty nest. Family Perspective, 14: 87-95.

Bart, P. (1975) The loneliness of the long distance mother. In J. Freeman, ed., Women: A feminit perspective Palo Alto, CA: Mayfield.

Baumrind, D. (1966) Effects of authoritative parental control and child behavior. Child Development. 37: 887-907.

Bell, R. O. (1968) A reinterpretation of the direction of effects in studies of socialization. Psychological Review. 75:81-95.

Berne, E. (1961) Transactional analysis in psychotherapy. New York: Grove Press.

Berne, E. (1964) Games people play. New York: Grove Press.

Bigner, J., Jacobson, B., Turner, J., Bush-Rossnagel, N. (1982) The development of social competence in children. Paper presented at the 5th National Symposium on Building Family Strengths, Nebraska.

Bigner, J. J. (1985) Parent-child relations. New York: Macmillan.

Buckley, W. (1967) Sociology and modern systems theory. New York: Prentice-Hall.

Buckley, W., ed. (1968) Modern systems research for the behavioral scientist. Chicago: Aldine.

Burgess, E. W., & Locke, H. J. (1953) The Family. New York: American Book.

Burr, W. (1973) Theory construction and the sociology of the family. New York: Wiley.

Canino, F. J., and Reeve, R. E. (1980) General issues in working with parents of handicapped children. In R. Abibin, ed., Parent education and intervention handbook. Springfield, IL: Charles C. Thomas.

Carter, D., and Welch, D. (1981) Parenting styles and children's behavior. Family Relations. 30: 191-195.

Cherlin, A. J. (1981) Marriage, divorce, remarriage. Cambridge, MA: Havard University Press.

Chilman, C. (1966) Growing up poor. Washington, D. C.: Welfare Administration Publication.

Chilman, C. S. (1980) Parent satisfactions, concerns and goals for their children. Family Relations. 29: 339-345.

Day, D., and Sheeman, R. (1974) Elements of a better preschool. Young Children. 30: 15-23.

DeFrain, J. (1979) And rogynous parents tell who they are and what they need. Family Coordinator. 28:237-243.

Driekurs, R. (1950) The challenge of parenthood. Rev. ed. New York: Duell, Sloan, and Pearce.

Driekurs, R., and Dinkmeyer, D. (1963) Encouraging children to learn. Englewood Cliffs, N. J.: Prentiss-Hall.

Duberman, L. (1973) Step-kin relationships. Journal of marriage and the family, 35: 283-292.

Duncan, G. J. and Hoffman, S. D. (1985) A reconsideration of the economic consequences of marital dissolution. Demography, 22(4): 485-497.

Duvall, E. M. (1977) Marriage and family development. 5th ed. Philadelphia: J. P. Lippincott.

Dyer, E. (1963) Parenthood as crisis: A restudy. Journal of Marriage and the Family. 25: 196-201.

Elkind, D. (1979) Culture, change, and children. In D. Elkind, ed., The child and society. New York: Oxford University Press.

Erickson, E. (1950) Childhood and society. New York: Norton.

Erickson, E. H. (1963) childhood and society. (2nd ed.) New York: Norton.

Fowler, W. (1972) A developmental learning approach to infant care in a group setting. Merrill-Palmer Quarterly. 18: 145-175.

Gelles, R. (1980) Violence in the family: A review of research in the seventies. Journal of marriage and the family, 42:873-885.

Gelles, R., and Straus, M. (1979) Determinants of violence in the family. In W. Burr et al., Contemporary theories about the family, Vol. 1. New York: Free Press.

Getchell, E., and Howard R. (1979) Nutrition in development. In G. Seipien et al. eds., Comprehensive Pediatric Nursing. (2nd ed.). New York: McGraw-Hill.

Ginott, H. (1965) Between parent and child. New York: Macmillan.

Ginsberg, E. (1972) Career guidance: Who needs it, who provides it, who can improve it. New York: McGraw-Hill

Goetting, A. (1982) The six stations of remarriage: Developmental tasks of remarriage after divorce, Family Relations. 31: 213-222.

Goldfarb, W. (1945) Effects of psychoigical deprivation in infancy and subsequent adjustment. American Journal of Psychiatry. 102: 18-33.

Good, C. V. (1973) Dictionary of education. 3rd ed. New York: McGraw-Hill.

Goodman, N., and Andrews, J. (1981) Cognitive development of children in family and group day care. American Journal of Orthopsychiatry. 51: 271-284.

Gordon, T. (1957) Parent effectiveness training: The tested way to raise responsible children. New York: Peter wyden.

Gould, R. (1978) Transformation: Growth and change in adult life. New York: Simon and Schuster.

Handler' E. (1973) Expectations of day care parents. Social Service Review. 47: 266-277.

Harlow, H. (1958) The nature of love. American Psychologist. 13: 673-685.

Harris, I. (1959) Normal children and mothers. New York: Free Press.

Harris, T. (1969) I'm ok-you're ok. Rev. ed. New York: Harper and Row.

Havighurst, R. J. (1970) Developmental tasks and education. Rev. 2nd ed. New York: David Mackay.

Hill, R., and Hansen, D. A. (1960). The identification of conceptual frameworks utilized in family study. Marriage and Family Living, 42,729-741.

Hoffman, L. W., & Hoffman, M. L. (1973) The value of children to parents., in J. T. Fawcett (ed.), Psychological perspectives on population. New York: Basic Books.

Hurlock, E. (1980) Developmental psychology. 5th ed. New York: McGraw-Hill.

Kalter, N., and Rembar, J. (1981) The significance of a child's age at the time of parental divorce. American Journal of Orthopsychiatry 51: 85-100.

Lambert, W., Hamers, J., and Frasure-Smith, N. (1979) Childrearing Values. New York: Praeger.

Lang, O. (1946) Chinese family and society. New Haven: Yale University Press.

LeMaster, E. E. (1957) Parenthood as crisis. Marriage and Family Living. 19: 352-355.

LeMaster, E. E. (1974) Parents in modern America. Homewood, IL.: Dorsey.

Levinson, D. (1978) The seasons of a man's life, New York: Knopf.

Macrae, J., and Herbert-Jackson, E. (1976) Are behavioral effects of infant day care program specific? Developmental Psychology. 12: 269-270.

Martin, H. (1980) Working with parents of abused and neglected children. In R. Abidin, ed., Parent education and intervention handbood. Springfield, IL: Charles C. Thomas.

McClelland, J. (1976) Stress and middle age. Journal of Home Economics 69: 16-19.

Orthner, D.; Brown, T.; and Ferguson, D. (1976) Single parent fatherhood: An emergent family life style. Family Coordinator. 26: 420-437.

Piaget, J. (1967) Six psychological studies. New York: Random House.

Powell, D. R. (1987) The interpersonal relationship between parents and caregivers in day-care settings. American Journal of Orthopsychiatry. 48: 680-689.

Queen, S. A., Habenstein, R. W. (1967) The family in various cultures, 3rd ed. New York: J. B. Lippincott.

Ribble, M. (1943) The rights of infants. New York: Columbia University Press.

Roe, A. (1957) Early determinants of vocational choice. Journal of Counseling Psychology, 4(3): 216.

Rollins, B., and Cannon, K. (1974) Marital satisfaction over the family life cycle: A revaluation. Journal of Marriage and the Family. 36: 271-282.

Rossi, A. (1968) Transition to parenthood. Journal of Marriage and the Family. 40: 105-114.

Rutter, M. (1981) Social-emotional consequences of day care for preschool children. American Journal of Orthopsychiatry. 51: 4-28.

Sasse, C. R. (1978) Person to person. Peoria, IL: Chas. A. Bennett.

Sears, R., Maccoby, E., and Levin, H. (1957) Patterns of child rearing. New York: Harper and Row.

Sheehy, G. (1976) Passags: Predictable crises of adulthood, New York: Dutton.

Skolnick, A., and Skolnick, J. (1980) Family in transition, 3rd ed. Boston: Little, Brown, and Co.

Smith, A. N., and Spence, C. M. (1980) National day-care study: Optimizing the day-care environment. American Journal of Orthopsychiatry. 50: 718-721.

Spellman, C. M., and Williams, R. (1981) Pitching-in—How to teach your children to work around the house. California: Jalmar Press.

Spitz, R. (1945) Hospitalism. In O. Fenichel et al., eds., Psychoanalytical study of the child. Vol. 1. New York: International Universities Press.

Spock, B. (1946) The common sense book of baby and child care. New York: Duell, Sloan, and Pearce.

Steele, N. (1975) Working with abusive parents from a psychiatric point of view. Washington, D. C.: U. S. Government Printing Office.

Stephen, W. N. (1963) The family in cross-cultural perspectives. New York: Holt, Rinehard, and Winston.

Straus, M. (1980) Husbands and wives as victims and aggressors in marital violence. Paper presented at the annual meeting of the American Association for the Advancement of Science.

Strom, R.; Rees, R.; Slaughter, J.; and Wurster S., (1981) Childrearing expectations of families with atypical children. American Journal of Orthopsychiatry. 51:285-296.

Targ, D. B. (1979) Toward a reassessment of women's experience at middle age. Family Coordinator, 28: 377-382.

Titus, S. (1976) Family photography and transition to parenthood. Journal of Marriage and the Family. 38: 525-530.

Watkins, H. D., and Bradbard, M. R. (1982) Child maltreatment: An overview with suggestions for intervention and research. Family Relations, 31: 323-333.

Watson, J. (1928) Psydhological care of infant and child. New York: Norton.

Weiner, I. (1977) The generation gap: Fact and fantasy. Adolescence, 12: 155-166.

Weiss, R. (1979) Going it alone: The family life and social situation of the single parent, New York: Basic Books.

Williams, J. W., and Stith, M. (1980) Middle childhood: Behavior and development. New York: Macmillan.

Winch, R. (1971) The Modern family. 3rd ed. New York: Holt.

Winch, R. F., & Blumberg, R. (1972) Societal complexity and familial complexity: Evidence for the curvilinear hypothesis. American Journal of Sociology. 77: 898-920.

王克難譯 (1970). 家長與子女，臺北: 開明。

王連生 (1968). 親職教育的基本觀念之分析，師友月刊，162:9-12。

王禮錫等譯 (1975). 家族論，上冊，臺北: 商務。

左冠輝 (1981). 救救受虐待的兒童，讀者文摘(1981,8)，39-42。

朱岑樓 (1970). 婚姻研究，臺中: 霧峰。

朱岑樓 (1977). 中國家庭組織的演變，臺北: 三民。

朱瑞玲（1985）. 社會變遷中的子女教養問題之探討。

加強家庭教育促進社會和諧學術研討會論文，行政院研考會。

行政院主計處（1982）. 臺灣地區國民對家庭生活與社會環境意向調查報告，
　　臺北：行政院主計處。

吳自甦（1973）. 中國家庭制度（二版），臺北：商務。

吳秀碧（1986）. 正確認識與協助單親家庭的兒童，輔導月刊，23(1)。

吳明燁（1987）. 職業婦女與「鑰匙兒」，社區發展 0:52-55。

吳就君（1985）. 人在家庭，臺北：張老師出版社。

吳就君譯（1983）. 家庭如何塑造人，臺北：時報。

吳靜吉（1984）. 青年的四個大夢，新一版，臺北：遠流。

吳麗君（1986）. 以家長參與提昇資優教育的品質，資優教育季刊，19:16-18。

余德慧（1987）. 追求卓越的親情，中國人的父母經，臺北：張老師出版社。

宋光宇編譯（1977）. 人類學導論，臺北：桂冠。

李亦園（1981）. 信仰與文化，臺北：巨流。

李棟明（1986）. 婚前懷孕，訂婚前懷孕與背景因素之關係，公共衛生，13(2)。

沈靜（1986）. 正視單親家庭子女，我們的雜誌，20:129-133。

易家鉞、羅敦偉（1978）. 中國家庭問題(1978年臺版)，臺北：水牛。

林菊枝（1980）. 婚姻與家庭，臺三版，臺北：正中。

林麗莉（1983）. 現代化過程與家庭價值觀變遷，東吳大學社會研究所社會理
　　論碩士論文。

韋政通（1974）. 中國文化與現代生活，臺北：水牛。

徐良熙、林忠正（1984）. 家庭結構與社會變遷：中美「單親家庭」的比較，
　　中國社會學刊，8:1-2。

徐良熙、張英陣（1987）. 臺灣的單親家庭：問題與展望，中國社會學刊，11:
　　121-153。

徐慕蓮（1987）. 個人及家庭因素影響國小新生學校生活適應之研究，師大家
　　政教育研究所碩士論文。

徐澄清（1985）. 因材施教——從出生的第一天開始（十八版），臺北：健康
　世界。

徐澄清（1985）. 小時了了——嬰幼兒智能發展的一些問題 （十七版）， 臺
　北：健康世界。

柴松林（1985）. 明日世界，婦女與家庭。

馬信行（1983）. 行爲改變的理論與技術，臺北：桂冠。

張老師月刊編輯部（1987）. 中國人的父母經，臺北：張老師出版社。

張欣戊（1984）. 嬰兒在臺灣婦女的婚姻中有些什麼影響？學前教育月刊，
　6(10):2-4。

張春興（1984）. 跟孩子一起成長，臺北：社教館（幸福叢書第六輯）。

張劍鳴譯（1970）. 父母怎樣跟孩子說話，臺北：大地。

莊英章（1986）. 家庭文化，變遷中的幼兒教育，臺北：豐泰文教基金會。

郭爲藩、陳榮華等（1978）. 特殊兒童心理與教育，三版，臺北：中國行爲科
　學社。

陳柏達譯（1975）. 兒童教育新法，臺北：世界文物。

陳淑惠、王慧如編譯（1984）. 父母難爲？ 稱職父母的系統訓練， 臺北： 大
　洋。

黃志成（1986）. 學習障礙兒童教育之父母參與，特殊教育季刊，19:16-18。

黃明堅譯（1981）. 第三波，臺北：經濟日報社。

黃迺毓（1987）. 爲什麼要教導孩子養成安全意識，快樂童年安全守册，臺北：
　必治妥公司。

黃迺毓（1987）. 家園同心——家庭與幼兒園教養觀念的溝通，臺北：信誼基
　金會。

黃迺毓（1986）. 學習才藝之風從那裏來？孩子够聰明，父母怎麼辦？臺北：
　信誼基金會。

黃瑞煥（1980）. 行爲改變技術，高雄：復文。

黃德祥（1982）. 如何幫助父母離婚的兒童，輔導通訊，5:5-6。

黃驪譯 (1986). 我的家庭眞「聰明」, 國語日報 (11月5日, 6日)。

楊亮功 (1980). 中國家族制度與儒家倫理思想, 食貨月刊, 11(4):149。

楊國樞 (1978). 現代社會的心理適應, 臺北: 水牛。

楊維哲 (1987). 小家庭——圓, 臺北: 敦理。

楊懋春 (1981). 中國家庭與倫理, 臺北: 中央文物供應社。

楊懋春 (1981). 中外文化與親屬關係, 臺北: 中央文物供應社。

葉重新 (1980). 兒童行爲改變技術, 臺北: 大洋。

廖榮利 (1985). 健康的家庭生活, 臺北: 臺北市政府社教館。

劉可屏、宋維村譯 (1976). 拉梅玆生產指南, 臺北: 健康世界。

劉清榕 (1975). 現代化與家庭結構之關係。

歐申談譯 (1980). 父母效能訓練, 臺北: 教育資料文摘。

鄭心雄譯 (1980). 兩代間的溝通, 臺北: 三山。

鄭玉英 (1986). 面對「資優風潮」父母如何安身立命, 資優教育季刊, 18: 3-7。

鄭玉英 (1983). 操作性制約論導向之親職教育與實施方案。師大輔導研究所碩士論文。

鄭慧玲譯 (1981). 家庭溝通, 臺北: 獅谷。

蕭新煌 (1987). 家庭的變與不變, 聯合報副刊。

龍冠海 (1976). 社會學 (七版), 臺北: 三民。

謝繼昌 (1982). 中國家族研究的討論, 中央研究院民族學研究所專刊。乙種之10, 255-280。

簡茂發 (1986). 親職教育座談會, 教師研習簡訊, 21:29。